中国雕塑博士文丛

"器"与"像"：
中国古代器物的雕塑语言研究

王礼军　著

上海书画出版社

总　序

　　1992年春末，中国雕塑学会成立，到今天已经有三十年了。这三十年一路走来称得上风雨同舟，但是硕果累累。学会成立的宗旨是"繁荣雕塑创作，推动学术研究，促进艺术交流"。推动中国雕塑事业的发展是学会的义务与责任，在同仁们的努力下，学会从实践、理论和学术等领域引领中国雕塑开创了一个又一个新的局面。

　　中国雕塑的发展离不开理论的支撑。都说搞雕塑的人敏于行而讷于言，然而，这三十年来最显著的变化特征之一就是活跃于此的理论家和评论家越来越多，关注理论研究、善于思考和表达的雕塑实践者越来越多。常言道，三十而立，在这个时间节点，对中国雕塑理论的发展进行一次总结，是回望，也是启程。学会在艺术委员会的提名中评选出了十九个有代表性的专题研究，希望通过这一系列丛书的出版，来展示中国雕塑理论所取得的成果，推进对雕塑理论的整理与研究。

　　上辑"中国雕塑史论文丛"，是知名理论家们的最新研究成果。比如《大道沧桑：雕塑在中国》《雕塑正向当代艺术敞开》从历史和未来的角度，深入总结中国雕塑的历史经验，从中描绘出一种发展趋势；《雕塑新论》《雕塑续问》《如是我见：雕塑散论》通过形而上的讨论，从"新雕塑观""多元文化对话""当代语境下的雕塑"等角度提出了新的观点；《由中转到再现代》《从语言到主体》则基于实践与理论的相互促进，聚焦中国雕塑的艺术形式、艺术思想与艺术创作问题。这些成果为研究和理解中国雕塑提供了新的视角和新的思路。

　　下辑属于年轻人，他们是中国雕塑理论的生力军。过去十年随着学科建设与发展，雕塑博士的人数呈几何级增长，越来越多的年轻雕塑家开始"用两条腿走路"，能做能写而且成绩斐然。"中国雕塑博士文丛"所挑选的十二个专题，全部来自这些年轻学者的博士学位论文。文章的内容从雕塑历史到学科前沿，从美学观念到实践方法论，从传统造像到雕塑教育，从定性辨析到定量研究，从整体梳理到个案剖析，以点带面涵盖了中国雕塑发展的各个侧面。这些研究对具体问题的讨论独到而敏锐，展现出了青年学者开阔的学术视野与全新的知识结构。

中国雕塑的发展是复杂的。回溯历史能够清晰地看到一条从西学东渐到思想解放再到文化身份追问的脉络，三者的交叠与重合构成了中国雕塑的轮廓。今天的中国雕塑理论处在新的文化价值系统建立的过程中，其中的核心问题是如何分析与评价中国雕塑的现代化和现代性，这是中国雕塑自身发展的需要，更是时代的需要和文化的需要。

中国雕塑的前景是光明的。道阻且长，行则将至，行而不辍，未来可期。希望这一系列丛书能够为中国雕塑理论的推进做出一些贡献。

是为序。

二〇二三年五月于上海

前　言

　　本书突破以往学界对器物与雕塑概念的常规理解，将器物纳入雕塑的话语体系中来，针对器物的造型展开分析与研究，论述其雕塑性语言的表达方式和特征，由此重新审视中国传统雕塑的范畴和定位。从某种意义上来说，中国传统雕塑实际上是"器"与"像"的造型体系，对中国古代器物的雕塑语言研究也就是对这一造型体系的梳理与建构。

　　雕塑语言研究是雕塑的本体性研究，主要包括空间、体量、触感、重力、材料、时间等诸多方面。本书将器物纳入雕塑的本体研究中来，实际上是将器物与雕塑的概念都打开，回到物质实体的基础上，分析其造型语言的特征以及这种特征背后的思想与观念。雕塑语言广泛见诸各类器物中，既包括玉器、青铜器、陶器、金银器等不同媒材的器物，也包括礼器、日用器、明器、观赏器等不同类型的器物。全书一共分为五章，前四章分别围绕器物的空间、形体、材料、时间等本体语言展开论述，第五章则是对器物雕塑语言的总结与延展。在空间语言的表达上，器物的孔洞空间与方向隅角空间具有非常强烈的民族文化特征；在形体语言中，器物的容量和体量关系以及某些器物重力与重心的表达也饶有意味。材料语言不仅表现在"文"与"质"的审美追求，还表现为材料间的模仿与转换以及对材料物性的悖反；时间语言主要表现为器物运动的真实与虚拟以及时间的隐喻和象征。最后一章总结了"器"与"像"雕塑语言体系的特征，并试图建立同当代雕塑语言表达的联结。

　　"器像"雕塑语言体系的建构与确立，对中国古代雕塑的理解与当代雕塑语言的拓展都具有重要意义。

目　录

绪　论

一、缘起

（一）问题的提出

由于 20 世纪以来，我们的很多解释系统都是挪用西方的话语体系，因此造成了很多概念与实际内容并不相符的情况，雕塑就是其中之一。不过近些年来，越来越多的雕塑家和美术理论家都认识到中国传统雕塑有着自己的发展逻辑和审美品质。古代匠人不仅创作了大量优秀的雕塑作品，展现出了丰富的雕塑语言，也逐渐建立起了自己的造型语言体系，重新梳理和理解本土雕塑传统和雕塑语言，已然成为当代雕塑学人的重要责任。

众所周知，中国和西方的雕塑传统有很大差异，尤其是西方雕塑进入学院体系，又被引入到中国成为美术学院的一个子专业之后，学院派雕塑与本土雕塑传统就呈割裂之势。在一定的历史时期内，法、苏的写实主义雕塑传统与新中国的现实国情相适应，也与新的城市建设相匹配，美术学院由此培养了一大批杰出的雕塑家。这些雕塑家中不乏对本民族雕塑传统有深刻见解的大师，滑田友和钱绍武就是其中的代表。相比于西方雕塑从古希腊到文艺复兴再到新古典主义明确的内容和线索，中国传统雕塑并没有那么清晰的主体，而是以各种"类雕塑"的形式渗透于人们生活的各个空间，如居室、园林、寺庙、陵墓等。器物就是"类雕塑"最核心的部分，在中国文化传统之中具有重要位置，却又最容易被忽视。器物从用器到礼器再到明器，贯穿于人们物质生活和精神生活的各个方面。器物研究在美术考古学和工艺美术领域取得了丰硕的成果，但在雕塑领域的研究才刚刚开始。不管是梁思成的《中国雕塑史》还是王子云的《中国雕塑史》或是孙振华的《中国古代雕塑史》，虽然都有涉及器物的内容，但都并未将其作为独立且重要的雕塑传统加以深入分析和论述。随着 21 世纪以来，中国经济的高速发展和文化自信心的全面提升，重新认识和理解我们古代的雕塑传统，成为近年来雕塑界的一个重要共识。尤其值得一提的是中央美术学院雕塑系在 2009 年率先成立了中国传统造型研究工作室，从"器"与"像"的角度切入雕塑语言研究，具有开创性和探索性，弥补了本土雕塑作为独立研究方向在学院教学体系中的缺失。此后，四川美术学院也于 2014 年成立了器物雕塑工作室。不管是将器物纳入雕塑的研究领域，还是将雕塑融入器物的大传统之中，二者所具有的相通性，已逐步被更多的人认识和接纳。

此外，"器物"作为一个创作方向早已进入到广泛的雕塑实践中，以器物为主题的雕塑展览近年也相继成功举办。以实践为主导的雕塑界，在尚未对器物进行理论层面的深入研究之前，已有很多雕塑家的创作延续并发展了器物传统。器物虽在一定时期被人物雕塑传统所遮蔽，但它的现实基础和创作血脉从未缺失。不过尽管有不少与器物相关的作品得到了雕塑界的认可与推崇，但真正明确以"器物"为主题的雕塑展览还是近几年才出现的。比如 2018 年由中央美术学院雕塑系主办的大同国际雕塑双年展就有单独策展的"器物"版块。由四川美术学院雕塑系主办的"器象——2018 当代器物雕塑展"等。清华大学美术学院雕塑系许正龙一直倡导的"中式物语"雕塑，与器物也不无关系。器物作为当代雕塑发展的一种可能性也正被逐步发掘。如此一来，器物的研究也成为传统的再发现与当代的再发展的双重课题。

正是在这样的大背景下，笔者将目光锁定在了器物研究领域。想从雕塑的研究视野出发，理解古代的器物造型规律和造型传统。

本书的标题《器"与"像"：中国古代器物的雕塑语言研究》，器物与雕塑语言两者逻辑上并不对应。器物对应的是造型语言，雕塑对应的才应该是雕塑语言。笔者之所以不用"造型语言"，是因为造型语言侧重于器形与纹饰，且如果用"造型语言"，器物这一对象就显得过于宽泛。笔者要探讨的问题是：器物何以被理解成为雕塑？或者说器物在怎样的认知语境下可以被视为雕塑？既然器物可以是雕塑，那就要具备雕塑的语言特征，因此本书针对作为雕塑的器物，分析其空间、体量、材料等雕塑本体语言。笔者也试图让题目更加明确，比如《中国古代器物雕塑的造型语言研究》，"器物雕塑"同样是一个合成词，依旧不甚明了；再或者《中国古代象生器的雕塑语言研究》，似乎较为明确了，但笔者恰恰认为，雕塑的语言并不只体现在象生器中，而是在整个器物造型体系内。因此，笔者最终还是选定这样一个题目来展开本书的研究。

（二）器物与雕塑的概念及关系

本书立足于中国古代器物的雕塑语言研究，在展开研究之前，先有必要对该课题的研究领域与对象做进一步的厘清与界定。因而首先要把器物与雕塑的概念，做一个简单分析。既然是器物，如何做雕塑语言的分析与研究？再者，器物概念很宽泛，是少数器物可进行雕塑语言分析，还是所有器物皆可纳入研究范畴？器物、雕塑是两个不同的概念，也是两个不同的分类，通常来说，雕塑是艺术的一个类别，而器物更多是在工艺美术的范畴加以讨论。不过现实情况远不是逻辑分类那样不兼容，一件器物可以同时归属于工艺美术类、归属于雕塑类，甚至归属于绘画类。由此可见，概念的分类，只是便于叙述，并不等同于现实的客观情况。一个制作器物的工匠，可以同时是造型设计师、雕塑家、铸造技术专家等。这种个体匠人的身份多元性，也意味着用今天的单一概念去指称古代的创造性活动的种种不适应。中国古代没有雕塑一词，并不意味着没有基于雕塑美学与雕塑语言的创造性活动。器物也好，雕塑也罢，大量留存下来的物质产品，给今天的我们提供了可辨识的视觉形象与造型形式。一方面我们可以从物质产品去理解古代艺人的创作意图与造型意识。另一方面，由于器物已脱离了古代的实际应用语境，今天的我们可以从文化艺术角度，去揭示与补充这样一种鲜有文字记载的造物理念与造型传统。

第二个问题，是否所有的器物都可以纳入雕塑的语境中来讨论。在梁思成、王子云、孙振华、贺西林等美术史家的雕塑史著作中，都把某一类商周青铜器视为雕塑的内容。王子云在《中国雕塑艺术史》中这样写道："这类青铜器，性质上虽属于工艺品制作，但从设计塑型、雕模，尤其是器身的花纹装饰，都属于雕塑艺术的创作范围。"[1] 又说："这类精巧奇妙的青铜器从雕刻的性质上说，它应是属于工艺装饰雕塑一类的艺术制作。"[2] 孙振华的《中国古代雕塑史》一书在论述商周雕塑时指出："尽管中国青铜艺术成就辉煌，我们也只是从雕塑的角度来看待它，更多是从形体、空间的角度来关注青铜工艺的发展……商周时代的青铜雕塑主要集中在青铜工艺品上，与原始陶塑一样，他们大多数并不是独立的雕塑。而是当时的礼器、食器、兵器、乐器、工具、车马器等实用器物。"[3] 孙著的体例是以朝代为章，以雕塑的不同功能分类为节，器物类雕塑被归入到工艺雕塑之中。贺西林的《极简中国古代雕塑史》则用"青铜雕塑"指称这一类象生器雕塑。可见，将大量的仿生器或者说是象生器，纳入雕塑发展史中是这些美术史家们不约而同的选择，但又明确的将其归属于工艺装饰雕塑。而后母戊鼎这样没有仿象的青铜器，只有王子云的著作中稍有提及，不过也只是将其比喻成雕塑，"如商鼎特别庄严、典重，具有一种端庄稳重、屹力不拔的气质，犹如一件坚实的雕塑"[4]。由此可见，通常的理解，只有那些器形上模仿了动物造型的青铜器才能被当作雕塑来认识。"象生"成了其是否归于雕塑的关键。

这就带来两个问题，一是如果局部有具象造型且制造精美，是只把局部看作雕塑纳入雕塑领域来讨论，还是把整个器物都归于雕塑呢？在《中国美术全集·雕塑编·23 原始社会至战国雕塑》[5] 中，就有这样的例证，只收录器物的一个局部图片，而把整个器物舍弃掉了。显然，这并不符合古代匠人的制造经验，也不符合我们的认识习惯。首先，古代虽有分工，但一个出色的匠人一定会把

1 王子云：《中国雕塑艺术史》，人民美术出版社，2012 年，第 18 页。

2 同上，第 21 页。

3 孙振华：《中国古代雕塑史》，中国青年出版社，2011 年，第 22 页。

4 王子云：《中国雕塑艺术史》，人民美术出版社，2012 年，第 21 页。

5 中国美术全集编纂委员会：《中国美术全集·23 原始社会至战国雕塑》，人民美术出版社，1989 年。

器物的整体造型与局部的仿象部分当作一个系统来看待。其次，我们知道雕塑有圆雕、浮雕之分。有很多器物，整体造型上并没有仿象，但表面有很多装饰的浮雕，这一类的器物又是否该纳入雕塑的讨论中来呢？如果纳入进来，判断的标准是什么？是看浮雕的高低，还是看模仿形象的生动与否，还是布局面积所占器物的比例多少呢？笔者认为，应该可以从更宽的角度和更广的视野来认识这个问题。其一，使用功能被象生造型所掩盖和隐藏的器物都可以理解成雕塑。其二，结构、空间、体量大大超出了实用功能部分的，凸显出强烈"雕塑意识"的器物也可以看成是雕塑。比如扉棱突出，具有建筑感的卣和彝等。其三，发展出抑制实用性功能的结构和装饰，形成了具有观念性和象征性的器物。其四，脱离了原始语境后，器物仍具有造型上的感染力与启发性，揭示或隐含了重要文化意义的器物，也可以理解成为雕塑。总之，古代器物如果在实用目的之外，扩张了其非实用目的的空间与体量，就已然触及了与雕塑本质相关的审美经验与造型语言。由此可以去推知，这样的一种雕塑语言，不止体现在象生器中。

随着雕塑的边界不断被拓宽，器物与雕塑的关系越来越模糊，越来越重合，今天我们所谈论的雕塑已经不是一百多年前大家对雕塑的认识与理解了。雕塑家威廉·塔克（William Tucker）认为雕塑的本质就是物，这可以说是当代很多雕塑家的共识。如果雕塑是物这个认识在今天是一个基本无疑义的理解，那么在这个前提下我们可以就器物与雕塑的关系推理出这么几条逻辑：

一、因为雕塑是物，器物也是物，所以雕塑是器物，器物亦是雕塑。

二、因为雕塑属于物，器物也属于物，所以器物和雕塑都属于物，器物与雕塑有关联，但互不属于。

三、因为雕塑是物，器物属于物，所以器物属于雕塑。

四、因为器物是物，雕塑属于物，所以雕塑属于器物。

这个逻辑的关键在于对"雕塑的本质是物"的理解，是说雕塑是物，还是说雕塑属于物。在笔者看来，我们通常的理解是以第二条逻辑来展开思考与论述的，即雕塑在艺术的框架内展开叙事，器物更多在工艺美术的框架内展开讨论。这自然是没有问题的，但在物的层面，二者的交叉与重叠却容易被忽略，且在论述的时候也因为语言的差异导致了一些表述上疏离。事实上在中国古代，器物与雕塑在造物逻辑上有着不容忽视的相似性，我们能够在大量的实物中看到这种相通甚至是一致性。器物中的雕塑或者雕塑中的器物在中国传统物质文化中是一个无法绕过去的造物传统。

如果是第一条逻辑，器物是雕塑或者雕塑是器物，那二者的所有概念都是可以直接画等号，如此一来，几乎就在概念上抹除了二者的差异，也就失去了各自概念的独立性和有效性，所有的描述也就没有了针对性。但这条逻辑在结构上依然有效，它在一定程度上提醒我们雕塑或者器物在不同的语境中，其自身概念具有不确定性，因此第三条和第四条逻辑就凸显出来。这两条逻辑论述实际就是概念的无限扩大导致的模糊性。第三条逻辑认为器物属于雕塑，是当代雕塑概念边界无限扩大带来的结果。第四条逻辑认为雕塑属于器物，是将器物看作是一个更宏大的物质文化传统，而雕塑尤其是西方所界定的以人物和动物为主题的雕塑远不如器物更具有统摄性。这两种表述看似并不太合理，但在一定程度上都有其适用性，选择从哪一个方面进行论述主要看论述者站在什么立场，选择什么样的角度来展开讨论。认为器物属于雕塑则是站在当代雕塑边界不断被拓宽，概念不断泛化的立场上看待问题；认为雕塑属于器物则是站在中国传统造物的系统里，基于西方艺术史中的雕塑概念在中国美术史系统中并不对等存在的现实而提出的观点。两种角度，一个基于当代的现实基础，一个基于本土的文化传统，需要同时看到这两个方面的存在。

一件器物是否是雕塑，有时候不取决于它区别于其他物的自身特质，而取决于它的语境。杜尚的小便池是雕塑还是器物，不在于它的物质性特征与概念的关系，而在于以何种方式进入到可以容纳自身的语境之中。器物如果可以理解成雕塑需要具备两个条件，一是有足够突出的雕塑语言，二是创造了可以容纳自身的雕塑语境。

本书基于第三条逻辑，同时也保留其他三条逻辑的合理性。亦即是认为器物属于雕塑，原因有三。一、当代雕塑的发展和语言的变革之一就是器物和物体被纳入到了讨论语境中，带来了新的阐述空间和发展可能性，虽然这种纳入更多是观念层面的，但也给我们看待古代器物提供了新的视角。二、如果认为雕塑属于器物，或者说属于一个大器物传统，要建立一个宏大的针对这个大器物传统言之有效的语言表述体系。而要从中国传统的文化系统中，找寻到这样一种语言表述体系非常之难，一方面是器物本就在以儒家为代表的文人士大夫眼中是"形而下"之事，其理论建设本就薄弱；另一方面，传统的语言表述方式能否有效地讨论雕塑的造型问题尚未可知，如果不能，是否还得从当下的语言表达方式中去展开叙述，如此一来，不可避免地还是要用很多我们现在熟知的雕塑术语去分析和阐释，那么这种概念与实物对象之间依旧是分裂的。所以，笔者索性直接将古代器物纳入现代雕塑的语境中来，从雕塑的视角去理解古代器物的造型语言。三、把传统器物纳入雕塑的讨论中，不是概念上的套用，而是要通过对器物展开雕塑语言的分析，去理解古代器物的造型规律与造物理念。传统中国虽没有雕塑一词，但不等于没有基于雕塑语言和雕塑观念的雕塑创作活动，这种活动分散在佛像雕刻、器物制造、建筑造型等各个领域中。中国传统器物之所以可以属于雕塑，是因为它具备了足够鲜明的雕塑语言特征，笔者希望通过分析器物的这种雕塑语言特质，从而认识古代器物造型的方式和观念，并试图建立一种器物造型语言分析与表述的模式。

虽然这样一个逻辑是可行的，但也需要非常清楚地看到它的缺陷，那就是用当下和西方雕塑的语言模式去讨论中国古代器物，本身存在很大的语境偏差。如果站在传统文化的历史场域中，这种偏差可能难以接受。即古人是出于什么样的思考制造了这种造型的器物？一种造型的改变是出于形式创造的审美动机还是别的什么思想观念的影响？这样的问题可能在笔者进行的分析中或多或少被遮蔽了。

笔者赘述那么多，无非想说明，雕塑作为一个从西方引入的概念，在指称中国古代的雕塑艺术时的种种抵牾。因此本研究课题针对的问题有三。其一，中国雕塑的理论研究相对起步较晚，涉及本体语言的研究相对匮乏，有也多集中于当代雕塑领域，对古代雕塑的本体语言研究还远远不够，对器物的雕塑语言研究就更是少之又少。其二，中国古代雕塑的内涵与外延都有别于西方雕塑，但古今中外的艺术家、匠人对雕塑的普遍规律都有共通的理解。需要在普遍性的原则上梳理这样一种本体语言。其三，因为中国古代雕塑有其特殊性，器物的多元语境和观念性与今天的当代雕塑的语言变革有某种非自觉意义上的关联，比如场域性、时间性等。因此，本课题所涉及的问题较多，涉及的研究对象与研究领域也并非单一的。

二、研究范畴

（一）雕塑语言概述

对于雕塑的本体语言研究来说，最重要的两个问题就是何为雕塑？以及何为本体语言？今天我们要给雕塑下一个准确的定义并不容易，如果从一个历史概念出发，我们可以认为：雕塑是在具体时空中存在的，由人创造并表现了人的精神情感的物质实体。雕塑的本体语言就是构成雕塑表达的基本语言和结构，是雕塑作为艺术表现形式最为核心本质的要素。

雕塑语言作为雕塑理论研究的重要方向是随着 20 世纪现代主义雕塑的变革逐渐明晰确立的。以形式和语言的激变引发的现代主义革命，直接影响了雕塑的历史进程。从罗丹（Auguste Rodin）对雕塑表面、材料特性、形式结构的创新，到罗索（Medardo Rosso）的视觉化尝试，波鞠尼（Umberto Boccioni）的形体解构，毕加索（Pablo Picasso）的先锋实验，再到布朗库西（Constantin Brâncuşi）关于雕塑的物体性挖掘和亨利·摩尔（Henry Spencer Moore）的孔洞探索等，一条雕塑本体语言变革的历史发展线索逐渐清晰起来。雕塑的本体语言最主要的形式就是空间场域、形体体量、物质材料、时间形式等几方面。空间语言包括了雕塑的内在空间和外在空间，如边缘、孔洞、方向、场域等诸多方面。形体是雕塑最直接的语言，它是立体的、具有实体性的存在。形体包括了形象、结构、尺度、体积、重量、重力、实体性，以及与实体性不可分割的触感等。材料的语言主要是指物料的物质属性和处理材料特性的观念和手法。时间语言则包括了真实时间、虚拟时间、叙事时间、象征时间等多种形式。总而言之，形体、空间、材料、时间是雕塑最基本也是最核心的语言。

雕塑语言研究不拘泥于对作品主题内容的社会学和文学性阐释，而是弥合了抽象与具象的"隔阂"，聚焦于雕塑物质实体的造型以及背后的观念。形体、空间、材料、时间等雕塑的基本语言是雕塑作品能传达雕塑家情感与精神的关键因素，这些元素不仅构成了雕塑自身的存在形式，也形成了观众对该形式进行描述的基本词汇，更提供了我们对造物者创造力和想象力的必要见解。[6] 这些基本的造型语言，可以说是所有立体形式的制造物都具有的，只是在雕塑中，作为雕塑本体语言所具有的审美创造性和精神感召力显得更为直接和突出。

器物雕塑语言的研究实际就是对器物的形体、空间、材料、时间等造型语言的分析和讨论，是对其雕塑性品质的研究与揭示。

（二）研究现状

关于中国古代器物的雕塑语言研究主要涉及四个方面：第一方面是直接相关的研究，最核心的是笔者导师张伟的博士论文《型与器——中国雕塑语言体系的重构》以及李砚祖的一篇期刊论文《中国古代器具的雕塑语言特征简论》。第二方面是雕塑语言研究和中国古代雕塑通论研究。第三方面则是美术史与美术考古学相关的器物研究，包括整体研究和类型研究。第四方面则是工艺美术方向，器物造型和造物思想研究。

这个主题最重要的研究成果，张伟的《型与器——中国雕塑语言体系的重构》是作者通过二十多年的实地考察与对海量器物雕塑的研究，从实践者的角度出发，以研究者的治学精神，所完成的一篇具有开创性意义的论文。他提出了"器物雕塑"这一概念，借以扩展雕塑的范畴，对于本土雕塑的理论建设具有很强的现实意义。简单来说，首先，作者认为器物雕塑包括了器物与雕塑两个概念，而统摄其中的是一以贯之的器物造型观。他希望回归到传统的匠作体

6　［美］赫伯特·乔治：《雕塑元素》，刘晓可、时昀译，辽宁科学技术出版社，2020年，第7页。

系，重新审视本民族的造型传统。作者从雕塑的现场和造物者的实践经验考察器物的造型语言，提出了一系列新颖的观点。比如他认为中国器物造型的一大特点是"表述性"的语言，这种语言一部分来自客观对象的观察，一部分来自自己的表述，一部分来源于抽象的文学性描述，一部分来源于普遍性的观察经验，这一观点可谓非常独到。其次，作者详细辨析了传统雕塑造型与西方雕塑概念的共通性和差异性。在分析中国传统造型语言的论述上，作者也以一个全新的视角，从文学、书法、戏剧、商业等不同角度，纵览中国古代器物雕塑的特点。论文还着重阐释了中国传统的器物理念，认为"器"是一个从物质层面到精神层面的概念，并简述了这一概念从历史文献到实物材料所具有的重要价值。在文章的最后，作者更是站在了人类文明的高度指出器型观对东西方文明的整合作用。张伟的研究首次从概念上辨析了东西方雕塑的指称差异，并从一个宏观的角度对本民族的雕塑造型体系做了深入且根本性的分析与反思，提出了"正本清源"式的观点。虽然其中有一些颠覆性的观点和论断，与大多数学者和雕塑家的理解大相径庭，但他的宏大视野与实践感悟对该课题的研究在今天看来依旧具有前瞻性意义。

不过要在一篇不到八万字的博士论文，解决如此庞大的问题似乎也只能点到为止。张伟在论述每一个问题时，都有创见性的总结观点，但具体的论述与分析并未完全展开，很多地方似乎成了不言自明的专业共识。作者在文中力求一种客观的非西方和非东方的视角，以求得西方雕塑与中国器物的共通性，并且也认为其共性大于差异性。行文中作者希望尽量避免用西方的雕塑观念看待中国的器物，却又不得不使用一些我们所熟知的从西方雕塑系统中派生出的词汇与概念，这就难免给读者带来语词与语意的理解偏差。如何在差异性中探求和表述这种共通性的语言特征？也是这篇论文引发笔者思考的一个点。因为古代关于器物和雕塑的记述只是零星散见于各种文献中，参考价值有限。而现当代的雕塑理论基本是西方的一套语言体系。因此，在不可避免地使用西方的雕塑理论和话语体系时，如何尽可能地表述清楚中国古代器物的雕塑语言特征，实为一大难题。

为了避免"器物雕塑"概念的模棱两可，张伟在最近的文章中改用"器像"一词来指称中国古代的雕塑。可以说这一改变更符合中国古代雕塑的实际情形，也比"器物雕塑"要明晰，贴切很多，但依旧存在一定的不适应，比如雕塑语言换成器像语言，就可能不知其所指，只能叫"器像的雕塑语言"或者"器像造型语言"。"器像"本身也是合成词，要成为对中国古代雕塑的代称，也非直接替换那么简单。人们对雕塑的认识有固有的理解，不易改变。

另一与本书直接相关的研究成果是李砚祖的《中国古代器具的雕塑语言特征简论》一文。该文发表于 2002 年《雕塑》杂志第二期，可以说是比较早的发现并提炼出了器具（器物）雕塑语言特征的文章。作者从器具构型的雕塑性本质，装饰的雕塑化形态，工艺的雕塑性特征，器具构型雕塑性本质的现代性四个方面总结了器具的雕塑语言特征与性质，其中不乏创见性的观点，尤其在文末谈到古老的物品构形意义在现代艺术的场景中"出场"，实际上是被发现、被认识。"这种'被发现'揭示着器物雕塑性的存在，它既是本质的，又是现代性的。"[7]文章最后的落脚点在本质性与现代性上，虽没有展开论述，但提供了非常重要的观察视角。只是文章篇幅有限，对于器具雕塑语言的分析过于笼统，很多地方都只是做了一般性的简单梳理。不过文章对传统器具的雕塑语言特征的分析概括，以及器具在当代雕塑语境中"被发现"的观点，也正是笔者研究的方向。

与本主题密切相关的还有雕塑语言、美术史与美术考古学研究以及工艺美术造型与造物思想研究等领域的文献。

1. 雕塑语言研究

雕塑语言方面的专著也不是很多，其中罗莎琳·克劳斯（Rosalind E. Krauss）所著《现代雕塑的变迁》与威廉·塔克所著《雕塑的语言》是近年来国内引入的雕塑理论方面的重要译著。尤其是雕塑艺术家塔克的《雕塑的语言》，以罗丹、布朗库西、毕加索、冈萨雷斯（Julio Congales）、马蒂斯（Henri

---

7 李砚祖：《中国古代器具的雕塑语言特征简论》，《雕塑》2002 年第 2 期。

Matisse）等艺术家为个案，着重分析了表面、触摸感、实体感、物体化、重力感等雕塑语言的核心问题，从中可以窥探到雕塑发展的一条内在线索。如果说不同内容、不同形式、不同材质的雕塑有什么共通性的话，雕塑所固有的本体语言是其最根本的属性。而《现代雕塑的变迁》中，克劳斯将时间视为雕塑的主要属性，与较为明显的空间运用同时存在。此外，安德鲁·考西（Andrew Cauchy）的《西方当代雕塑》，其中关于雕塑与日常物品的关系以及雕塑与场域空间的关系的论述，对今天的我们从雕塑的角度去理解古代器物都有一定的启发意义。美国雕塑史学者赫伯特·乔治（Herbert George）所著《雕塑元素》是将雕塑的语言拆解成十四个要素，通过对不同雕塑作品的不同要素的分析，阐释雕塑的语言表达魅力。[8] 彼得·登特（Peterdent）所编著的《雕塑与触摸》则重点讨论雕塑的触觉语言。[9]

国内研究雕塑的，涉及雕塑语言理论的重要专著文献，有王朝闻的《雕塑美学》、何力平的《形的仪式——论雕塑本体》，孙振华的《中国古代雕塑史》、贺西林的《寄意神工——古代雕塑》、许正龙的《雕塑学》、吴为山的《中国古代雕塑风格论》等。

王朝闻的《雕塑美学》是关于雕塑与美学通识方面的著作。作者擅于从文学、戏曲、民间俗语等相邻艺术门类进行类比，探索雕塑这门古老艺术的美学特征。尤其是从艺术的主客体之间关系谈雕塑的魅力。文中第十章"运动与矛盾"、第十一章"空间的虚与实"、第十二章"时间的真与幻"，对雕塑的基本语言特征以及审美品质都有一定的分析与论述，且多用对立统一的哲学方法论加以总结。不过作者的重点是讨论雕塑美学，对于雕塑造型的具体问题并未深入展开。

何力平的《形的仪式——论雕塑本体》是作者从雕塑本体、语言形式、材料、意义等各个方面讨论其独特审美价值的专著。文中谈及雕塑的各个因素，

---

8 ［美］赫伯特·乔治《雕塑元素》，刘晓可、时昀译，辽宁科学技术出版社，2020 年。

9 ［英］彼得·登特编：《雕塑与触摸》，徐升译，广西美术出版社，2021 年。

不过主要还是以讨论现当代雕塑为主，在一些具体的雕塑语言分析上，也不乏真知灼见。

在期刊论文中，滑田友的《论雕塑的组织结构》[10]是从谢赫的"六法"引申来谈雕塑的创作。滑田友的雕塑作品既有西方雕塑的厚重与结实，又有中国传统的朴拙与气韵。而他的这篇文章尝试从本民族的绘画艺术传统中找到与雕塑有共通性的语言表达。他认为"贯气"就是雕塑中的组织结构，用"编筐子"和"竹签插红果"来比喻如何使雕塑的组织结构"贯气"。从传统绘画与画论的审美原则来看古代雕塑是一个很有价值的角度。钱绍武的《浅谈"气"——学习"民族形式"的笔记》[11]，从不同的角度总结了"气"在雕塑中的不同类型，论述了"气"作为总的精神状态对造型的影响。章永浩的《雕塑语言的探索》[12]谈到要充分认识和吸收中西方雕塑的不同传统，总结雕塑中如何以"变形"达到"以形写神"的目的。唐骈的《凝固的精神——论雕塑艺术的语言》[13]从形体与体量、空间与环境、材料与肌理几个方面论述了雕塑这门古老艺术的语言特征。此外，吴少湘的《雕塑语言的隐寓与弹性》[14]强调雕塑通过形态表达隐寓，隐寓又充分体现出其表达的弹性。胡锡乾的《关于雕塑语言的探索》[15]概述了雕塑语言的本质属性、时代特征与民族特征。还有陈云岗的《由什么是"雕塑的语言"所想到的》[16]、苏立群的《浅析雕塑本体语言的基本特征》[17]、《雕塑的生命——论雕塑的空间形态》[18]、袁源的《雕塑体积语言刍议》[19]等论文都从

10　滑田友：《论雕塑的组织结构》，《美术》1959 年第 8 期。

11　钱绍武：《浅谈"气"——学习"民族形式"的笔记》，《美术研究》1996 年第 3 期。

12　章永浩：《雕塑语言的探索》，《新美术》1981 年第 4 期。

13　唐骈：《凝固的精神——论雕塑艺术的语言》，《美与时代》2011 年第 5 期。

14　吴少湘：《雕塑语言的隐寓与弹性》，《美术》1985 年第 10 期。

15　胡锡乾：《关于雕塑语言的探索》，《雕塑》1996 年第 11 期。

16　陈云岗：《由什么是"雕塑的语言"所想到的》，《美术》1982 年第 6 期。

17　苏立群：《浅析雕塑本体语言的基本特征》，《大众文艺》2010 年第 22 期。

18　苏立群：《雕塑的生命——论雕塑的空间形态》，《艺苑》1993 年第 3 期。

19　袁源：《雕塑体积语言刍议》，《雕塑》2005 年第 5 期。

不同角度论述了雕塑语言的一般特征和审美特性。总体来说，这些文章受篇幅所限，大多较为浅显，缺乏更深入的梳理与探究。

涉及中国古代器物的雕塑语言研究的硕博论文近年来有所增加。较有代表性的硕士论文有屈峰的《汉代雕塑造型语言研究》、李福全的《"以形写神"在雕塑语言中的表现》、沈泳岌的《雕塑空间——中国传统雕塑、器物相关空间解读》、段晓明的《制器尚象——战国两汉青铜器中的动物造型的意象表现》、周博的《浅析商周青铜器动物雕塑的造型特征及演变》等。此外，研究现当代雕塑语言的博士论文有任日的《语言的嬗变——从"雕塑1994"到"雕塑2012"看中国当代雕塑的演化》、李一夫的《新中国城市雕塑语言的嬗变研究》等。可以看到，博士论文的研究虽然都与雕塑的本体性语言探索与建构有一定的关系，但对于古代雕塑的本体语言研究除前文提到的笔者导师张伟先生的博士论文外，尚缺乏深入的研究成果。

2. 美术考古学与美术史研究

美术考古学与古代器物和雕塑都有着重要的关联。美术考古学所研究的对象正是这些历史中留存下来的物质材料，器物是其中最庞大的一类。这个领域的研究成果可以说是硕果累累，且每一个类型的器物都有不同角度的著作与论文。笔者着眼于雕塑的本体语言，很多器物的具体信息和背景都属于笔者研究问题的基础。这些著作中包括杨泓的《美术考古半世纪》，全书分为上下篇，上篇以时间为线索，从器物、雕塑、绘画等方面分析不同时代的艺术思想与时代特点。下篇从不同的内容和质料具体探讨随时代变迁的艺术特征。其中不乏对青铜灯、熏炉、席镇、镜等器物的精彩分析。李零的《万变——李零考古艺术史文集》一书是作者关于考古学的散论集，涉及各种器物、雕刻与绘画的相关内容。尤其是作者并非把眼光局限在中国，而是放眼到中亚、西亚和欧洲，从不同文明的器物文化中探求文化间的交融与影响。

美术史研究中给笔者启发最大的是巫鸿的《"空间"的美术史》《中国古代艺术与建筑中的"纪念碑性"》与《全球景观中的中国古代艺术》等一系列著作。在他的《"空间"的美术史》第二讲"空间与物"这一章节中分析空间与器物的关系，引用了海德格尔解释"物"这一概念时，借用一只壶来分析的例证。海德格尔认为"这只壶作为'物'的本质在于实体与空间的共同协商"[20]。巫鸿则进一步认为："这种共存和协商中的空间不仅仅存在于壶的内部，也存在于它的外部：一个物件必然有其所处的地点，它的出现也必然引出他与其场地和周围空间的对话。物与空间的共生关系，因此不局限于中空的器皿，而是一切占据三维空间的物体和雕塑的共有性质。"[21]巫鸿所说的物（器物）与空间的关系，包括了器物自身内外的关系，器物与器物之间"组"和"群"的关系，器物与周围场域空间的关系。作者在文中接着转述了海德格尔关于贾科梅蒂与亨利·摩尔的雕塑通过形体的压缩与穿透制造空间的变化，他们的作品"可以被看成是对西方传统雕塑观念的反动和矫正。这种传统观念把空间理解为盛放雕塑的一个硕大空间，把雕塑看成是自给自足，占据客观空间的三维实体"[22]。从这也可以看到雕塑与器物的内在联系。

　　他的另一本著作《中国古代艺术与建筑中的"纪念碑性"》也有相当一部分内容涉及到古代器物。纪念碑和器物都与雕塑关系紧密，但在缺乏公共空间树立纪念碑传统和公共雕塑的中国，有没有什么物质媒介充当了纪念碑的角色呢？作者从这一角度切入，揭示了中国文化中的一个潜在重要特征。作者超越了一般性的艺术史描述，而是找到一种跨越时间、媒材、物质形式的艺术——具有纪念碑性的礼制艺术。作者在书中的第二章开篇说道："早期中国美术史的通论经常表现出一种惊人的不连惯性，青铜器上的动物纹样在有关商周艺术的章节中占据了主导地位，而对秦汉艺术的讨论却集中于写实的人物形象和图画场面，这两种迥然不同的艺术风格究竟是怎样在中国文化传统中被历史的联接在一起？"[23]这也触发了笔者去思考古代雕塑的问题。中国古代雕塑的材质

20　［美］巫鸿：《"空间"的美术史》，钱文逸译，上海人民出版社，2018年，第87页。

21　同上。

22　同上，第94页。

23　［美］巫鸿：《中国古代艺术与建筑中的"纪念碑性"》，李清泉、郑岩译，上海人民出版社，第144页。

与内容差异极大，礼器雕塑、明器雕塑、陵墓雕塑等，但这些雕塑背后总归是有着重要的共通性内核。笔者想循着这样的思路研究古代器物的雕塑意识与雕塑语言。

美术史和考古美术的研究虽不着眼于雕塑的语言，但器物的造型总是离不开形体、空间这些基本的要素。且考古美术的研究系统性与科学性远胜于当下的雕塑研究，这给笔者的研究提供了很好的参照。

此外，像孔令伟的《悦古中国艺术史中的古器物及图像表达》，练春海主编的《制器尚象中国古代器物文化研究》，范景中、孔令伟、郑岩主编的《考古与艺术史的交汇》，邓军海的《远古器物美学研究》等都是与器物研究关系密切的文献，对笔者的研究都有很大帮助。

3. 工艺美术及器物专题研究文献

这部分主要是考古美术与工艺美术中器物研究的专题相关文献。《中国古代青铜器艺术》是李松与贺西林合著的关于商周至秦汉的青铜器艺术的著作。本书所选取的材料主要是具有较强雕塑意味的青铜器。通过分析这些青铜器的造型特点进而论述这种造型背后的思想与观念。高纪洋的《形而下——中国古代器皿造型样式研究》着重于不同材质器皿的造型源流，对器皿造型样式的产生、演进、变革、发展历程进行了全面的梳理。徐飚的《成器之道——先秦工艺造物思想研究》从古代文献出发，对器物的制作工艺、造物思想及形式美学作了深入而详尽的分析。尤其对造物思想与形式美学的论述，具有较强的理论建构性。器物从设计到成器所经历的过程是一种累积式的效应，匠人们都在一定的限度内发挥其创造性的才能。其他器物的类型专题研究有麻赛萍的《汉代灯具研究》，作者在博士论文的基础上编纂成书，详细论述了汉代灯具的类型、使用及源流、衰变等问题。

期刊论文相关文献较为丰富，比较有代表性的有苏奎的《汉代卧羊铜灯考察》[24]，深入剖析了羊铜灯的实用性、科学性和艺术性。李尔吾的《汉代的人

---

24 苏奎：《汉代卧羊铜灯考察》，《中国国家博物馆馆刊》2019 年第 5 期。

形铜镇》[25]、王丹的《论错金博山炉的造型及设计思想》[26]、魏蓉的《中国古代冷兵器意匠中的传统造物美学思想》[27]等。

硕士论文有张超的《商代玉器雕塑艺术研究》、王旻盼的《浅析南朝魂瓶堆塑特色》等。博士论文有陇艺梅的《神秘灵动——古滇国青铜雕刻艺术特征研究》、马颖的《汉代玉器审美形式与风格研究》、汪正虹的《可佩戴雕塑——身体、空间、器物研究》等。

通过以上文献的梳理，笔者认为目前中国雕塑的理论研究同中国雕塑的传统和现实都存在一定的距离。中国古代雕塑不同于西方雕塑的传统，这也是众所周知的。但究竟在哪些方面体现出这种差异性？又在哪些方面是中西方雕塑的普遍性语言特征呢？中国画完全独立于西方的绘画，有一套完整的笔墨语言体系。而中国油画则是完全从西方引入，用西方的语言体系去阐释中国油画并无不妥。唯独雕塑，既有其共性又有其差异性。笔者选择器物作为研究对象，正是充分考虑到这样的共性与差异。经过几代雕塑学者的努力，雕塑本体语言方面的研究有了一定的理论基础，从语言的变革去探索雕塑的发展也已成为学界较为普遍的共识。讨论西方的雕塑语言与中国当代雕塑的语言，是当下较为常见的，而中国古代雕塑的语言研究尚有欠缺，研究器物的雕塑语言就更少。器物造型是最古老的手艺，而由制作器物积累起来的造型经验也在雕塑的造型中显露出来。从陶器到青铜器，从生活中的灯、熏炉到储贝器，甚至兵器，大到铜鼎，小到席镇，古代的匠人以一种"观象制器""制器尚象"的创造思维与实践活动，给我们留下了丰富而宝贵的物质财富，等待我辈去挖掘。因此笔者希望在前人研究的基础上，能够向前迈出一小步。

（三）研究范围

本书所针对的问题是雕塑语言，研究的对象是器物，研究的范围也比较宽

25　李尔吾：《汉代的人形铜镇》，《文博》2011年第4期。

26　王丹：《论错金博山炉的造型及设计思想》，《美术教育研究》2016年第12期。

27　魏蓉：《中国古代冷兵器意匠中的传统造物美学思想》，《中国文学批评》2018年第1期。

泛，从时间上来说，没有一个具体的时间区间，"古代"可以说泛指了从新石器时代一直到清王朝结束的时间。从概念上说，器物也是一个广义上的概念，包括了容器、器具、配饰等各个类别。相关内容包括原始陶器、玉器、青铜器、漆器、瓷器等，类型包括礼器、明器、实用器等。这个范围的界定过于宽泛，大到几乎没有边界，按理说这不太符合学术研究的一般规律，但笔者并不针对某一时期、某一类型的器物研究，恰恰是要在不同时期、不同类型的器物中，发现和分析雕塑语言的普遍性。一个时代、一个地域的器物体现一个时代和地域的文化，不管是审美还是思想，最终都会落实到器物具体的造型表达中。本书针对的就是那些通常不被认为是雕塑的器物所具有的形体、空间、材料、时间等语言表达特征。范围的扩大和缩小都不影响笔者要讨论的问题，即器物制造中广泛存在的雕塑造型经验和雕塑表达语言。

三、研究方法与目标

（一）研究方法

本书以形式分析和图像学的研究方法为主，辅以美术心理学和文献学的方法。

形式分析是研究艺术作品最常见的方法之一，就艺术作品本身的形式特征（构图、材料、形状、线条等）展开分析与探讨。作为艺术史进程中的形式主义研究，从海因里希·沃尔夫林（Heinrich Wolfflin）到罗杰·弗莱（Roger Fry），再到克莱门特·格林伯格（Clement Creenberg）基本上走到了尽头，不过作为一种研究的切入角度和方法还是具有很强的适用性。图像学则是针对相关的图像内容进行比较和分析，从而找到图像上的关联和差异，进而探究造型背后的种种原因。这也是本课题研究采用的一个基本方法。美术心理学的方法主要将创作者、艺术作品、观者联系起来，从观者的感知角度切入对作品的分析。文献学的方法则是针对文献内容进行一定的梳理和辨析，从而扩展到历史层面的思想研究的方法。

研究古代器物的雕塑语言，就是从它的基本结构、形体空间、材料特性、视觉形式等各个方面进行考量，分析与判断。形式分析的方法可以非常有针对性地分析器物造型的各个方面。形式分析当然也有它的缺陷，容易忽视实质的内容和具体背景环境，而这恰恰是中国古代器物非常重要的部分，因为不同的器物即便在同一时代也有不同的语境，日用器和礼器就差别显著。

图像学的研究方法可以很好地补足形式分析方法的单一和片面。比如在器物隅角空间造型上，通过图像学方法的比较，可以看到从玉石器到青铜器上的一种联系，从而上升到造型语言背后人的认知结构的分析。造型语言的研究不能只停留在一般规律的描述和造型经验的总结，还需要挖掘语言背后的造型逻辑和观念。中国古代器物有很多特殊的图像，探寻图像的象征和寓意也是理解造型语言非常重要的方式。

器物不是一般性的艺术作品，不只是制器者个人的才华创造，还与使用者、消费者的社会文化心理息息相关，因此，美术心理学的相关研究方法也对本课题的研究有一定的帮助。器物在实现其使用功能和文化功能的过程中，必然会受到人们思想、趣味和习俗的影响，这种影响也就一定会反馈到器物的创造和制作中，同时器物的造型也会引起观者从视觉到心理的种种情绪变化。从观者的心理感知角度去剖析器物造型语言的特点和成因，是非常有效的方法和手段。

文献分析和梳理也是本课题研究必不可少的一环，也是重要的方法之一。虽然关于古代雕塑的文献极少，但有关器物制造的文献还是有一些不可忽略的材料。通过对文献的研究，可以从中离析和诠释出古代先民的造物思想和理念。虽然本书主要是对实物材料进行考察与分析，但很多器物的造型意识和审美理念需要结合相关的文献，阐释才能更准确也更有说服力。

这是一个相对比较庞大的课题研究，自然也不拘泥于一种研究方法，每一种方法也都不可能解决所有问题，因此，根据不同的问题采用不同的方法获得更充实的研究结果是更为有效合理的方式。在研究的过程中，既要看到器物在当时的历史语境中，造型所具有的功能和意图，也要看到它在今天的文化语境中，所具有的造型意义。此外，除了结合具体的文献，看到整体的社会文化心理对器物的影响，也要从手艺人自身的匠作系统来理解器物的造型语言。今天的雕塑家和古代的手艺人在造型经验上一定也有很多共鸣，在观察器物的过程中，从实践者的角度揣摩理解器物制造者的造型意识也不失为一种行之有效的方式方法。

（二）研究目标

本书希望通过对中国古代器物雕塑语言的研究，能探究到或接近那个存在于我们民族文化传统中的造型语言体系。尽管这是一个宏大且不太可能通过一部专著可以解决的问题，但笔者还是想实实在在地面对、触摸、处理这样一个难题。首先，古代的很多器物在今天的雕塑家看来，就是具有艺术生命力的雕塑作品，但如果只停留在这样一种认识经验上，无疑是缺乏理论支撑和依据的，而对其进行雕塑语言的分析就是要把这种感性的认识上升到理论的讨论框架内。这也是本书最初的一个动机与想要实现的目标。其次，如果说雕塑语言对于雕塑是本质的存在，且可以呈现出一种发展变化规律，那么在中国古代的器物中是否也有这样的一种线索存在。通过对器物雕塑语言的分析，笔者也试图从器物雕塑语言的特点和规律中，去认识和把握这样一条可能存在的线索。再次，通过对器物雕塑语言的分析，可以更为深刻理解造型背后的审美趣味和思想观念，进而对整体的文化个性有所理解。

如果说古代器物的造型语言体系是实有的，我们也已经通过对器物造型的分析，把握了它的部分规律和特点，那如何阐述和表述这样的一种造型语言体系就是一个核心且长远的目标。这也是本课题研究的最终目标方向，探索建构中国古代雕塑的语言体系。

限于笔者知识结构的缺陷和经验的不足，且所面对的问题又是极为宏大而复杂的，本书难免存在一些疏漏和偏颇，具体的论述上，所举出例证和材料的逻辑性也不够严谨，因而在探索器物雕塑语言的发展规律和线索上，尚有较大的深入空间。

第一章

"孔与隅" 中国古代器物的空间语言

　　空间是雕塑的基本要素，也是建筑、器具等一切三维体的本质属性之一。人类对空间的认识与表现几乎是与生俱来的，同时也是在实践中不断提高和发展的。雕塑家在塑造形体的过程中，逐渐理解了空间对造型的重要意义，但空间作为雕塑的本体语言被讨论，滞后于雕塑艺术自身的发展。这并不是说早期的雕塑不重视空间，而是说雕塑本体语言的内在发展线索并未随着雕塑自身的演变进程被同时揭示出来，相反，雕塑的空间语言特征是随着现代艺术的语言自觉而被重新发现的。西方的雕塑从古埃及到古希腊，人体的扭动与错转使得空间得到了极大变化与发展；中世纪的雕塑依附于教堂，更多的是强调与建筑空间的关系；文艺复兴时期的米开朗琪罗则更注重雕塑的实体空间；到罗丹时，雕塑实体以外的流动空间得到了探索与发现；而亨利·摩尔则让雕塑的内在空间与外部空间发生了实质上的联系。随着现代主义的勃兴，雕塑的空间形态与语言形式都得到了前所未有的发展。雕塑不仅以物质实体占据空间，同时也以其形态和结构创造了空间。这种基于空间语言变化的认识与理解正是随着现代主义以来对形式语言的探索而发展出来的。雕塑是空间的感知形式之一，空间也是雕塑的本体语言之一。

　　雕塑的空间从形式上看，可以分为封闭的内聚性空间与敞开的外放性空间，从性质上可以分为真实物理空间和虚幻想象空间，也即是海德格尔所说的"技术空间和艺术空间"。翁剑青在《雕塑空间的若干维度与意味》一文中总结道："概要的说，雕塑的空间形态及其意味大致可分为两个基本的维度：即雕塑自身呈现的物理性的空间形态及意味（及其可视的结构关系）；另则是它所显现的（或隐喻）的心理性与感觉性的空间形态及意味。他们共同构成的雕塑的空间存在——而这种存在是在雕塑自身发展的历史及社会文化的演变中产生和变化的，并且是在不同文化背景下由不同人群的文化经验中形成的。"[1]因此，要探讨雕塑的空间不仅要分析它的物理空间关系，也要考虑到它的隐喻性空间，更要将物理和心理的空间纳入到具体的文化语境中加以考量。需要说明的是雕塑的真实物理空间不仅仅是它体积占据的实体空间，也包括了它辐射的虚空间。"有形的形式有着一个空的空间作为补充，有形的形式绝对地支配着这个空的空间。这个空的空间只属于它，事实上，它也是雕塑体的一部分。"[2]雕塑的实体与它周围的空间组成一个整体，虚的空间作为实体空间的一种补充和延续，也有着被感知的具体形式。如果说雕塑的物理空间包括实体占据空间和包裹实体的虚空空间，那虚拟想象空间则包括了雕塑的隐喻象征空间与观者的心理感知空间，而虚空间某种程度上就充当了真实空间与虚幻空间的连接纽带。

虽然中国传统雕塑与西方雕塑有着显著的差别，尤其是雕塑在空间中所担负的角色，"西方与现世建筑相伴的雕塑的文化地位和空间功能在中国却是由碑碣、牌坊、假山石和脱离实用的影壁来替代的。中国的室内装饰雕塑也是由中堂、隔扇、博古架、花架等代替的，因此，有人说中国的书法碑铭即是西方的雕塑"[3]。这一总结未必准确，但充分说明了中西方文化语境的差别对雕塑、器物的空间表达的巨大差异。这里谈到的是雕塑在空间环境中的性质以及器物与雕塑在空间功能上的相关性，实际上雕塑丰富的空间语言在传统器物的表现上，更具有代表性。首先，器物的类型极为丰富，从青铜器、玉器到瓷器和漆器，造型都各具特点，空间的语言形式自然也就非常丰富。其次，一部分器物在其历史发展过程中，逐渐脱离了实际使用功能的语境，从而成为象征和观赏的对象，进入到艺术创造的语境，其艺术表现性的空间语言得到了创造与发展。同时，因为器物自身的功能属性，它的空间形态相比于雕塑反而具有更多的维度，

---

1 翁剑青：《雕塑空间的若干维度与意味》，《雕塑》2012年第1期，第36—37页。

2 ［美］苏珊·朗格：《情感与形式》，李泽厚译，中国社会科学出版社，1986年，第104页。

3 高名潞：《雕塑的空间功能及类型》，《美术》1987年第6期，第22—25页。

再次，器物所涉及的场域范围也比雕塑广泛，生活环境、祭祀场所、墓葬领域、信仰空间都有大量的器物出现和使用；最后，器物与雕塑不管是制造者还是工艺流程、物质媒材都有高度的重合性，空间的语言形式在某种程度上也体现出这样的重合性。

分析器物的空间语言，既是对雕塑语言的发展与开拓，也是对器物形式结构的深入探索。器物表面的空间区域，外部空间与内部空间的关系，器物的孔洞与虚空，器物的空间方位和隅角表现，以及器物的物境与场域，既有雕塑空间语言的普遍性规律，又有其自身独特的语言特征。挖掘和理解这种空间语言特征进而探索其背后的传统文化思想和民族文化心理，对于"器像"造型语言体系的建构具有重要意义。

第一节　表与里

　　早期西方的雕塑不管是古埃及还是古希腊多是以石雕为主，石雕在被雕刻成人物或动物前，其自然形体就已经存在了。雕塑家一方面根据要雕刻的图像轮廓，在石头的表面进行谋划，另一方面根据石头自身形体运思所要雕刻的内容。德国的雕塑家与艺术理论家阿道夫·希尔德勃兰特（Adolfvon Hildebrand）认为雕塑是从素描演变而来的，浮雕是通过给素描以深度，圆雕则可以看作是刻入石块中的平面素描。[1] 在这个描述中，实体的石块是通过表面与素描发生关联的。这让人联想到霍去病墓前的石雕，石头并没有完全丧失它的自然形态，雕刻家只是在表面上进行了"素描"。雕刻家在创造整个空间中的形体时，施加在媒材上的影响是通过对其表面的刻画处理来实现的，即便是像石马那样的雕塑在开始阶段，这种从表面运思的方式也必不可少。雕塑的表面问题当然不只是石雕创作的一个认知与操作的问题，在雕塑的发展过程中，表面的再度发现曾经影响了现代主义雕塑的走向。由于对雕塑体量空间的强调，雕塑表面的问题一度被遮蔽，大理石雕像和青铜雕塑的表面似乎只是作为雕塑人体的表面而存在。正是罗丹对雕塑表面的唤醒，雕塑的形式语言才得以被激活。泥的材料性在罗丹的手中释放，光掠过雕塑表面留下的斑驳与崎岖，让人们看到了雕塑表面具有的独立且丰富的语言价值。表面可以是雕塑家身体（双手）留下的痕迹，也可以是塑造过程的时间显像，更可以是物质材料自身的肌理，总之，雕塑的表面绝不仅仅是雕塑实体的外表，而是一种具有艺术表

1　［德］阿道夫·希尔德勃兰特：《造型艺术中的形式问题》，商务印书馆，2019 年，第 84 页。

现力的表域空间资源。

表与里既是相对立的存在，也是相互依存的关系。表与里的空间形态，在西方雕塑理念中，表现为雕塑形体外在空间与内在空间的力量冲突与调和。雕塑家凭借一双运动的手，或是手中的工具，对雕塑的表面施加一种形体改造的力量，而雕塑内在的空间或是承接或是对抗这种力量，两种力量通过表面的介质显现出来。马蒂斯的雕塑，表面稚拙而粗糙却充满了内在实体膨胀的力量；布朗库西的雕塑，表面经常打磨的光滑而细腻，甚至反射外在的景象而使雕塑的内在实体感在视觉上趋于消亡。西方现代以前大量的石雕和木雕，表与里的关系几乎都是被遮蔽的。石雕和木雕的实体性使得内在的空间常常作为一种封闭的状态被忽视，而表面通常也只是作为内在结构的外化或是模仿对象的表皮，要么打磨细腻的大理石如同肌肤般柔软，要么敷上色彩的木雕如教堂花窗般绚丽。一旦表面的独立形式被激活，相对应的内在空间也就凸显出来，雕塑的表与里的关系因而也就丰富起来。表面可以与内在的结构无关，也可以与模仿对象的外表无关，甚至可以在某种程度上与材料自身的物质性无关，而只是映射出创作者的行为痕迹就具有了一种独立的形式语言价值。

如果说西方雕塑偏重石雕的传统，那中国本土雕塑则更重视以陶土为原料的造型经验。原始陶塑是与陶器的产生、发展同步形成的。不管是陶塑还是陶器，烧制工艺要求器物内部要有适当的空间与外部空间相通，即通常所说的要有气孔。实心的陶塑由于烧制时内外受热收缩比的差异，容易出现炸裂，因而制作上和内部空洞的器物一样，要么内部空心，并在底部开孔通气，要么在陶塑周身扎满通气孔，可见，外在表面与内部空间总是需要被同时关照。表与里是内外空间相互隔离、依存也是相互对抗、挤压的关系。

器物给制造者提供了一个艺术表现的载体与平面，匠人们在绘制纹样的同时也发现了器物自身结构给他的绘制和雕饰表现提供了特别的语言形式。强化器物的边缘与轮廓往往能够事半功倍地吸引人的注意力，而在器物的表面营造微妙的层次关系，可以让器物显得更为细腻也更具感染力。在一个圆球般的器物表面进行雕饰，显然比在单纯的平面上难度大很多，因为垂直与水平的空间都会有遮蔽与弯曲，因此，空间布局的重要性也凸显出来。匠人们通常在器物表面区分出不同的界域，以充分表现其内容的丰富性和形式的韵律感。同时，器物表面的层次越丰富，器物的空间关系就越微妙越复杂。从另一个角度来说，器物的内外关系通常也表现为实用与审美的关系，不过很多器物的内外关系并不是截然分隔的，反倒在审美感知上呈现为相互连接的贯通性。此外，器物的表面装饰与整个器型也形成了颇有意味的名实关系。总之，边缘与轮廓是谈器物表面的空间造型，基底和界域则是针对器物表面的布局空间来谈，重在分析器物表面所具有的多层次语言，而器物的内与外主要围绕器物的内外空间关系如何表达以及如何被感知展开分析，最后回到器物表面装饰与整体器型之间既统一又相对独立的关系上，分析其丰富且鲜明的造型语言。

一、良渚玉"权杖"瑁和原始陶鸟形器的边缘与轮廓

器物的边缘与轮廓是造型的两个具体问题。它所反映的是器物、空间与观看三者之间的关系。器物的轮廓是指空间中具有自我表征性的外形，也可以说是一个典型的符号形象，是将空间中复杂对象简化为平面图像时所呈现的剪影。边缘则是相对于对象的中心主体部分来说的。这个中心主体既可以是平面图像的主体，也可以是观者视线正对着的特定视角下的三维物体的"中心"部分，边缘就是远离这个视点"中心"的那部分造型。同时，边缘还可以指器物形体转折的显著之处，比如器口边缘。按照美国雕塑史论家赫伯特·乔治（Herbert George）的说法："边缘也是两个或两个以上表面或平面汇合的地方。"[2]边缘与轮廓密切相关，但也有差别，物象的轮廓基本上就是由其边缘线构成的，但边缘线不完全等同于轮廓线，轮廓是对象特征相对明确的边缘线，是一种提炼的形，边缘线是视觉对对象与空间的自然边界的认识和把握。

就像现实中没有一根纯粹的线一样，雕塑也没有纯粹的边缘线，但是有相

2　［美］赫伯特·乔治：《雕塑元素》，刘晓可、时昀译，辽宁科学技术出版社，2020年，第46页。

对明确的轮廓形。边缘线随着视线角度的变化而无时无刻不在变化中，比如一个标准的球体，表面的任意一点都可能是中心同时也是边缘，但这样的标准形也就失去了形体的复杂性和特殊性。在实际的雕塑制作中，雕塑家对边缘线表现出一种矛盾的心态。眼睛的生理特点让我们的视觉对边缘线的凹凸变化更为敏感，对正对自己的形体起伏却较为迟钝。但关注边缘线就意味着我们习惯性地把有体量的三维物体简化成一种轮廓剪影的平面来理解。一方面，雕塑家所要训练的恰恰就是眼睛捕捉物体形体表面高低起伏变化的能力，以抵抗这种依赖边缘线来理解物体的视觉惯性。另一方面，对于轮廓形的关注也诱使我们有意无意地在雕塑形体转折处加上"着重符"以强化形体特征，而忽略了形体自身的连贯性。

我们在说边缘和轮廓时，既可以指器物整体的边缘与轮廓，也可以包括器物表面雕饰的边缘与轮廓。在一个器物的表面上进行雕刻，人们会很自然地注意到器物的轮廓和所雕刻的纹饰之间的关系，我们在良渚文化的玉器上可以看到同一纹饰在不同轮廓形的器物上的表现所具有的差异。比如广泛见于良渚文化的玉钺、玉琮、玉梳背等器物中的神人兽面纹，逐渐和一些器物的轮廓形成了一种整体关系，器物的轮廓成为纹饰的边缘。这种纹饰边缘与器物边缘的契合，使得整个器物更像是一件富有造型意味的雕塑。如反山墓出土的玉璜和玉梳背，半圆和倒梯形都成为了神人兽的一个外形轮廓，从而呈现出截然不同的个性。（图 1.1、图 1.2）正如巫鸿所说："器物的轮廓——无论是半圆形、三齿形或梯形——因此成为图像的边界，有时甚至变成兽面的轮廓。换言之，这里的兽面纹已经变成'设计的主题'，并增加了一种几何或抽象的外形。"[3] 在一个平面上绘画，通常会有一个边框，这个边框既是一个给定的空间范围，也是让这个平面独立于寻常物的平面。艺术史家迈耶·夏皮罗（Meyer Schapiro）认为原始人在石壁上的绘画是没有边框的，给图画加上边框是公元前两千年之

3　［美］巫鸿：《中国古代艺术与建筑中的纪念碑性》，李清泉、郑岩译，上海人民出版社，2017年，第73页。

图 1.1　玉璜，新石器时代，良渚文化，浙江余杭　　图 1.2　玉饰，新石器时代，良渚文化，1987 瑶山
　　　　反山遗址，长 4.1cm，宽 6.38cm，浙江省　　　　　　10 号墓出土，高 6.2cm，宽 6.38cm，浙江省
　　　　文物考古研究所藏　　　　　　　　　　　　　　　文物考古研究所藏

后的事，边框厘定了表面的空间，是被置于观众与图像之间的一种发现和聚焦
的手段。[4] 如果在器物的表面进行浮雕装饰，那是否也需要边框的界定，而器物
自身的结构边缘是否起到了这样的空间划分作用呢？比如一个雕刻有纹饰的器
盖，盖的边缘是否就具有了边框的功能？虽然这种边框作用不是从一个延展的
平面中标示出特定的空间，但不可否认，器物自身结构所固有的转折边界无疑
构成了器物装饰表面的框界，且空间的复杂性也就比在平面上的划定大得多。

　　在器物相对独立完整的表面区域内进行雕刻，更容易表现纹饰的完整性，
而像反山 12 号墓出土的玉权杖瑁上的雕饰则打破了器物边缘轮廓的限定（图
1.3），这件玉权杖瑁是良渚文化一件罕见的玉作精品。它的完整形态应该有杖
瑁、杖身、杖镦，杖瑁只是这件器物的一个部件。它的形状为扁方形，从外形
与尺寸比例的关系看，权杖非常适合手的抓握。而这种抓握方式使权杖的两个
窄面朝前，或者朝向抓握者自己，杖瑁占大面积的则是它的宽面。杖瑁整体刻
有浅细螺旋纹，只上下边缘根据器型轮廓留有 3 毫米左右边框没有刻纹。四面
连续的纹饰也表明两个宽面和两个窄面被看作是一个连续的形体表面。这个边
框的界定，可以看出制作者对于这一物件图像与空间的成熟把握。上下的框定

4　［美］迈耶·夏皮罗：《艺术的理论与哲学——风格、艺术家和社会》，沈语冰、王玉冬译，江苏
　　凤凰美术出版社，2016 年，第 6 页。

图 1.3　玉权杖瑁，良渚文化，高 5.8cm，长 8.4cm，宽 1.5cm，浙江省博物馆藏

图 1.4　玉权杖瑁（拓片），良渚文化，高 5.8cm，长 8.4cm，宽 1.5 cm，浙江省博物馆藏

是让"满花"的形式在一个给定的有限空间内得以实现。两个神人兽面纹上下略有错落，跨越两个宽面和一个窄面，一个随器形凸起有明显弧度，一个则减地平直雕刻。制作者没有把两个神人兽面纹分别雕刻在两个宽面上，一方面或许是作者考虑到抓握权杖的前后方向，另一方面则很可能是制作者发现了器物边缘转折所形成的空间变化，给神人兽面纹的立体感增加了维度。神人兽面纹一个铺展在圆弧面上，一个铺展在直角相交的三个面上，使得器物纹饰具有了纵深的空间延展性。在瑶山墓葬中出土的龙兽纹小玉环，龙首也刻在了直角相交的三个面上，由此也可见，这样的制作方式既是根据器物形制来安排设计的，也是一种具有普遍性认识的造型经验。因为在器物的面的交接边缘进行雕饰，面的转折变化，带来了纹饰在空间中的"立体化"。这件扁方的权杖冠饰，因为制作者对于空间的理解和对边缘的处理，一个视觉更有变化，形体更为丰富的器物呈现在了观者的面前。

在雕塑家的眼中，轮廓线通常被转译成基本形的一部分，成为轮廓形，而边缘线则是雕塑家要时时警惕的。在观察对象时，若一味跟随边缘线的变化去塑造形体，既被动也很容易出错。而轮廓线在雕塑中则非常重要，明确清晰的轮廓线，是建立触觉感和真实感的基础。希腊古典主义的雕塑，并不是所有角度看着都优美和谐，只有当雕塑轮廓线能精准地体现人体动态的和谐与美感时，雕塑才是可信赖的实体存在。海因里希·沃尔夫林（Heinrich Wolfflin）把这种古典主义的雕塑称为"线描风格"。温克尔曼（Johann Joachin Winckelmann）通过对希腊雕刻的细察，总结出"希腊轮廓"之美：希腊轮廓，是崇高美的首要且重要的属性。其一，它是连续不断的；其二，这条直的、连续的轮廓线从不至于陷入枯瘦或尖利，其保持着某种程度的圆满。[5] 雕塑的轮廓是造型美感首要的部分，是将空间层次复杂的形体在一定程度上压缩成更典型、更易理解的视觉形象。但轮廓外形与雕塑实体是不可分割的，正如罗丹所说："外形不是别的，正是团块的集合，是体积延伸的极限。"[6]

雕塑家既要懂得利用轮廓线让雕塑在主要视域获得最大的形体自足性，又要提醒自己，复杂多变的轮廓线也很可能是对雕塑整体实在价值的一种破坏。器物的轮廓线随着观者视线的移动而变化，制作者往往需要归纳出一个符合器物自身特点的鲜明轮廓才便于观者去把握它，因此轮廓是我们理解器物的首要感觉。形体转折所形成的边缘，在很大程度上会成为器物轮廓的一部分。

强调轮廓形可以有效地突出对象的特点。比如这件鸟形器（图1.5），与真实的小雏鸡或是鹌鹑大小接近，是齐家文化的一件器物。这件原始陶器轮廓清晰明确，弧形鸟首只堆塑了两只圆眼，上翘的尾部是略带倾斜的圆形器口。值得注意的是，制作者强化了鸟背的轮廓，出现了一道宽厚、硬直的脊背转折形体。且在转折的横棱上刻划了凹凸起伏的锯齿形，进一步强化了这样一个轮廓形，使其形象不容易在视觉角度改变后被弱化。制作者的这种处理并不是偶然为之的，从另一件鸟形壶（图1.6）可以看出锯齿堆塑纹不仅出现在脊背上，也出现在腹部的转折处。可见在形体的转折处堆塑锯齿纹是作者主动采取的造型手段。鸟形器的颈部、背部、尾部，压印了圆圈纹，中部一面刻划四肢三爪张开向前划动的动物。从这件器物可以了解到原始先民在制作这样的陶器时，将轮廓外形、表面纹饰、具体形象和抽象符号自然地融合在了一起。

这种对形体转折的强化，在后来的青铜器上也多有运用，扉棱的不断突显

5　高燕萍：《温克尔曼的希腊图景》，北京大学出版社，2016年，第80页。

6　朱迪丝·克莱代尔编著：《罗丹笔记》，迟轲、胡震、陈儒斌译，四川文艺出版社，2004年，第149页。

图 1.5 刻划动物纹鸟形器，齐家文化，高 10cm， 　图 1.6 鸟形壶，良渚文化，高 10.6cm，口径 4cm，
长 14cm，甘肃省博物馆藏 　　　　　　　　　吴文化博物馆藏

和复杂化就是这种对轮廓结构强化的结果（从技术手段上看，扉棱的出现可能开始是为了掩盖器物铸模焊接形成的接缝）。陶器上的锯齿纹和青铜器上的扉棱尽管并非一定出于视觉语言的考虑，但客观上让器物的空间层次有了明显的变化。尤其是凸起于器表的扉棱，不仅有效地创造了富有节奏的轮廓形，还让器物原本顺平的表面有了更多的空间纵深感。

对于器物边缘和轮廓的造型语言，在不同时代、不同类型的器物中有着不尽相同的表达形式。我们可以从这些器物中发现，古代造物制器的匠人，有意识地利用各种造型手段来强化器物的视觉空间和形式。器物的边缘可以明确界定空间，也可以形成更有空间连贯性的装饰整体。提炼和强化器物的轮廓可以使其形体空间更具有结构感，从而更能彰显其造型的特征。当然这种空间表达语言并不是孤立的，而是与其他各种造型语言联系在一起的。

二、莲瓣盖龙纹壶与凤鸟纹"戈"提梁卣的基底与界域

器物表面，可以理解成平面的空间延展，也可以理解为随着器物形体变化而空间也相应变化的平面。对于青铜器来说，表面的纹饰绝不仅仅是对器物的一种可有可无的装饰，某种意义上来说它与器物构成了它完整的自身。器物表面形成了具有丰富内涵的表域。在这样的表域中，工匠不会满足于简单地延续

某种纹饰的惯例，虽然传承远比创新重要得多，但他们也会在有限的创造空间中尽可能地把他们对于器物形体与空间的理解表现得淋漓尽致，而又不失法度。因此，我们今天看到的青铜器上的纹饰，初看上去感觉都大同小异，但细细品察就会发现，匠人们对于表面空间的处理是细微而富有变化的。相比于陶器、漆器表面的绘画纹饰，青铜器的表面则是融合了线刻、浮雕、镂刻、圆雕等多种手段。我们理解浮雕是指形体在空间中的压缩，压缩到百分之一百时，就是平面的绘画，而零压缩就是圆雕。从这个角度理解，青铜器表面的各种造型表现都是一种浮雕的语言形式。

阿道夫·希尔德勃兰特把浮雕的形式看作是人像夹在两块透明玻璃之间。人像前面凸出的高点在视觉上都统一到前置的玻璃上，而后面的点也统一到背景的玻璃上，两个平面之间的空间就是浮雕的形体所占空间。[7] 前面的玻璃是假想，后面的玻璃则是实际存在的基底和背景。一个浮雕尤其是高浮雕，如果没有基底，那么我们的眼睛很难分辨出它是圆雕还是浮雕，因此，基底是浮雕空间的重要参照因素。按照这样的观念我们来看商中后期青铜器的表面，就会发现它的视觉效果如此富有感染力，正是因为其多重基底所带来的丰富变化。通常就是在凸起的主纹上，加刻阴纹装饰线，在主纹之下又刻了细密的云雷纹作底纹，形成了俗称"三层花"的视觉效果。[8]

莲瓣盖龙纹壶（图 1.7），这件春秋中期的青铜器纹饰华丽，造型精巧。莲瓣外展，显然是考虑从壶盖俯视所看到的莲花盛开的效果。莲瓣的镂空小孔与足的镂空形成了上下的呼应，从而制造了整体的轻盈与通透感。两侧的龙纹，严格说是前后两个浮雕的叠合。按照阿道夫·希尔德勃兰特的浮雕观念，那个透明的基底就是龙的中心剖面，龙侧面的形体被归纳到一个平面的空间，形成了浮雕的挤压感。壶身从上到下分为四个部分，有三层明显的各不相同的交界带加以区分。龙足间的交界带，上下边沿凸起，中间凹陷；龙尾部的交界带则

7　［德］阿道夫·希尔德勃兰特：《造型艺术中的形式问题》，商务印书馆，2019 年，第 80 页。

8　李松、贺西林：《中国古代青铜器艺术》，陕西人民美术出版社，2002 年，第 40 页。

是平直地凸起于器表；腰腹部的交界带则是凸起凹陷上下呈波折状的形态。再来看器身上的纹饰，颈部的两层纹饰用的是纹饰轮廓边缘凸起而中心凹陷的处理手法，腰腹的龙纹则是用浅浮雕的形式把龙纹雕琢凸起于器表。颈部的纹饰造成了器表（这里所说的器表是指没有纹饰的器物表面）凸显于纹饰空间的错觉，凹陷的纹饰反而成为了一层基底。腰腹的浮雕虽然起伏不大，但借助腰腹的圆鼓形体显得更为饱满。颈部造型的内收加上纹饰的凹陷与腰腹的浑圆和饱满，再加上盖与足的镂空形成了多层次的空间关系。由此可见，工匠们在尽可能保证器物自身形体统一与完整的情况下，有足够丰富的经验和空间语言来表现纹饰与器物的和谐关系。

青铜器的制作与发展从形制到纹饰显然都有一套完整的生产体系，在这样的生产体系中并不是每一件器物都有值得称道的地方，但总会有一些器物因为一些独特的表现力而被作为典范流传下来。从整个器物去理解，所有的形体装饰构成了一个表面，而从表面的雕饰去看，整个器物又相当于一个基底。因此也可以说纹饰是器物的表面，而器物又是纹饰的基底。

这种空间表达能力是工匠们在实践中总结的经验，我们再来看一下商代的凤鸟纹"戈"提梁卣（图1.8），因盖与器底铸有"戈"字铭文而得名。相比于莲瓣盖龙纹壶，这件青铜器表面的空间层次则可以说是大刀阔斧。向外扩张的扉棱，构成了器物的外在轮廓形，器表的凤鸟纹浮雕形成了第二层的空间，竖直的条纹是第三层空间，器足与器盖无装饰的部分则构成了第四层空间，最底层是由回字纹构成的基底。如果再加上满是纹饰的提梁，整件器物的表面营造了七个空间层次。这件器物可以说是商代的一个典型酒器，虽然商早期与晚期也存在很大的差别，但在大致相同的时期内，像这样的表域结构是普遍存在的。我们再来分析这件提梁卣的空间布局，水平方向从上到下分了八层，垂直方向四个凸起的扉棱把器物分割成四个垂直界域。器盖与颈部的凤鸟纹头尾相错，器腹则是两只凤鸟纹两尾相对，器身的竖条纹与器盖顶面的条纹也形成上下的呼应，整件器物的结构布局井然有序又变化交织。界域在这里指是器物表面被分割出的空间，扉棱就是这种分割形体的"工具"。扉棱的作用一方面使

图 1.7　莲瓣盖龙纹壶，春秋中期，高 76.4cm，　图 1.8　"戈"提梁卣，商代，高 37.7cm，湖南省
　　　　腹径 39.5cm，上海博物馆藏　　　　　　　　　　 博物馆藏

图 1.9 "戈"提梁卣分析图

得器物的轮廓型更为鲜明（如上一小节所提到的），更重要的是它阻断了器物一周的连续性，视线被扉棱框定的界域锁定，而不至于涣散。如图所示（图 1.9）的角度可以说是观察器物的最佳角度，左右扉棱所形成的器型剪影明确，提梁纹饰也一目了然，器盖顶部的结构也未被提梁遮挡。

基底是器物表面装饰形体从前到后的空间底层，让一切凸起于基底的形体都有了依据和烘托。界域则表现为一种建构空间秩序的方式，使得器物表面的雕刻纹饰在特定和非特定视角都能呈现出其完整的形式感。

三、刖刑奴隶守门鬲和元显儁墓志石雕的内与外

雕塑的内外空间，可以理解为雕塑实体造型所建立的外在空间和实体内部的封闭空间。石雕、木雕的内部空间通常是充实而不可知觉的，即便是金属铸造的雕塑，内部是有空间的，这一空间也通常得不到充分的认识与表现。中国以陶和青铜为媒材的器物类雕塑，内外空间可以说得到了几乎同样的关照。一方面由于器物的功能需要，内部空间从实际的容纳功能延展到意义的承载功能，得到了高度的重视。另一方面，材料本身的特性，也会自然让人察觉内外空间的分离和依存关系，从而酝酿出内外空间丰富交错的作品。比如竹雕、角雕等，内外空间的流动、重叠的关系，让器物有了独特的语言表现力。

器物的内外空间很多时候并不是完全隔绝的，而是相互呼应、相互流转的。从内到外或从外到内的空间转移，无疑以建筑最为典型，如果说建筑的内外空间是以身体为媒介，那么器物内外空间的感知，则是以视知觉为介质。或是出于对建筑内外空间形式的兴趣，亦或是对其功能或意义的偏重，很多青铜器和陶器都会挪用和模仿建筑的造型。比如这件西周时期的刖刑奴隶守门鬲（图 1.10），围绕器物的外表，空间形态非常丰富，在器物的四个转角处，上下各分布龙、凤雕塑，形体卷曲，镂空。整体器物上部为容器，上方下椭，略向外鼓胀，显得饱满而充盈。下部为屋形，一面开门，其余三壁有镂空的窗，门上有削去左足双手抱枢的奴隶。下半部分略呈梯形状的"屋子"，可用于生火加

图 1.10　刖刑奴隶守门鬲，西周，高 17.7cm，周原扶风文管
所藏

热上面容器里的食物或水。门、窗、壁所构建的是一个半封闭半敞开的空间，
如同真正的居所，开合之间实现空间的流转。生火需要有通风和添加柴火的洞
口，同时又需要把完全敞开的空间拢聚以实现热能的最大化，器物功能和意象
结合得天衣无缝。再回到整体器物的形体与空间上，容器的圆润敦实与屋子的
挺直镂透，加上装饰龙凤的线条游弋与穿插，甚至是双耳的硬朗结实，使得这
件器物充满了空间趣味和艺术感染力。

　　类似这种上部为容器，下部像屋子一样的器物并不是孤例，比如这件西周
早期的双铃俎（图 1.11），也是一件颇有特点的器物。俎是古代祭祀时盛放祭
品的容器，或是切肉切菜垫在下面的砧板。不管是祭祀盛放祭品，还是用来切菜，
这件双玲俎最重要的功能部分都是顶面的略呈凹陷的容器部分。但容器的部分
是一个敞开的外在空间，且只占整个器物不到三分之一的体量，在容器的下面，
作者设计了一个左右贯通，前后呈拱门状的半开合空间，在拱门的两侧，悬挂
有两个铃铛。我们已无法确知铃铛的响动在祭祀活动或是切肉切菜的过程中具
有怎样的功能或意义。下面的半封闭的空间，同样是既有拢音又能发声的双重

图 1.11　双铃俎，西周，高 14.5cm，长 22.5cm，辽宁省博物馆藏

功效。这样的器物并没有严格的内外之别，内与外都在审美与功用的交替运行中实现了空间的流转和交互。

雕塑的内外空间与器物的内外空间最重要的差别就在于前者主要考虑雕塑可知觉的外部空间，而后者（尤其是容器）则往往需要考虑某种容纳性内在空间。不过从雕塑角度理解，这种内外关系并不具有足够的独特性，反倒一些反常于容器类的器物雕刻，显示出了独特的内外空间语言特点。以这件《元显儁墓志》雕刻为例（图 1.12），我们可以看到这是一只石头雕刻的大龟，龟盖可打开，打开后的龟身上刻有墓志文，共 357 字。此墓志石雕刻于北魏延昌二年（513），其中最重要的墓志铭，却不是直接刻在外部的龟背表面，反倒是将石雕大龟的龟壳打开，刻在了龟的身体内部，当龟盖合上时，我们只能看到一个完整的乌龟石雕，重要的墓志则完全消失于观者的视线中。而将龟壳打开，则是龟身刻有墓志的石板平面，大龟的完整形体也就被拆解开。换句话说，图像和文字在内与外的空间各自发挥其视觉效应。这种内与外的文与像的区隔在商周青铜器中屡见不鲜。巫鸿就曾对这种空间关系作过深入分析，正如他以折觥为例所说：

图 1.12　元显儁墓志石雕，北魏，高 35cm，长 75cm，南京博物院藏

"这件华贵的礼器实际上包括两个不相衔接的内、外空间——它决不应该被看作一个只有外表的雕塑或一篇孤立的铭文。这两个空间的关系是辩证的。一方面，它们是共生的，没有内就没有外，没有空就没有实。另一方面它们的关系又是排他的：内部空间中的铭文在器物盖上的时候就全然消失在人们的视野之外，而只有当铭文消失的时候，这个器物才会显示出它的完整外形和发挥其视觉的威力。"[9]这种内外空间的关系在各种容器中广泛存在或许并不十分特别，毕竟容器天然就会有内外空间的差异，但作为一件石雕，要从中间切开，再要严丝合缝地合上，显然不是易事。当然更大的可能性是将两块石头分别雕凿，再逐步贴合成一个整体。我们可以从这件石雕了解到古代匠人在运思这样一件器物时的一些考虑，整个石雕是有容器概念的，也即是内部空间始终是被知觉的。龟背上雕刻有"魏故处士元君墓志"，墓志内容则在龟壳之下，如同一本需要打开的书或是需要开启的盒。设想这样的墓志不是他人随意就能看到的，挪动上面的龟壳也不是一个人轻易就能做到。作者这样的安排或许另有他意。在文字尚未向所有阶层普及时，墓志与大龟石雕通过内外空间的区隔而将文字

9　［美］巫鸿：《"空间"的美术史》，钱文逸译，上海人民出版社，2018 年，第 100 页。

与图像的识别阶层也区隔开来。这件石雕与我们熟知的驮碑赑屃显然不太一样，传说龙生九子的第六子赑屃，形似龟，好负重，助大禹治水有功，后大禹担心它兴风作浪，特将其功绩刻于顶天立地的大石碑之上，令其驮负，不能轻动。唐宋的驮碑龟更多在于"显"，不论是石雕的体量还是碑文的刻写，都更为突出，而这件开合的大龟石雕，则更着眼于"藏"，或者说着眼于"开启"，"开启"也就意味着内外空间的转换。大龟石雕的内部空间实际上只是一个剖开的平面，甚至可以说没有容纳他物的空间，但从知觉上来说，打开龟盖也就如同打开了一个以文字建构起来的意义空间。

雕塑绝对的内外空间并不存在，即便是实体的石雕，内部实体的重力和结构也在影响外部空间的形态。外部形体的扩张与收缩，反过来也会塑造内部空间的结构。中国古代器物在内外空间的处理上，一开始就表现出了高度的自觉。

四、鸟兽纹觥和鱼形尊的器与表

器物的表面既是器物本身自然存在的一部分，又可以从功能上脱离开器物形体自身的限制，延展为可供图画与雕刻的平面。被刻意雕饰的表面就与原本的器物形成了一种相互依存又相对独立的关系，使得古代器物的视觉语言变得极为丰富。有时候器物的结构与器表的装饰巧妙结合，有时候器物的形体与器表的浮雕毫无关联，尤其是很多象生器，表面与器型就形成了双重关系，表面既是器物的表面，又是模仿动物的表面。作为器物的表面可以有各种形式的装饰，而作为模仿动物的表面则要将动物自身表面的毛发、鳞羽等塑造出来，这样一来表面也就与器物的整体造型形成了一种有趣的张力。

器物的形制有很漫长的演变过程，在轮制或辘轳尚不普及的时候，器物的方圆椭曲之形，很大程度上也是依靠匠人们的手艺技巧。不难想象，制作者在捏塑这些器物时，对于形体的感受很容易联想到现实中某些动物的形象，从而自觉不自觉地建立抽象与具象的联系。这种关系的建立也不仅仅是整体的器型还有可能是器物的局部造型。一件器物往往由多个部分组成，比如最常见的壶，

图 1.13　鸟兽纹觥，商，高 31.4cm，美国弗利尔美术　　图 1.14　鸟兽纹觥（四分之三侧），商，高 31.4cm，
　　　　 馆藏　　　　　　　　　　　　　　　　　　　　　　　　　美国弗利尔美术馆藏

通常有盖、嘴、腹、足、鋬等部分，每一个局部各有其形，也就各有其表，因此，器物整体的表面又是由各局部的表面构成。加之器物的制作很多时候是局部组装完成，局部的形体在未组装前，也是一个完整的独立形体。工匠在制作时也很容易从局部结构的特点联想到动物或动物局部的形象，比如将青铜鼎的足塑造成兽爪的造型等。器物及局部的具象化也使得整个器物更具雕塑感和观赏性。

　　美国弗利尔美术馆所藏鸟兽纹觥（图 1.13），是觥类青铜器中特点鲜明的一件器物。器盖有一大卷角的兽头作为整个器物的"头部"，鼓腹椭圆，前有流，后有提鋬，前昂后低，四足，整体上看如一只驻足的小兽。觥周身遍布 30 多种禽兽雕塑纹饰，且主要是龙、凤、夔、饕餮等神异动物。盖前段为大卷角的兽头，后端为鱼角夔腮的另一兽头。脊部有一长尾的小兽，两侧分布鱼、象、鸟、虎相互逐戏的浮雕图像，器身正前方，流口下部为钩形尖啄的蛇翼凤鸟形动物。觥的后端为一张口的兽面饕餮纹，口下为双臂交与体前人面蛇身的人形器足。觥的提鋬同样是"合体"思维的创造物，吞食状的双角怪兽口下是蹄足卷尾怪鸟的形象。加上遍布器表的圆涡纹、云雷纹，整个器物看起来繁复奇特，各种形象又相映成趣。

图 1.15 鸟兽纹觥 （局部）

觥作为一种盛酒器或者说是礼器，比之尊或是爵，造型更为复杂。这件鸟兽纹觥，每一个形体局部都有与之相适应的形象，隆起的腹部加上凸起于器表的尖啄，再加上前面的双足，恰如一只矗立的凤鸟，与器尾昂首挺立的蹄足怪鸟提鋬形成一种对应与反差，这种造型的首尾呼应在器盖上同样有所体现。器型的各部分形体与要表现的神异鸟兽巧妙地组织在了一起，我们可以从中窥探到古代匠人从整体到局部，又从局部进入整体的造型意识。器型提供了一个空间布局的载体，盖、颈、腹、足，不同部分也有着天然的空间差别，不同的雕饰在契合不同局部的造型及空间位置的同时，也让各种高低起伏的雕饰图像得以在器物表面形成一个有机的整体。尤其值得注意的是觥身前鸟的空间，鸟喙与眼睛的距离以及蛇纹卷曲形成的翅膀延展于器物的表面空间，使其从正面看与器足能连接上，从侧面看与嘴的形也恰好吻合。可见，制器者对于器物在空间中的造型表现是有一定经验的。

通常雕塑作为一个自足的整体，局部的每一个形体都被整体的造型意图所支配，可以说局部是很难有独立性的，表面更是一个要求严格服务于整体表现的部分。反观这些象生青铜器，器表的各个部分都有自身的自足性，可以在整体中若隐若现，也可以是完全突显于整体之上。圆雕和浮雕的形式在这种创作中随着器型的变化而"应物象形"。器表上的雕饰既考虑到前后高低的空间变化，又结合器型的空间转向，使得器物在各个角度都有可观赏的内容和美感。

图 1.16　鱼形尊，西周，高 15cm，长 28cm，宝鸡青铜器博物馆藏

　　当然也有很多象生青铜器，器型本身就像模仿的对象一样，表面也没有脱离仿象自身的表面特点。比如这件西周晚期的鱼形尊（图 1.16），轮廓清晰简明，没有多余的装饰，只是用人形符号来模仿鱼鳍充当器足，脊背的鱼鳍巧妙地充当了器盖的捉手，器盖之上又刻有鱼的纹样，周身遍布鱼鳞纹。作为命名为尊的鱼形器，它的大小和一条真实的鲤鱼相差无几，流畅的线条刻划出鱼身通体的光滑。与鸟兽纹觥不同的是鱼形尊完全是将仿生形态的鱼形代替了尊的常规器型，表面也没有雕刻其他的纹饰，而使整个器物变得高度统一。

　　器表相对于器物不是简单的装饰与被装饰的关系，而是造型意识与造型方式的问题。器表所呈现的广博意象，使得器物具有独特的内涵，在祭祀或是礼仪中彰显了特殊的意义。器物自身的完整性与自足性，在某些时候也会遭到器表内容的部分消解，而器物的视觉感染力，又需要表域空间的极大拓展。

第二节　孔洞与虚空

孔洞在现实中随处可见，土地上动物挖筑的穴孔、人体身上的孔窍、枯树上的孔洞，石壁上的洞穴……可以说孔洞所代表的未知、神秘是原始人类最直观的感受。雕塑对于孔洞的关注与表现，东西方有着巨大的差异。以石、木为主要材料的西方雕塑，对于孔洞所蕴含的审美品质的认知是相对滞后的。实体感被认为是雕塑重要的价值之一，雕塑中的孔洞则被认为是对这种实体感的破坏。因而长久以来，以体量感厚重为重要美学基础的西方雕塑，对孔洞的认识与表现，几乎是到了 20 世纪初才得以重视和发展。当然这并不是说西方雕塑在长达几千年的发展过程中，没有认识到孔洞对于雕塑语言具有的特殊价值。像希腊化时期的著名雕塑《拉奥孔群雕》，拉奥孔和两个儿子被蛇缠绕攻击而痛苦挣扎的场景，人物四肢与长蛇所形成的孔洞，使得这件作品充满了空间的流动性和运动的张力。蛇作为一种空间穿插的形体纽带，让人物的实体空间与孔洞的虚空间形成了强烈的空间对抗，从而加剧了主题的矛盾冲突。应该说，利用孔洞的虚空间来塑造实体空间的饱满度，也并非某个民族雕塑艺术的特例。

对于孔洞空间的探索与挖掘是现代雕塑发展的重要表征之一。作为现代主义雕塑奠基人的罗丹虽然在作品中并没有直接表露出对孔洞的重点关注，但在其言论中明确表示："雕塑是创作疙瘩和孔洞的艺术，而不是创作清晰、光滑的形象。"[1]在形式语言的探索上，对孔洞空间投入巨大热情的是亨利·摩尔。

1　朱迪丝·克莱代尔编著：《罗丹笔记》，迟轲、胡震、陈儒斌译，四川文艺出版社，2004 年，第254页。

他的很多人体作品，形体概括而抽象，孔洞的变化让实体变得通透而富有韵律。孔洞不仅贯通了空间，也使形体变得具有流动感。"洞本身可以和一个实体一样具有造型意义……"，"一个洞连接雕刻体的一面和另一面，使作品更具立体感，而立体感又是雕刻的根本所在"。[2] 不过摩尔所理解的孔洞，还源于对实体的强调，并不完全是出于对孔洞自身的表现。在后来的雕塑家大卫·史密斯（David Smith）、朱里奥·冈萨雷斯（Julio Gonzalez）的金属焊接作品中，体量彻底沦为了空间中的线条，线条交织形成的孔洞也有变得虚空而飘渺。在当代艺术家中，对孔洞表现情有独钟的雕塑家无疑就是安尼施·卡普尔（Anish Kapoor），他用石头、不锈钢，更多的是用红色帆布建构的空间洞，营造了一个个魔性的空间场域。他在一系列建筑模型中用出其不意的孔洞制造了空间的神秘感与视觉的震撼力。

中国的古代器物对于孔洞的表现早在新石器时代的原始玉器中就司空见惯。在一个石块上人工凿一个孔，感受那种封闭的实体被洞穿的空间变化，想必是让人惊奇和激动的。正如著名的雕塑家傅天仇所云："钻孔，是人工找到深度和厚度的劳动。钻孔冲破平面，它是三度空间的第三空间，是雕塑造型的基本要素，这是立体装饰的开始。"[3] 比如红山文山的玉猪龙，除了系扣的穿孔，中心的圆孔让整个器物浑圆中透出轻巧。在后来的器物制作中，这种孔洞的语言转变成一种更为复杂的镂空技巧。从原始陶器到青铜器再到瓷器，孔洞的表现绝不仅仅是增强空间的表现力，还有着更为深刻的观念与思想。甚至是到了明清的园林营造中，廊壁的开窗借景，也是这种孔洞空间的延展应用。

与孔洞密切相关的是虚空，虚空既可以指实体极大消解后留下的虚空间，也可以指实体营造的虚空意境。雕塑的实质也可以说是在空间中进行实与虚的建构，通过对实体的摆布与经营，制造更大的虚空表现力。如同贾科梅蒂所说：

---

2 陆军编：《摩尔论艺》，人民美术出版社，2002 年，第 84—85 页。

3 傅天仇：《移情的艺术——中国雕塑初探》，上海美术出版社，1986 年，第 6 页。

"雕塑始终不是结实的物质，而是一种镂空的结构。"[4] 现代雕塑发展以来，体量的瓦解使得虚空成为了雕塑美学的重要因素之一。从毕加索的《电线构成品》到亚历山大·考尔德（Alexander Calder）的活动雕塑，实体感不复存在，虚空间则成为雕塑被感知的重要组成部分。瑙曼·加博（Naum Gabo)的《圆柱》和《球形主题的半透明变化》等作品中透明塑料的应用，使得形体的结构一目了然，空间也因透明变得扁平。实体变得透明，空间变得通透，无疑是制造了一种虚空之境。虚空不单单是实体对虚空间的调动，也是一种裹挟人身体并使人心理和精神产生共鸣的"留白"。

如果说虚空在西方雕塑发展历史中，是一条较晚近才凸显的线索，那中国古代的器物制造传统，有关"虚空"的观念几乎是深入骨髓的。所有的容器都是努力用实体来建构虚空的关系，虽然东西方皆是如此，不同的是中国人从这种关系中，认识到虚空有着比实体更为重要的价值，实体似乎是为了这个本质性的虚空才有了存在的必要。实与虚在哲学上也可以理解为阳与阴，在艺术表现手法上又通常表现为正形和负形的关系，这种虚实相生的观念，是中国古代器物制造重要的审美经验。可以说孔洞打开了实体与虚空的通道，从而让器物物理上的虚空上升到精神上的虚空，彰显了极为独特的美学价值。

一、陶器与铜带饰的孔洞空间造型

孔洞在早期人类的器物制造活动中应用广泛。在骨头、贝壳上凿孔，便于穿绳系带，以作装饰；在石镰、石斧上凿孔，便于穿绳捆扎木棍，用以耕作，可以说开孔以为用是一种最原始也最直接的制造方式。伴随这种制作经验，人们也逐渐意识到，孔洞带来了别具一格的空间趣味，当从一个圆孔中去窥视原本熟悉的世界时，便会产生些许陌生感。在玉器的制作中，孔洞的造型意识和玉石的实体造型是在同时构思的。比如这件红山文化的玉人（图 1.17），手臂

---

4 ［美］雷·H.肯拜尔等：《世界雕塑史》，浙江美术学院出版社，1989 年，第 142 页。

图1.17　玉人（左），新石器时代，　　图1.18　镂孔器座（右），大汶口文化，高33.2cm，南京博物院藏
　　　　红山文化，高13.5cm

和身体用两个对穿大圆孔分开，身体的形完全被挤压，用三个圆孔分开双腿，圆孔之间形成了锯齿状，背后脖子处有一对穿小孔用以穿绳系带。可以说通过这种最直接的孔洞造型，让整个人的身体意象与石块的空间形态都得到充分的表现。

　　此外，从编织器物中获得的孔洞视觉经验也或多或少地带到了陶器的制作中。早期很多陶器的孔洞，带有明确的装饰造型意味。大汶口出土的几件红陶、黄陶镂孔器座，整体看上去类似壶的容器，表面有规律的编织纹孔洞使得陶器带有几分编织器的特点。尤其这件南京博物院所藏的红陶镂空器座（图1.18），敞口、圆鼓直腹堆塑三层不均等的凹凸弦纹，和有规律穿插的镂空圆孔、三角孔构成一个有节奏韵律感的器物。器座顶部是呈喇叭形的托盘，

图 1.19 刺猬，小河沿文化，高 9.5cm，内蒙古考古 研究所藏　　图 1.20 镂空双层壶，崧泽文化，高 15.5cm，上 海博物馆藏

圆腹的内部空间略显幽暗，上下不均等的布局与错开的孔洞时而透过对侧的孔洞而光亮，时而又是暗淡而略带深沉。三角孔与圆孔的对比也加强了视觉的层次，再加上满饰的细绳纹，整个器物可以说是虚实相得益彰。这样的镂空器座并不是个案，其实际的功能部分可能只有顶面的托盘部分，即便是需要高筒状的器座，其器形也可以是更简单的形式制作，作孔洞的处理，为陶器的使用带来了致命弱点，孔洞多且大，致使陶器极易破损。古人们在了解陶的易碎性能后，仍要如此费尽心思地制作镂空效果的器腹，或许是竹编器的审美习惯使然，或许也是对空间通透感的一种执着，不惜冒易碎的风险也要追求独到的艺术表现力。

除了这种镂空的形式结构，也有在陶器上用孔洞的方式表现具体形象的案例。这件属于小河沿文化的红陶刺猬（图 1.19），整体滚圆如球形，圆底双矮足，圆脸之外，周身刻有凹凸折线锯齿纹，脸部磨光，双耳微微凸起，隆鼻双孔，加上双眼圆孔和张大的深孔圆嘴，整体看上去，呈惊恐之状，颇有几分幽默与戏谑之感。五官皆用孔洞加以表现，一方面也与人们对于人的七窍认识相一致，另一方面，这也是最直接的打开内外空间，保证陶器烧制不易爆碎的

图 1.21 双牛纹带饰，西汉，长 14.8cm，宽 7cm，1956 年辽宁西丰西贫沟出土，辽宁省博物馆藏

方式。这种在陶器或是陶人脸上直接戳孔以示双眼或嘴的造型表现，让孔洞形式和人七窍的生命意象联系在了一起。总之，在陶器上的孔洞表现，是原始人类高度自觉的造型表现形式，也是一种逐渐发展成熟的造型语言。

有一些陶器既希望保留镂空孔洞的空间层次，又需要保证其作为容器的功能，于是出现了双层器壁的陶器。这件崧泽文化的镂空双层陶壶（图 1.20）就是这样一件典型之作。两层器壁形成了一个半通透半封闭的空间，让人的目光循着洞孔窥探内里，却又被内壁阻挡回来，给人一种怅然若失的感觉。

孔洞造型语言在青铜带扣上的表现与应用可以说达到了一定的高度。青铜带饰在战国至秦汉时期的北方游牧民族中广泛流行，基本上是以浮雕加透雕的形式表现虎、豹、狼等撕咬和吞噬羊、马、驴等动物的主题，也有少数表现成对伫立或卧伏动物以及人物活动的带饰。这件西汉的双牛纹带饰（图 1.21）就是一件形式意味较强的作品。两头相向而立的牛，如同镜像一般，但略加注意，就会发现两者的差别也是显而易见的，镂空的孔洞清晰地表明两牛的造型异同。孔洞大小形状各异，左右的不规则对称，节奏感分明；牛角、牛耳、牛蹄的凹陷，虽不是镂空的孔洞，但也是孔洞的语言形式之一；牛尾与牛身上叶

图 1.22 提梁方腹青铜卣，商，高 27.8cm 口径 7.3cm，1989
年江西省新干县大洋州墓出土，江西省博物馆藏

片状的花纹，与镂空孔洞的形状形成一实一虚的呼应关系。西南地区的青铜扣
饰也有很多与此相似的器物，其主题和表现手法较北方草原游牧民族的带饰更
为多样。

　　与陶器那种有规律的孔洞不同的是这类青铜带饰和青铜扣，孔洞的制造
不是镂刻出来的，而是通过有效的实体联结制造出来的，它们自然而多变，与
实体雕塑的动态、结构，甚至是情绪都高度契合，当然这也与青铜器铸造需要
有更多的浇灌流径以保证铸造的成功率密切相关。不管怎么说，孔洞在这些器
物中，已不是实体雕塑形象自然动态形成的孔洞，而是制造者有意识地运用了
实体与孔洞的空间关系刻意为之的结果。

　　器物的孔洞造型表现还有很多，比如江西省新干大洋洲出土的兽面纹提

梁方腹青铜卣（图1.22），器腹中心有四个连通的方孔，让这件器物的内部空间以一种建筑开窗的形式给人以联想。而隋代的青釉龙柄四系环状壶，壶腹部一个大大的圆孔，使得整个器物的空间出现了逆转。壶的内部容量空间大为减少，中心的圆孔也让器物有了一种透明的错视感，似乎是看到了壶内部的空间。巧妙地利用孔洞的形式创造出独特的器物已然成为古代很多制器者的重要造型经验之一。

二、玉璧与魂瓶的孔洞空间观念

孔洞不仅仅是一种常见的造型表现手法，还代表了某种观念，尤其在玉器中有着非常复杂的含义。玉环、玉玦、玉瑗、玉璧的基本形都是有流动感的圆环形。东汉学者郑玄注《礼记·玉藻》，认为"环取可循而无穷"，是指圆环无尽的回旋，具有周而复始、流转不息的意味。《庄子·齐物论》中的"枢始得环中，以应无穷"[5]也是对实体与孔洞的一种观念延伸，是对事物有限性与无限性且相辅相成的概括。王朝闻认为"环"可以象征无限的大，因为"它们是拥有三度空间的形体。同时，当作雕塑来观赏时，它们可以引起无穷无尽的通畅、圆通、流动感和快感。或者说，静止的形体的动势，有常中的无常，有限中有无限的大（空间）与久（时间）的美。这些不完全属于形式问题，而是体现着包括快感在内的情感以至思想内容的美。"[6]

这些环形器物中尤以玉璧最为典型。璧是中国古代影响地域广泛，持续时间长久，由一实一虚两个同心圆所组成，具有多种用途的一种玉器。实体部分通常称为"肉"，中心孔洞部分称为"好"，《尔雅》云："肉倍好谓之璧，好倍肉谓之瑗，肉好若一谓之环。"[7]尽管这一标准未必十分准确，但有一点是肯定的，那就是中间的孔洞是器物非常核心的一部分。玉璧的功能并不是单

---

5 《庄子》，孙通海译注，中华书局，2016年，第32页。

6 王朝闻：《雕塑美学》，生活·读书·新知三联书店，2012年，第282页。

7 《尔雅》，〔晋〕郭璞注，王世伟校点，上海古籍出版社，2015年，第88页。

图1.23 双龙穿璧帛画（局部），西汉，湖南省博物馆藏 　图1.24 玉女阴器，新石器时代，红山文化，长4.2cm，宽1.9cm 　图1.25 青釉魂瓶，三国（吴），高46.4cm，口径11.3cm，故宫博物院藏

一的，尽管《周礼》中有"以玉作六器，以礼天地四方，以苍璧礼天，以黄琮礼地，以青圭礼东方，以赤璋礼南方，以白琥礼西方，以玄璜礼北方"[8]的记载，但玉璧在不同的历史时期，也兼作饰玉和葬玉之用。孔洞也在玉璧不同的功能语境中具有了不一样的作用与观念。

　　战国时期，就出现了玉璧悬挂于死者的内棺外的墓葬。汉代的玉衣或叫作"玉体"，在头顶处就是用一件玉璧作装殓。死者七窍用玉填塞以保存其精气，而头顶部玉璧的孔洞则成为死者灵魂出窍的通道。此外，汉墓中的帛画也有"双龙穿璧"的图像（图1.23），意为引魂升天。考察玉璧在墓葬中的使用特点，巫鸿认为，这一孔洞是死者灵魂升天的特殊通道。玉璧的孔洞似乎是两个空间的交接处，一个是真实具体的此在空间，一个是看不见也摸不着的"天上"空间，但同样在人们的观念中"真实"存在。[9]

　　原始人类在制造陶器时，通过给五官戳穿孔洞，使陶器的人物或动物形

8　《周礼》，吕友仁、李正辉注译，中州古籍出版社，2010年，第180页。

9　《礼仪中的美术：巫鸿中国美术史文编》，生活·读书·新知三联书店，2005年，第136—142页。

象生动化，似乎是赋予了器物以生命感，然而，在形象与观念上都带有强烈的生命意识或是生殖崇拜意义的是"玉阴"（图1.24）。在椭圆的玉片上，上部凿一个圆形的孔，下部刻一个较狭长的孔洞，高度概括了女阴的形象。这种介于具象与抽象之间的符号，当然也经历过一个提炼的过程，最终用孔洞的方式使其高度符号化。在红山文化中，玉人、玉阴都是基于对孔洞造型表现力上的理解才高度概括完成的。孔洞对于玉阴不只是造型上的联想，更重要的是对生命诞生的形式创见。

这个孔洞是孕育生命的源泉，是生生不息的象征，是一切万物的初始出处。老子《道德经·第六章》："谷神不死，是谓玄牝。玄牝之门，是谓天地根，绵绵若存，用之不勤。"[10]"玄牝"正是赋予天地万物以生机的玄阴之门。或许孔洞就可以比拟这样一个玄阴之门。

"容器形状与其承载物形式之间充满肉感的相互关系——外部体块轻轻抱着位于其中心的空洞，这好比是在维持自己生命的器官，而空洞的形状则成为整体形态的形成关键。"[11]孔洞之所以孕育生命，是因为"气"能通过孔洞在空间中实现流转。孔洞是空间的转切口，也是光的出入口，使人能够于黑暗中见光明，于光明中睹黑暗。老子讲："万物负阴而抱阳，充气以为和。"[12]世间万物之理就是背靠黑暗，拥抱太阳，亦是阴阳二气冲突、交融，形成新的均匀和谐的统一体。从而孔洞因光明黑暗交合、二气流转也就成为了一种审美的对象。

孔洞与隐匿、逃遁、消失、神秘等一系列心理活动相关，前文讲到玉璧的孔洞与引魂升天的观念有关。新石器时代的彩陶盆，丧葬时也作为陶棺来使用的，在陶盆底部开一个孔，同样是作为灵魂升天的"秘密通道"之用。这种观念在江浙地区出土的三国两晋时期的魂瓶中也有所体现。魂瓶由东汉时期的

10　[魏]王弼：《老子道德经注校释》，楼宇烈校注，中华书局，2008年，第16页。

11　[美]罗莎琳·克劳斯：《现代雕塑的变迁》，柯乔、吴彦译，中国民族摄影艺术出版社，2017年，第145页。

12　[魏]王弼：《老子道德经注校释》，楼宇烈校注，中华书局，2008年，第117页。

五联罐发展而来，也被称为谷仓罐、神亭等名称。藏于故宫博物院的这件三国时的青釉魂瓶（图1.25）就是一件陶瓷容器与陶塑紧密结合的魂瓶。主体陶瓶呈瓮状，瓶口边缘清晰。整个器物的三分之一被瓶口上面的雕塑占据，顶部小瓶口，群鸟展翅，飞鸟之下是三层华丽的庑殿式崇楼，楼前有双阙，卧伏看家之犬，周圈分布乐人演奏，主瓶口沿之下，颈腹交接处有龟趺驼碑和鹿猪鱼龟等动物，主瓶腹部钻有小孔，且有鱼儿对着孔洞游弋。整个器物，上部繁密精致，下部疏朗平滑，形成了鲜明的对比。

从这件魂瓶的特点来看，首先它表现了三重空间，天上飞鸟祥瑞，是上天的写照；建筑楼阁、走兽伎乐是人间的缩影；鱼游孔洞则是指"地下"空间，有些孔洞还会有雕塑的小蛇蜿蜒曲折出入。联系其他的魂瓶造型来看，基本上罐的顶部堆塑都是反映人对现实生活的美好愿景，鱼和龟这种水下生物是"阴"的象征物，暗示孔洞及孔洞内部的空间是死者"魄"的安息之所。而瓶上的亭台楼阁、繁华喧嚣则是死者"魂"的理想之境。

孔洞在这些器物中表明了空间的多重意义，或者是现世与彼岸的空间通道，或者是生命形式转换的空间象征。孔洞的空间观念，不仅在古代器物中具有重要意义，在现当代雕塑中，孔洞所隐含的观念也是作品重要的一部分。安尼施·卡普尔的《肮脏的角落》巨大而幽深的孔洞矗立于凡尔赛宫，似乎是对黑暗隐晦政治的隐喻。隋建国的《黑暗中的能量》，集装箱式的封闭空间，只留一个小孔，让人透过小孔，从中窥见无尽的黑暗。可以说这些作品的孔洞观念都让我们对空间的感知变得敏感和复杂。

三、虎牛祭盘与白玉镂雕高桥笔架的虚空表现

如果说雕塑的空间是指实体所占据的空间，那虚空间则是未被实体占据的空间。因而虚空间通常是相对于实体空间来说的，一块石头占据了一个具体实在的空间，石头以外也就形成了与石头相对应的虚空间，再在石头上掏空一个孔洞，孔洞也成为了一个虚空间。雕塑大多数时候处理的是石头所占据的那

图 1.26　虎牛祭盘，战国，高 43cm，长 76cm，云南省博物馆藏

个实体空间，而器物总是同时在处理实体与虚空的两个空间。老子在《道德经》有言："埏埴以为器，当其无，有器之用。凿户牖以为室，当其无，有室之用。故有之以为利，无之以为用。"[13] 可见，早在春秋时期我们的祖先就已经把器物的虚空间当作是与实体一样重要的部分去认识和考虑，可以说，实体与虚空的共存和协商建构了容器的本质。

　　虚空既是指器物内部以及包围着器物的外部空间，也是指由实体所营造的虚空意境。我们知道很多器物的虚空间是出于容器的实用目的，并不是完全出于审美的形式语言创造，而这件战国时期的虎牛祭盘（图 1.26），对于虚空间在形式语言上的发掘最具特点。制器者通过巧妙的构思将大牛、小牛与虎所形成的攻击、保护、躲避的紧张关系表现得淋漓尽致。大牛沉稳，后背宽阔以做器物的容器空间，后背之下牛腹中空，将小牛置于腹部空间的保护之下。大

13　［魏］王弼：《老子道德经注校释》，楼宇烈校注，中华书局，2008 年，第 26 页。

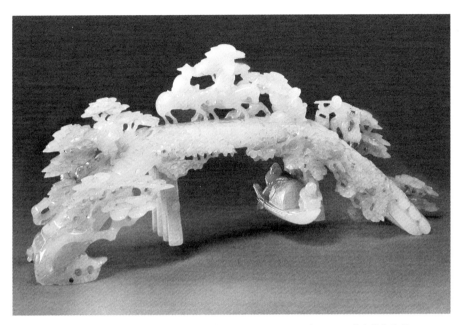

图 1.27 白玉镂雕松柏人物高桥笔架,清乾隆,高 8.5cm,长 18.8cm,宽 5.5cm,故宫博物院藏

牛的尾部则是狠狠撕咬的恶虎,四爪蹬于大牛的后臀,整个身体都悬空起来。器物呈倒梯形状,虎和大牛的角力如同天平的两端,核心就是横在两者之间的牛犊。大牛腹部的虚空既是孕育小牛生命的象征,也是庇护牛犊的隐喻。这是创作者大胆且富有想象力的创造,大牛腹部的虚空不是出于容器的功能考虑,而是基于内容和形式的设计,将保护、庇佑的主题在这个小小的虚空中得以充分的实现。虎牛祭盘将牛腹挖空,让牛原本的实体出现了明显的缺失,横立于腹部的小牛与其说是填补了这一空间,不如说是让虚空获得了美学上的充盈。实体的虚空带来的是形式语言的饱满,这就像是绘画或是文学创作中的"留白",有意给观者留出想象的空间。

虚空不仅仅是将实体掏空,也可以是通过有形来塑造无形,通过具体的实在空间表现无限的虚空间。我们从这件清代乾隆时期的白玉镂雕松柏人物高桥笔架(图 1.27)可以看到这种虚空所具有的表现力。器物以拱桥为主要内容,桥上桥下呈现出截然不同的情境。桥上的人物松柏处在以天为背景的敞开空间，通过人物、动物、植物所形成的孔洞，达到空间的通透感与流动性。桥下半圆形的桥洞在松柏的掩映之下构成了与桥上景致相对应的虚空间，桥上的景物是以实体映射虚空，而桥下是在虚空中点缀实景。两组桥墩将桥洞空间分隔成三个区间，紧靠桥墩的渔船如同悬浮于水面之上，这也正是这件器物的意趣所在。桥墩和渔船都悬垂于桥洞，让桥下的虚空间不只是与桥上空间相呼应，同时也将桥下水面空间表现了出来。器物没有一处是对水的刻画，但丝毫不影响人们感受到桥下水的流淌和绵延。治玉匠人在制作这件玉器时，显然对空间的兴趣和理解大大超过了对主题内容和雕刻技艺的展示。器物虽小，实体的空间变化也并不繁杂，作为置于书桌的文房清玩，却能使人有驰游天地的豁达与超然之感，这不得不说是虚空所具有的造型语言魅力。

笔架从实用功能的角度考虑，它凹陷的虚空间恰是它承托架笔的功能所在，与常见的笔架山不同，这件拱形的高桥笔架几乎没有太多明显适于架笔的凹陷，反倒把最大的虚空间留给了毫无架笔实用性的桥下部分。这种关系的对比也大大强化了虚空所带来的艺术感染力。

对于虚空的表现，既源于一种"虚实一体"的器物哲学观，也有着实用主义的经验考量，更有一种创造性的雕塑语言探索精神。在整个中国器物制造传统中，虚空与实体的互动成为了我们重要的审美品格之一。

四、瓷枕与枕屏的隐匿空间

枕头是与人身体接触密切，也与人的私密生活息息相关的物件。枕有"镇"的谐音，或许也有使人不做噩梦的镇定安神的寓意。陶瓷枕是隋唐兴起，至宋元得到高度发展的器物，其形式也变得越来越丰富，除了大量的箱型枕，还有造型各异的象生枕。陶瓷枕也在实用功能性之外，发展出了象征和抒情的文化属性。瓷枕的空间也是多层次的，箱形枕的内外空间与象生枕的复杂空间以及表面绘画和纹饰的意象空间，甚至人枕靠其上进入睡眠的虚幻空间，形成了多层次的空间感知。头枕之下似有一个纷纷扰扰，光怪陆离的世界。

图 1.28 景德镇窑戏台式青白釉瓷枕，元代，高 18.2cm，
长 32cm，安徽省岳西县文物管理所藏

作为私密空间的实用之物，瓷枕在一定程度上营造了一个半藏半露的隐匿空间。瓷枕的材料特点也让它在空间形态上有更多内外结构的穿插变化，形成了融建筑、舞台艺术、人物雕塑为一体的戏剧舞台人物纹瓷枕类型（图1.28）。戏台楼阁、珠帘漫卷，瓷泥塑造的镂雕与透空效果，使得戏台建筑有雕梁画栋的华丽，也有着半遮半掩的舞台戏剧感。与我们今天在博物馆看到的视角不一样，置于床榻上的瓷枕是在我们的视平线之下的，俯视看到的物象也都处于半遮掩状态。人物也都在瓷枕的内部，为了能看清瓷枕内的人物，戏台都是透光的镂空结构，尤其中心门廊内人物背后，有格窗透光，加强了内部空间的通透性。尽管这种结构显得有些脆弱，但为了营造枕下的朦胧之境，空间关系层层推进。戏台瓷枕顶面如同戏台的屋顶，屋宇之下是一片莺莺燕燕、婉转悠长，头枕于上，虽不能目视其雕塑人物的婀娜身姿和悲切表情，但能想象到戏曲的低吟清唱，如余音在耳。瓷枕的顶面作为与头部接触的部位，既要考虑枕靠的舒适性，也要考虑与整个瓷枕的关系，因此枕面成为了一个相对独立的部分，比如婴抱荷叶枕，巧用一块荷叶作为枕面，从顶面看上去，人物都藏在了枕面之下，而从侧面看上去，一个俏皮或是慵懒的人物蜷卧枕

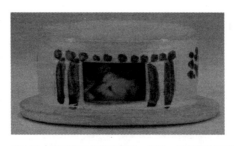

图 1.29 广东窑口点彩春宫枕，唐代，观复博物馆藏

下。这种造型丰富的瓷枕的妙处在于枕于其上时，所有视觉的部分都隐匿了，
而当我们观赏它时，它的实用功能也就完全隐退，同时因为它是属于隐私空
间的器物，有一些较为隐私的内容，在瓷枕上呈现就恰如其分。比如这件藏
于观复博物馆的瓷枕（图 1.29），枕身一侧开窗，窗的两侧有涂绘的帷幔，
像是半遮半掩的床帏，透过窗孔，隐约可见有一男一女的捏塑，两人一上一
下拥卧一起，正享受云雨交欢。这样的"春宫枕"似乎只适合出现在床帏之内，
既让这个空间充满了隐晦的情色之意，也让枕上之人浮想联翩。瓷枕的开窗，
以及被包围在黑暗之中的交合之体，让瓷枕的内部空间若隐若现，充满诱惑。
对于枕来说，枕下是一个隐藏于日常的空间，而枕内对于整个器物来说，同
样也是一个遮蔽于外在形式的空间。

　　与瓷枕联系紧密的枕屏，是具有空间分割功能的器物。枕屏起源于床榻
边的屏风，早在汉代壁画中就已出现，到五代时，床边的屏风逐渐变为较为矮
小置于榻缘的枕屏，用于遮光挡风。白居易的"冻花开未得，冷酒酌难醒。就
日移轻榻，遮风展小屏"，就写出了枕屏的遮风之用，不过这更多的是文人的
雅趣，而非不可或缺之物。明代文震亨《长物志》载："（榻）坐高一尺二寸，
屏高一尺三寸，长七尺有奇。"[14] 从明人的记载可以看出枕屏高度为一尺二寸，
三面围绕床或榻，具有防风通气之用。枕屏将空间分割，让外人的目光停在枕
屏之处，无法窥见其内，也让卧榻之人安于私密之境，在瓷枕的雕饰簇拥下，

---

14 ［明］文震亨：《长物志》，陈剑点校，浙江人民美术出版社，2011 年，第 87 页。

与枕屏图画诗词的意象展开中,享受卧游的精神快感。这也是枕屏真正的空间意义所在,它是文人心理上的围屏,也是儒者自省的格物之所,亦是诗人放浪形骸酒后醉眠中所感知的亦真亦幻之境。枕屏画面空间的模糊之景与文人心中的朦胧之像达到了统一,从而在这个隐匿的空间获得了一种虚幻的世界真相。

"枕屏的可贵之处就在于,它看上去不是一件把玩的东西,而是一个生活空间的营建者,与人的生活很亲密地关联在一起。入寝时,当人进入这个屏风营造的睡眠空间时,几乎不会想到它是一件物品。枕屏意义的生成伴随着它身上物品对象性的消逝。它更像是一个共眠的伴侣,万籁俱寂时,人与屏风两两相忘,不再去顾忌美丑贵贱,只是在这样一个安然的环境中进入梦境。"[15]

隐匿的空间是由器物引导或建立的、人的心理感知空间,是对视觉的回避,也是对物理空间的超越。瓷枕的隐匿空间首先是指它所处空间的暧昧与私密,并不直接袒露于外人的视线之中;其次是指它对于器物主人来说,枕下空间也较之于枕上空间更有遮蔽性;再次,枕下空间还可以进一步设计成从外到内的空间层次,让观者剥洋葱似的进入到隐匿在最深层的空间秩序中。而枕屏既是人们小憩安睡空间的区隔之物,也是这一空间的标示之物,同时它又是人们短暂回避现实空间的凭借之物。瓷枕与枕屏一个意在器物自身空间的变化,一个意在器物所处空间的营造,一个强调物理空间的遮蔽,一个强调心理空间的隐匿,两者又在同一空间环境中,形成一种对照与呼应。

---

15 李溪:《内外之间——屏风意义的唐宋转型》,北京大学出版社,2014年,第193页。

第三节　方向与隅角

　　雕塑的空间并不是均质的，尽管围绕圆雕一圈的外在空间理论上都是一样的，就像悬浮于空中的一个球，围绕它的空间都是毫无差别的，但这个球一旦存在于具体的空间环境中，就有了上下左右前后具体空间的差异关系，更何况具有造型的雕塑，不同角度呈现出完全不同的形体关系，因而空间也就有了质的差别。人类早期从用单向度球代表体积过渡到用二向度棒形物体来造型，说明早期雕塑家已经学会掌握一个方向。[1]西方古典主义人体雕塑，会把最佳角度留给人物的正面。很多雕塑与建筑结合，只留给观众少部分适于观看的角度。即便是可以环绕观看的雕塑，雕塑家也会有意识地强化某一个方向上看到的形体关系，使其更有表现力。因此，雕塑的空间是有明显的节律差异的。雕塑作为某种质料的实体，受到重力、压力等物理因素影响的同时，也受到人视域的惯性制约，它的形式也就不可避免地呈现出相应的特点。

　　我们熟悉的很多雕塑都是圆柱形，就是和人们的认识经验有关。地球上的很多物体都和地表的水平面相垂直。人们的双眼也是水平的，视域也多是呈水平移动，因此垂直向上的事物更容易被我们的双眼捕获和察觉。垂直方向的向上延展，也暗含了一种向上生长的力量，不管是神秘的史前巨石柱，还是古埃及的方尖碑，耸立向上象征了人超越自身力量的极限。垂直空间一直以来也都是雕塑家极力探索与表现的空间，从位于悬崖边缘，矗立于石雕战船底座之上

1　［美］鲁道夫·阿恩海姆：《艺术与视知觉》，滕守尧主编，滕守尧、朱疆源译，四川人民出版社，1998年，第281页。

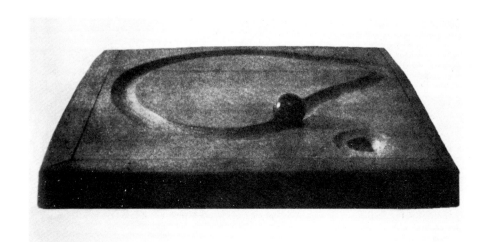

图 1.30　回路，贾科梅蒂，1931 年，木材，Henriette Gomez 收藏

的胜利女神雕塑到古罗马图拉真纪念柱，如何在垂直的空间中创造崇高、神圣、壮观的雕塑作品是所有雕塑家孜孜不倦、努力钻研的永恒追求。当然，很多时候这种垂直空间的探索不是完全有意识的，而是自然萌生的直觉与惯例使然。在探索垂直空间表现力的同时，水平空间也不是全然不顾，只是没有成为雕塑强有力的语言表达形式，直到现代的贾科梅蒂，他早期的超现实主义时期的作品，比如《回路》《男人、女人和孩子》《不继续玩》等一系列作品，在桌面游戏、真实运动、剧场环境等方面拓展了雕塑水平方向的空间语言。水平空间被发掘后，很多现当代雕塑家都投身其中，大大激发了雕塑在水平空间上的艺术表现力。比如卡尔·安德烈（Carl Andre）的作品，重新塑造了不被人重视的地面水平空间。如果说垂直方向，表达了与神沟通的无限向往，一种心理上的空间崇拜，那水平方向，则指向了人视线的遮蔽与事物的叠压，一种身体上的空间游走。

　　方向可以是一种静态的空间区划，也可以是一种图像主题在构图上的策略，还可以是形象运动的趋势，比如动物前进的方向等，甚至是人物眼神和观看的方向。一件雕塑很多时候是由不同方向的力相互支持、相互抵消而形成的一个相对平衡的整体。这种平衡的整体关系在中国古代的器物中体现得尤为突出，

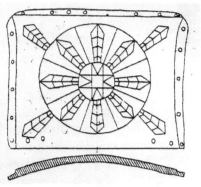

图 1.31　凌家滩长方形玉版，长 11cm，宽 8.2cm，新石器时代 凌家滩文化，北京故宫博物院藏

器物自身的顶与底的关系以及空间象征意义极大地丰富了其空间语言，方位的观念与器物自身结构的融合也让器物的空间语言有了更多的内涵。

　　中国传统的器物秉承着"制器尚象"的原则，"象"不仅仅是通常理解的万物之象，更是指抽象的"卦象"，卦象亦即是事物表象背后的规律和观念。方向是对空间的一种划分方式，古代的式盘将天地宇宙的观念演绎为数学图谱，并标示出四方八位的空间区划，这种观念最早可追溯到五千年前的凌家滩文化，其出土的长方形玉版（图 1.31），是一件典型的"法天象地"、方圆结合，刻有四隅八方纹饰的玉器。陈曌在《凌家滩长方形玉版"式图"探微》一文中，详细地论述了玉版图示与古代中国先民的宇宙时空观念以及对后世的影响。[2]

　　正是有了"制器尚象"的观念与四方八位的方向定义，围绕器物一周的空间也就有了不同的方位划分，尤其是方形的器物，隅角的重要性绝不仅仅是作为形体交接凸显的转折意义，还在于整体器型与背后的"象"的关系。器物自身的各个方向和器物所处的空间方位，以及器物背后的天地宇宙的方向处在一种整体的联系之中。

2　范景中、郑岩、孔令伟：《考古与艺术史的交汇——中国美术学院国际学术研讨会论文集》，中国美术学院出版社，2009 年，第 140 页。

一、人面盉和虎卣的顶与底

绝大部分的雕塑不会特别考虑它的顶面与底面，尤其是体量超过人自身尺度的雕塑，底面连同底座立于地面之上，通常不会被视觉关照，而顶面又往往在视平线之上不容易被关注到，更重要的原因是前文所说的人们的视觉对于垂直于地面的纵向形体更为敏感，水平方向的顶面与底面自然是雕塑家忽略的空间。然而器物有其自身的特点，比如它的体量相对不会特别大，它的顶面或者说是上半部分的形体空间更容易被关注。这也是为什么大量的彩陶纹饰都集中在器皿的腰腹之上的原因。不管是制作还是使用这些器皿，人们的视线都是接近 45 度角的俯视，因此顶面反倒成为了器物的主要视域。再者，器物的实用功能也决定了它几乎不可能纯粹当作一件观赏的艺术品长期陈列在一个固定的地点，因此，挪动、使用、清洗等等都让器物的底面有可能被察觉到，底面的空间也就不是一个完全被遮蔽的空间。

对顶面空间加以利用与塑造的器物有很多，这件商代的青铜人面盉（图1.32）就是非常特别的一件。人脸形器盖与宽腹的器身组成了一个矮墩的形象，颇有几分滑稽之趣。相比大禾人面纹方鼎，人脸以浮雕的形式装饰于方鼎的四个立面，这件人面盉在空间上显然更有特点。人面形器盖，头顶两侧有龙角，圆脸尖颌，肥唇阔口，硕鼻粗眉，臣字眼凸起，两耳有孔，额头有纹，表情几分惊愕、几分木讷，颇为奇异。人脸饱满，形体突出，但从水平方向看过去，能清晰的看到人脸是空间压缩后的浮雕效果。器身宽矮，器底圈足，胸前有管状流，凸起于器身，两侧有两只兽面贯耳，器身遍布云雷纹、回纹和龙纹。仔细观察器盖与器身的关系，人脸器盖仰面朝天，双目凝望，相比于整个器物的敦实，脸反而略显扁平。人脸后脑勺的部位，能够看到头部和身体的连接，器身有一蜷曲而下的龙体，盘旋环绕，与龙角人面的头形成一个整体。工匠非常巧妙地运用了圆雕和浮雕的语言，结合器物的顶面与立面的空间形态，制造了这件别具一格的"人面龙身"盉。

人面盉的器盖与器身呈水平垂直的相交关系。通常垂直结构中的人脸被设

图1.32　人面盉，商，高18.1cm，口径12cm，宽20.8cm，美国弗利尔美术馆藏

计成了呈水平状的器盖，头部的形体被隐去，只保留一张朝上的脸，与自上而
下的观者视线形成了"对视"。这种视角下的头部与身体空间从视觉上看必然
是被大大压缩了。尽管器物从侧面看上去略显敦矮，但从顶面看下去，却是意
趣盎然。

　　器物的底部，通常也是不被关注且不易看到的地方，设计刻划图像铭文，
必然有特殊的含义。我们知道明清很多器物的底部都有款识，记录器物的生产
单位和年代。而先秦的一些器物底部也常刻划字符和纹饰，汉学家艾兰（Sarah
Allan）认为器底上多为龙、蛙、龟等动物形象与水下阴间的观念有关。学者杨
晓能认为其既有纹饰的外表，又有铭文的功能。总之，器物半隐半显的底面空
间既具有雕塑空间的特殊性与可感知性，同时也具有功能性和观念性。当器物
当作实用器时，主要置于水平界面之上，其底部空间隐蔽不可见，只有当人拿
起它特意观看其底部时，才能有所发现。而此时器物已改变了它的位置和方向，
上下颠倒又复正立，"底"与"地下"从知觉上建立了某种连接，即便器底鱼、
蛙图像不是水下阴间的象征，也是另一重空间的延伸。

　　著名的虎食人青铜卣，也称为虎卣，一件收藏于日本泉屋博物馆（图1.33），

图 1.33　虎卣，商，高 35.7cm，长 23.6cm，　图 1.34　虎卣底面，法国塞努奇博物馆藏
　　　宽 23.3cm，日本博古馆藏

一件收藏于法国巴黎的赛努奇博物馆，二者在尺寸、造型、纹饰等方面都极为相似。虎卣的主视角是器物的四分之三侧的方向，虎张开大嘴、人抱着虎看向观者，上有提梁，底部两足和一尾呈鼎立状。顶部器盖上有一圆雕的小鹿雕塑，凸显于器物顶部的空间，也起到抓手的作用。视觉上虎头作为核心的表现对象，体量和造型都很强烈，虎口之下的空间凹陷，也正好使人的头部在虎嘴的阴影下显露出来。人虎相抱，空间被压缩，器身也就更为浑然一体。底部的线刻龙形图案，是一个俯视视角下的形象（图 1.34），与通常器物表面的侧面形象截然不同。由此可见，底部是制作者特意安排设计的空间。这个空间有着特殊的性质，甚至只是给这个器物的真正拥有者所准备的，是一个充满无限想象的世界。由此可见古代先民在制作此类器物时，实用功能只是作者们思考的基本点，其造型上所体现出的观念与审美远远超过了其实用功能的考虑。

　　顶与底在造型上，并不是等量的对应关系，一个视觉样式上下部分如果是相同且平分的，往往下半部分会显得略轻或略短于上半部分，因而需要在下半部分增加"配重"以达到平衡。增加底部的体量或降低重心，都能增加物体的沉重感。"通过把重心降低，达到使作品的物理空间的非对称性一致起来。"[3]上文谈到的人面盉，将顶面的人脸空间压缩，器体的腹部重心下移，宽度大于脸部的整体宽度，加上短宽的圈足，使得顶部与底部的关系达到了一种视觉上的和谐与平衡。

二、龙凤铜方案座的四方八位

雕塑的方向不只是一种观看的视角，也是一种构成的方式。现代主义以前的西方雕塑，内在结构与外在的形式往往不容易达成统一。比如古希腊的人体石雕为了获得非对称均衡的美感，人像雕塑的重心落在了一条腿上，但为了避免支撑腿负重过大造成的断裂，又不得不辅助雕凿一根粗壮的木头，以保证其腿部支撑的稳定。这种雕塑的外在形式与内在结构之间相互矛盾的情况，在相当长的时期内并没有得到彻底的解决。直到在现代主义兴起之后，结构外化为形式逐渐成为了构成主义的一种雕塑方式，才出现新的转变。在雕塑家瑙姆·加博（Naum Gabo）的实践中，他用"求积法"的原则，通过外轮廓形对角平面交叉的方式，创作出了一系列新颖独特的作品。观众只有在与作品中心结构平行或垂直的方向才能获得全面的形体感受与认识。雕塑内部的"十字"支撑结构一览无遗，同时也让外在的造型具有了很强的方向性。现代主义雕塑家大卫·史密斯（David Smith）的作品《布莱克本·爱尔兰铁匠之歌》（图 1.35），从不同方向观看，其形体相差甚远，结构与方位空间的关系给视觉带来了陌生的体验，用罗莎琳·克劳斯的说法就是雕塑角度的变化带来了知觉上的不透明性。

结构本身作为形式语言，在中国古代器物中也广泛存在，方位作为结构与

3　［美］鲁道夫·阿恩海姆：《艺术与视知觉》，滕守尧主编，滕守尧、朱疆源译，四川人民出版社，1998 年，第 31 页。

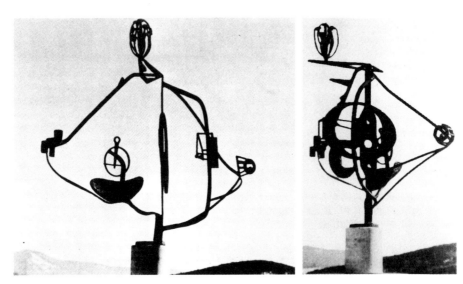

图 1.35 布·莱克本·爱尔兰铁匠之歌（正、侧），大卫·史密斯，1950 年，钢、青铜

形式的秩序与原则，在器物中更是屡见不鲜，战国时期的错金银四龙四凤铜方案座（图 1.36）就是其中一件最具代表性的器物。这件龙凤铜方案座设计奇巧，奢华瑰丽，原本应该有漆木的案面，现已不存，仅留铜质底座。整个铜方案座从上到下可以拆分为三个部分，上面一层是方形的框架，框架边角以下各有一斗二升斗拱构件，显然是模仿了当时的木构建筑结构。中间一层极为复杂，四龙踞四角，龙首顶托斗拱与框架，龙身皆双腹双翼，龙腹左右分开，与相邻龙腹交叉结环，又反甩于龙首之后，与龙角相勾连。双翼腹后拢聚再展开，与正中央"柿蒂纹"联结呈穹顶形，与四龙之间的四凤形成了半球形中心部分。凤于双龙龙腹交环处，昂首展翅，引颈欲飞，与龙腹和龙翼交叠缠连，尾羽垂落于最下层底座上，与龙爪一起，支撑整个结构。最底下一层是圆环形底座，又有两牡两牝四只跪卧梅花鹿将环座托起，显得更为精致轻盈。

　　这件器物的结构极为精妙，方形的台面与圆形的底座，倒梯形的方体形与中心的圆球形构成了活泼生动又外张内敛的形式美感。四龙与四鹿位于方形框架的四个角上，与位于方框中间的四凤形成了"四面八方"的空间布局关系（图 1.37）。观众在每一个方位上，都能获得很好的视觉体验。这种方向与结构的

图 1.36　错金银四龙四凤铜方案座，战国，边长　　图 1.37　错金银四龙四凤铜方案座方位分析图
47.5cm，1977 年平山县三汲战国中山王"错"
墓出土，河北博物院藏

意识在这件器物上表现的淋漓尽致。中心的"柿蒂纹"又叫做四瓣花，战国秦汉常用四瓣花标志四方。"通常所谓的'柿蒂纹'，只是这种四瓣花的一种，它有四个大花瓣，中间有时还夹着四个小花瓣。或尖或圆，小花瓣指四正，大花瓣指四隅，说它是四瓣花可以，叫八瓣花也可以，八瓣花是从四瓣花衍生用以标志八位。"[4]"四方八位"在创作者的经验中，是一种造型的结构与秩序，也是一种理解器物空间与宇宙空间对应统一的观念。

　　这件青铜器无论是设计思想、造型塑造，还是工艺水平都是商周以来青铜器艺术的上乘之作。这样登峰造极的作品，在当时应该不是孤例，用动物的造型来强化方位空间的特殊与重要，在很多青铜器中都有体现，可以说这种方位的构形意识由来已久，且表现形式多样，尤其在一些模拟建筑形的青铜器中，方位意识更为突出。战国时期的镂空楼阁形方饰就是一件有代表性的器物，柱体四面雕刻了不同的主题内容，屋顶坡脊上雕刻有四龙，柱体四面中间支出一个直角结构，饰有四鸟，与四龙形成了四方八位的空间关系。

　　为了凸显结构与方位的重要性和表达的形象化、具体化，用不同的动物代表不同的方位在汉代发展为用青龙、白虎、朱雀、玄武四象指代东西南北四个方位的传统，这在后来的建筑与雕塑中广泛应用。而在一些特殊的器物上，用

4　李零：《万变——李零考古艺术史文集》，生活·读书·新知三联书店，2016 年，第 166 页。

图 1.38 一个清晨，安东尼·卡罗，1962 年，铝、钢，泰特美术馆藏

形象鲜明的纹饰强调其对应的方向，让器物自身的空间有了节奏变化，也让器物与之所处的场所空间有了对应的关系。

三、四牛鎏金骑士储贝器的水平与垂直

雕塑的形体空间是多向与多维度的，但当雕塑与建筑结合时，其观看的角度就大为缩减，此时的雕塑更像是平面上的点，水平与垂直方向的空间都依托于建筑的这个平面，如哥特建筑上的高瘦的人物雕塑与建筑的结构一同塑造一个垂直向上的空间。水平与垂直不只是平面上的横竖方向，在空间中则是一种水平的延展和垂直的纵深。从传说中的通天塔到现实中的方尖碑，垂直空间中的形体总是给人以无限的遐想。而水平空间延伸的雕塑物，则因为遮挡与透视，在视知觉上带给人们更多的不确定性。现代的雕塑家安东尼·卡罗（Anthony

Caro）的作品《一个清晨》（图 1.38）中，这种水平与垂直空间的关系就显得胶着和隐晦，垂直性空间不仅作为直立的结构依托，也成为水平方向上感知绘画性平面空间的依据。从作品的侧面看，所有的结构呈水平状延展开来，而从作品的正面看，这些结构的空间被挤压到一个垂直方向的平面空间中，作品的形态也大大改变。

　　器物的垂直与水平方向的空间并不是单纯美学意义上的形式空间，它还与礼仪的象征空间和实用的功能息息相关。玉琮从扁短逐渐向高长发展，让人联想到布朗库西的《无穷柱》，以一种单元结构重复增加，向更高的空间延展。玉琮作为新石器时代的礼器之一，很可能是巫师敬天礼地、沟通神明的一种法器。在水平方向延展的器物如南宋时的石雕笔架，崇山峻岭、层峦叠嶂的山峰连绵起伏，山间凹谷，正好放置毛笔，前后的错落与左右的透迤，使得器用空间与审美空间得到了完美的统一。

　　云南古滇国时期的四牛鎏金骑士贮贝器（图 1.39）就是一件巧妙运用水平和垂直空间关系，形式结构极有特点的器物。器身为典型的束腰圆筒形，束腰部分有两只向上攀爬的猛虎，形体矫健，四足前踞，有一跃而上的动态；器盖一圈塑有四头牛，呈逆时针方向排列，牛角外张，体形健硕；器盖中心，高起一台，台上饰一鎏金骑士骑于马上，马头微侧，尾巴高翘，骑士腰间佩剑，遍体鎏金，格外耀眼。贮贝器是西汉时期古滇国特有的青铜器，是拥有者权力与财富的象征。

　　垂直方向器筒两侧的两只猛虎体量虽小，但在形式上更为突出，人对捕捉垂直方向的形象更为敏感。在视觉上，牛在水平空间呈现，前后遮挡导致牛的形体并不明晰，而垂直空间的虎既结合了束腰形鼓的凹陷空间，也使得它们处于平面空间之上的牛的视线不及之处。器盖的水平空间与虎分别处于两个空间序列，虎就像隐藏于暗处、伺机而动的猎手。牛在一个相对平坦与局促的空间中，似乎并未发现另一个空间序列的危险即将到来，但相互之间的环绕已呈防御之势，器盖如同安全岛，孤立于丛林，又像一个堡垒，保护中心的骑士。水平空间的问题就在于容易前后遮蔽，因此中心的骑士另起了一个平台，使得原本的

图 1.39 四牛鎏金骑士贮贝器,西汉,高 50cm,盖
径 25.3cm,云南省博物馆藏

水平空间向上延伸为垂直空间,骑马武士也就成为整个器物最重要的视点。

从这一器物中我们可以了解到,相比于雕塑的整体空间,器物可以根据其器型划分为不同的空间序列。垂直与水平的空间关系也就更自然地融合在了一起。

四、玉琮和方尊的隅角空间

前文提到凌家滩玉版方圆结合,意为天地重叠,玉版的"四隅"刻画"四木"以为"四维",大圆内绘"八木"以象"八位",除了指代方位还暗指天

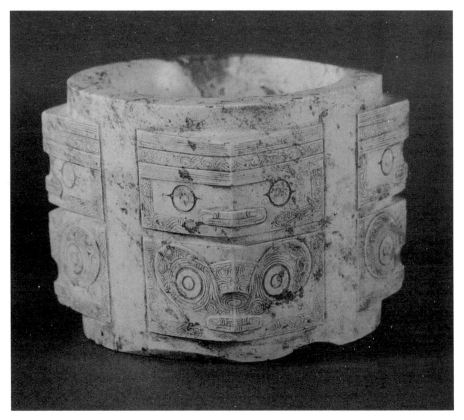

图 1.40 玉琮，新石器时代，良渚文化，高 7.2cm，射径上端 8.5cm，下端 8.3cm，1982 年江苏省武进县
寺墩四号墓出土，南京博物院藏

体运行到八位的时间，因而也具有标时的意义。"四隅"亦即"四时"的概念，
因四时的重要便由象征"四隅"的"四木"衍生出了"四隅"之神。"四隅惟重"
的观念也最终在器物造型上得到了充分的表达。

　　良渚文化的典型器物玉琮（图 1.40），内圆外方，以象天地，中心贯穿圆孔，
称为"贯通"，内圆柱高起于外方形两端，称为"出射"。四隅雕刻有神人兽面纹，
以转角的棱为中轴，对称向两侧展开。由此也能看出在正对着隅的方向，所看
到的兽面形象才是最完整的。我们知道这种神人兽面纹不仅出现在玉琮上，在
良渚的玉钺和玉梳背上皆有出现，在玉琮的转角上雕刻兽面纹，一方面是对四
隅的重视，另一方面，转角的雕刻大大增加了兽面形象的立体感。隅的空间形

态就像是图像的正面凸起，造型与纹饰结合得自然而巧妙，使得玉琮庄严而充满震慑力。法国人类学家克洛德·列维－斯特劳斯（Claude Levi–Strauss）在《结构人类学》中，总结两个侧面形象延展为一个正面形象的平面装饰方式为"拆半律"。我们从玉琮的一个正面去看它，就只能看到两侧的两个侧面的神人兽面纹，而在正对着转角的方向上看，两个侧面的兽面纹就形成了一个完整的正面形像。这种"拆半"表现在方体转角上的应用，与一头双身纹饰的"拆半"还不太一样。首先，玉琮的神人兽面的一半并没显示出完整典型的侧面形象。其次，头像的正面与其在其他玉器平面上的表现并没有差别，也符合从正面看上去的脸部形象。再次，最重要的一点是，这种方体转角的装饰是对"隅"观念的重视。平面的兽面纹在隅角的表现，形成了有空间感的"立体"造型，兽面纹从而具有了有别于平面图案的体积感。在有些玉琮上，横向方版之间竖槽位置也装饰了同样的神人兽面纹，代表了"四正四隅"方向的同等重要。因此，玉琮方角的神人兽面纹，不是单纯出于图像的"拆半"装饰，更多的可能性是在这种转角装饰中，发现了空间变化赋予图像的立体感以及侧面形与正面形之间的关系，从而在后来的器物制造中，主动利用了这样的造型规律。

这种对"隅"的重视和转角"拆半"的装饰经验在后来的青铜器中得到了更大的发展。青铜器在一定程度上延续了陶器的造型和玉器的装饰，逐渐发展成为造型风格鲜明的器物类型。陶器基本上都是以圆形器皿为主，而青铜器有了更多的方形器，一般来说，方鼎也比圆鼎更具有权力象征性。方形青铜器的造型与装饰同样延续了玉琮对"隅"的重视与表现。如商代的卧虎青铜大方鼎，器形规整，鼎壁左右两侧和下侧饰带状乳钉纹；腹部上部饰有一圈宽纹带，分别在器壁与隅角上用疏朗的细线勾勒出两组兽面纹样；四足上半部分以隅的转折为中轴，饰有高浮雕的羊兽面；凹槽向外的双耳顶部各伏卧一立体虎形雕塑。隅角的线纹饰兽面与足部的高浮雕羊兽面都以方体转折为轴线，将侧脸与正脸的形结合起来，既强调隅的重要，也保留了两种观看的视角。

方形青铜器隅角的造型表现，随着青铜器纹饰风格的变化得到了更多样的发展。著名的中国艺术史学者罗越（Max Loehr）通过对商周青铜器纹饰特点的

图1.41 青铜方鼎，商，高22cm，边长21cm，瑞 图1.42 四羊方尊，商，高58.3cm，边长52.4cm，
士"枚茵堂"藏 中国国家博物馆藏

研究提出了"五种风格"的演化模式。上文提到的卧虎方鼎还处于早期线性风格阶段，而接下来的这两件器物则是典型的塑形风格。比如这件商代殷墟青铜方鼎（图1.41），对于"四正四隅"的方位有着特定的设计与安排。器口下的斜坡兽首与转角的扉棱相间排开与器身转角的兽首与器中间的扉棱错开。从器身转角的浮雕羊首可以明显看出与正面看到的羊头形象的差别，羊的脸部被延展加宽，更符合从侧面看到的脸形象，中间凸起的扉棱更是把整个器物空间区隔为四个转角空间。这件青铜器很自然让人联想到那件更为著名的四羊方尊（图1.42）。四隅用圆雕的羊首装饰方尊的尊腹，立体的羊首突出于器表，又在敞开的尊口空间掩映之下，显得生动活泼，"四正四隅"的八道扉棱使尊的结构更为清晰饱满，也使得圆雕、纹饰和整体器型更为完整和统一。尤其值得注意的是两羊首中间"四正"的位置装饰有盘旋蜿蜒于尊肩的双角龙，与隅角的羊首形成鲜明的强弱对比关系。羊身遍布装饰纹样，线条粗细结合，富有节奏感。每只羊只雕铸出两条羊腿，从转角的方向看过去，羊的两条腿与尊正面的两道扉棱，视觉上形成了四蹄的错觉，而从四面看，两只羊腹部相连，各自的两条

前腿似乎又形成了一羊四腿的错觉。这件四羊方尊是"四正四隅"观念与动物雕塑以及整体器型高度整合的代表作品，造型绮丽、华美，结构张弛有度、刚柔并济，装饰繁简适宜、恒中有变，有着古典美学的和谐与庄严感，其在空间与造型上的表现可以说在商周青铜器中无出其右。

这种对于隅角空间的造型意识甚至不止于方形器物，在一些圆形的青铜器中，也同样出现了这种形体表现方式，比如伯矩鬲等。

第四节　场与境

雕塑是通过形体塑造、空间布局、材料应形，才成为特殊的审美对象的。它不是概念中存在的抽象之物，而是在具体空间中的实体物，这就必然与真实的空间发生关系。一方面雕塑自身空间语言的丰富性使其意蕴无穷，另一方面，雕塑也直接影响和塑造着它所存在的空间。雕塑自身的空间与所处的外在空间相互作用形成一个审美的意象空间。这个意象空间以真实的物质空间为基础，但有时候也与真实的空间存在着一定的矛盾与冲突。一个与其空间环境完全脱离的雕塑，很可能成为一个孤立而僵化的物体。就像布朗库西的雕塑《空间中的鸟》在美国海关遭遇拒绝的情形一样，是雕塑还是金属制品有赖于一个恰当的空间场所。雕塑的场所通常是指雕塑所在的特定空间，比如教堂寺庙的宗教场所，或者陵前墓室的祭祀场所，它对进入场所的人来说，同时具有物质空间与精神空间的双重性。同样的雕塑作品在不同的物质环境和场所中，所唤起人的情感共鸣和精神反应是截然不同的，甚至是相反的。一件镇墓兽雕塑在墓中的威慑力和恫吓力与在博物馆中给人的观感相差甚远。同样在祭祀礼仪中使用的器物与在日常生活中使用的器物也具有不同的意义。礼仪空间与日常空间构成了器物自身迥异的场域，也造就了器物形制与造型装饰上的差异，这种差异同时又强化了这一场域的精神性特质。空间属性可能影响器物的造型，而器物造型也塑造了空间的性质。

雕塑通常用基座使其与周围具体的物质空间区隔开来，以强化其作为精神空间的特殊性。不管是广场中心的公共雕塑还是室内陈列的架上雕塑，基座如同绘画的画框，分割了真实空间与作品的意象空间。现代主义雕塑的一个重要变革就是去掉雕塑的基座，让其回到真实的现实空间，由此雕塑的物性被激活。一件真实空间中的雕塑同时也是一个由物质材料组成的物体。物体是一个模糊了功能属性的概念，既可以是一件实用性的器物，也可以是一件观赏的雕塑，还可以是一个自然的物体，它们之间的差异很多时候取决于其所在的场所空间。比如一块"瘦、漏、透"的奇石在自然中只是一块石头，而在文人的书房则成为一个体现文人志趣的精神象征物或者说观赏的雕塑。从这个角度看，空间的属性也就成为物自身意义的一部分，或者说物的意义延伸塑造了空间的属性。

场域空间是现代主义雕塑发展的一个新的重要方向。如果说传统雕塑致力于解决雕塑实体内部的空间，那现代主义雕塑更强调雕塑内外空间的关系，外部空间也不仅仅停留在包裹着雕塑实体的环绕空间，进一步扩大就把观者也包括在了其中，形成了雕塑、观者融为一体的场域空间，也就是迈克尔·弗雷德（Michael Fried）所说的"剧场性"。极简主义把雕塑看作是空间中的物，雕塑的物质性与物体的物质性在具体真实的场域中被同质化，雕塑与器物也都成为真实空间中的物体。"物"与空间、"物"与观者之间形成了相互依存的关系。极简主义的"剧场性"，实则强调了一种感知主体与客体的"无穷的在场"。艺术理论家罗莎琳·克劳斯借助结构主义的理论模型从"雕塑不是什么"的角度解释雕塑，从而拓宽了雕塑的边界，即她所谓的"扩展场域的雕塑"。在"非建筑"与"非风景"之间的事物都可以成为雕塑，雕塑自身的"本体"也就变得愈发模糊。场域的扩展可以说让雕塑在新的历史时期获得了前所未有的活力，但也在一定程度上消解了自身的独特性。场域的概念也在后来的艺术发展中被赋予了更多社会学、人类学的意义。

如果说场域的概念在罗莎琳·克劳斯的理论中还有特指的话，那在今天已经被泛化，甚至庸俗化。由人与物所构建的空间场所、空间领域皆可称为场域。人对于场域来说具有不可或缺的重要性，一方面物和场所构建的实际物质空间，具有可触摸可感知的实在性审美价值，另一方面，人在场域中感受到的由物建构或唤起空间意蕴和观念，也可以看作是精神的场域，这和中国古代美学思想的重要概念"境"有相通之处。"境"可以指四周的环境与景物，也可以指人遭遇的处境，还可以指心意念想的心境。雕塑艺术的"境"是生命主体与作为雕塑客体之间相互碰撞、交融创构成就的"灵境"，是从观象到冥想再到了悟的过程。

场域与境虽有相通之处，但并不完全一样。场域更强调物质空间以及物质空间中的秩序与结构，境则更重视生命主体在物质空间中的身体体验与精神感悟。中国古代雕塑和器物都有其特定的场域空间，由礼器与一系列制度构建的礼仪空间，由明器与一整套生命伦理观念营造的墓葬空间，由偶像与宗教视觉符号建造的信仰空间，形成了不同文化意义和精神内涵的场域。器物在这些场域中有着如同西方雕塑之于城市广场不可或缺的重要作用。雕塑安放于广场，才使其成为文化意义上的广场。同理，礼器和明器从实际功能到视觉语汇再到符号系统无不表征了特定场域的意义。

客观世界呈现于人的视觉，空间中的物像也就转变成视觉的情境。这一情境也有两个方面：物理境和心理场。物理境是指空间中的客观存在，是能反映到视网膜上的对象。心理场则是指人的心目中的事物状态。就比如月球在物理境中只是一颗无生命无光亮的星球体，而在艺术家的心理场中却是一个充满神秘想象，寄予无限忧伤的对象。[1] 一件器物，它所占据的空间以及围绕它四周的空间，就形成了一个物理境，而器物的象征性和隐喻性则构成了它的心理场，人们对于这一器物的物境感知就是由物理境和心理场两方面所组成。

器物营造的审美感知空间即是物境，器物一方面以其表域图像资源与其空间中其他物件的装饰，形成整体的视觉景观，另一方面，器物背后的观念与其他物品甚至是植物的象征寓意，构建了更为立体的文化景观。西方雕塑很长一段时间都依附于建筑，直到文艺复兴之后，才恢复了古希腊雕塑相对自由的空间表达。在现代主义后期，观者进入雕塑的空间，才成为其场域的一部分。而器物所构建的空间，人几乎没有从这一场域中离去，不管是器物的使用，礼

---

1 丁宁：《美术心理学》，黑龙江美术出版社，2011年，第144页。

仪生活还是托物言志的精神寄托，器物的场域都是以人的在场为前提，并回应了人深层次的需求。

一、齐侯匜与陶水塘的物境

方士庶在《天慵庵随笔》里说："山川草木，造化自然，此实境也。因心造境，以手运心，此虚境也。"[2]实境与虚境，在艺术的表现上通常是交织在一起的，从而制造一个由眼前实景激发无限想象的契机，进而让人感受到超然于眼前之景的审美体验。在格式塔心理学的美学思想中，阿恩海姆认为眼睛观看无生命事物或抽象式样时见到的情感表现，不是观看者单方面从自己的内心投射到外物中的，不是什么移情作用，而是外物特有的组织结构激起的生理电力式样的心理对应物。如果某种事物在大脑皮层中激起的电力式样同某种人类情感本身具有的生理电力式样同形或同构，这种事物之式样看上去便有了人类特有的情感表现。阿恩海姆强调了观照之物自身形式语言所具有的可感知性，而不是感知主体的"移情"使然，由此可见，雕塑或器物通过造型和空间形式所营造的物境也是客观存在的，同时也是可被具体感知的。

物境是器物通过造型调动实体空间与虚拟空间相互作用从而产生的审美体验。古代匠人对于器物从物理空间进入虚拟空间，同时在虚拟空间中融入具体真实之物像的创造经验，让很多器物产生了回味无穷的物境之美。齐侯匜（图1.43）是西周晚期的一件盥洗器。此器收藏于上海博物馆，器形严整，龙首鋬，四兽形足，器身口沿以下腹以上饰较密的横条沟脊纹。四足扁平，托起饱满宽大的器身，口沿线条圆润流畅，起伏婉转，具有节奏感，与平行的沟脊纹形成韵律感十足的结构，龙首鋬相较于器身的薄壁细线，则略显厚重。单从器物造型上看，这也是青铜器中非常精美的一件。有意思的地方在于其造型和使用之间建立起的形式关联。匜器中装满水，勾脊纹与水的波纹形成一种视觉上的呼

---

2 宗白华：《美学散步》，上海人民出版社，2005年，第119页。

图 1.43　齐侯匜，西周，长 48.1cm，高 24.7cm，上海博物馆藏

应，而錾的龙首形，口咬边沿，如同灵兽在贪饮泉水，机警而恣意。使用的实境与观赏的虚境由于水的介入而臻于完美。

　　真实空间常常与雕塑营造的精神空间交织在一起，就像位于布鲁塞尔著名的撒尿小男孩雕塑，雕塑的虚拟感和"尿"的真实感让人们对现实空间产生了难以名状的错愕感。这种实与虚的营造手法在中国古代器物的创作上，也有非常广泛的应用。

　　这件东汉时期的绿釉陶水塘器物（图 1.44），是一件基本上不具备实用功能的器物，它整体上看像是一个陶盆，不过用它来盛水显然并不实用，它更像是一件观赏的雕塑作品。从"陶水塘"这一名称也可以看出，器物所表现的是一个借用陶盆造型的水塘，盆的边沿塑有六只如同岸边驻足歇息的水鸭，盆的中心即水塘之中是一群似嬉闹玩耍的鸭子，造型质朴生动，形态各异。盆沿的

图1.44 绿釉陶水塘，东汉，高4.7cm，宽31.5cm，上海博物馆藏

鸭子像是观赏水中游戏的看客，又像是被游戏淘汰出局的选手，随时准备再入池中，一决高下。可以想见，这件器物最佳的观赏之机并不是图片所看到的样子，而是在陶盆里注上少量的水后的场景，有了真实的水，一切就都有了生气。

陶盆模拟的水塘，是一种视觉联想的拟像，小巧的鸭子也是对真实鸭子的模仿和拟态，这是由真实场景中的事物构建的虚拟之境，而注入水后的陶盆则呈现了一个真实的空间，这种真实空间与虚幻之境形成了强烈的戏剧性冲突，也就生成了物像的艺术感染力。类似的器物还有上海博物馆所藏春秋时期的子仲姜盘（图1.45），盘内铸有鱼蛙等水生动物三十一只，盘中心是一只与众不同、头有冠羽的公鸟，围绕其一圈有四条肥硕立体的鱼，再外圈是与四鱼相间的雌鸟，最靠外沿的一圈是浮雕的鱼和立体的蛙。边沿浮雕的鱼提供了一个平面观看的侧视角，而中间浮雕的蛙和龟以及圆雕的动物都是俯视的正视角，两种视线的变化，同样给人一种错视感。尤其值得一提的是所有立体的动物都可以做360度的旋转，这样一来，动物方向的变化，让整个场景也有了微

图 1.45　子仲姜盘，春秋时期，高 18cm，口径 45cm，上海博物馆藏

妙的变化。与陶水塘一样，水可以改变了整个器物的"境"。盘作为古人净手用的器物，通常和匜配套使用，匜用来倒水，盘则放在下方接从匜倒出洗手的水。水不是盛接在盘中，供人洗手，而是从上倒下，水的冲击可以让盘中的小动物随机转动，圆雕和浮雕在水的荡漾中，呈现出喧闹活泼之景。这一器物的特别之处就在于它不仅仅是视觉上的感官刺激，也是伴随行为过程突如其来的物境生成。水流的冲击过后，盘壁有两条向上攀爬，朝内窥探的立体角龙，似乎也跃跃欲试，随时准备跳入水中，又是一番别样的情境。据器物的铭文所记，子仲姜盘是春秋时期某官员为其夫人"子仲姜"所铸的爱情信物，其象征意味和赏玩特点大大超过了它作为盘的实用功能。

　　三件器物都利用了水来制造情境的变化。没有水时，器物的空间由器物实体空间与容器的虚空间组成，而水的介入，一方面让容器的空间充盈，同时水的真实感又进一步加剧了物像空间的虚拟感。

　　宗白华认为："以宇宙人生的具体为对象，赏玩它的色相、秩序、节奏、和谐，借以窥见自我的最深心灵的反映；化实景而为虚境，创形象以为象征，使人类最高的心灵具体化、肉身化，这就是'艺术境界'。"[3]上文讨论的器物，在某种程度上都营造了这样的"艺术境界"。器有其固有的实用功能属性，是不易磨灭的"实景"，而"观象制器"的理念让器物与自然物象之间有着千丝万缕的联系。古代的匠人在将物象之景融入到器物之中时，就敏锐地体察到了"由景入境""由实入虚"的空间意蕴，因而创造这些富有艺术感染力的器物。

二、双联瓶与包袱盒的错觉空间

宋代出土的上古青铜器，带来了金石学的热潮。青铜器进入文人的视野和生活，成为了文人士大夫观赏、研习、把玩的"艺术品"。很多青铜器物再次出现在人们的生活空间中，既丧失了作为礼器的权力象征，也没有了实际的使用功能，而纯粹是作为古物陈列于书架或是多宝格上。器物作为具有视觉观赏性的艺术品特性在明清时期得到了进一步的发展，使得很多器物不仅仅追求装饰上的极尽奢华，也开始在视觉形式上进行了很多创新与探索。相比于十八世纪的欧洲，雕塑在贵族的日常生活空间中随处可见，中国社会上层阶级的生活中几乎很难看到有一定体量的雕塑，那些博古架上的器物某种程度上弥补了雕塑在生活空间中的缺失。人们对空间中具有实体感的装饰需求是共通的，只是占据空间的装饰实体有所差别。那些保留了器物形式和部分功能的装饰器物，或者是模仿动物的造型惟妙惟肖，或者在器型和装饰上别具一格，从而彰显器物主人独到的审美趣味。

通过空间的压缩或是镜像的手法创造空间的错觉，是制器者在实践中发现的空间造型语言，双联瓶就是这类较为典型的器物。双联瓶又称为联体瓶、双鱼瓶或合欢瓶、珠联瓶，最早可追溯到新石器时代的双联壶，隋唐时亦有三彩的双联瓶,清乾隆时期,盛为流行。藏于南京博物院的唐三彩双鱼瓶(图 1.46)，

3　宗白华：《美学散步》，上海人民出版社，2005 年，第 120 页。

图 1.46　唐三彩陶双鱼瓶，唐，高 23cm，腹径 11.2cm，扬州市扫垢山遗址出土，南京博物院藏

图 1.47　胭脂红蓝地瓷胎洋彩锦上添花折枝花纹合欢瓶，清，高 16.8cm，口径 6.8cm，足径 7.5cm，故宫博物院藏

瓶体与双鱼的造型完美结合，双鱼合于一体有吉祥合欢的寓意。鱼脊有孔，便于穿绳提挂，与放置在桌台物架上的普通器物不同，提与挂显然更符合对鱼的处置。提着双鱼瓶穿堂过室或是挂于悬梁，无疑给人以遐想。乾隆时期的双联瓶，形式多样，既有瓶体从头到脚相连的双联瓶，也有一前一后口足分开，瓶体相叠的，还有一大一小造型各异的瓶体相靠连接的，方瓶、扁瓶、葫芦瓶可谓是异彩纷呈。联瓶的最大特点就是两个瓶体相联挤压掉了部分形体，使人产生了空间被挤压的幻觉。如图 1.47 所示，从不同的角度去观赏双联瓶，也产生了某种镜像的错觉，镜像的虚拟空间与联瓶的真实空间的反差对比，给人以心理上的冲突感。三联葫芦瓶和四联瓶的这种重复与叠压让视觉处于对空间的迟疑与错乱感受之中。

　　除了制造镜像的错觉感之外，利用浮雕的空间压缩制造立体感也是匠人们制造视幻感的方式。比如这件粉彩缠枝莲纹双联瓶（图 1.48），一大一小，

图 1.48　粉彩缠枝莲纹双联瓶，清，长 48.1cm，
　　　　高 24.7cm

图 1.49　粉彩锦地折枝花卉纹包袱联体瓶，清，
　　　　长 48.1cm，高 24.7cm

小的在前，造成对后面大瓶的部分遮挡，与前文提到的如镜像般的双联瓶不一样，此双联瓶看上去更像是真实空间前后摆放的瓶子。这恰恰也是匠人的巧妙所在。两个瓶剖面呈扁圆形，与浮雕压缩空间的手法如出一辙，不同的是浮雕大多数有一个平面作为基底，使虚拟空间有个真实的"依托"。而此类双联瓶则没有那个平面，或者说真实空间就是它的"基底"，因为有了真实空间的维度，瓶的错觉感才得以实现。

　　中间系一块布的联瓶则是通过另一种方式实现这种错觉感（图 1.49）。两瓶分立左右，这件粉彩锦地折枝花卉纹包袱联体瓶，通过雕塑的丝带与结构把两个并不相连的器皿联系在一起，形成一种分体又相连的方式。相比于制造视觉幻象的双联瓶，这一类型的联瓶更注重连接的巧妙形式。

　　描金彩漆包袱式纹长方盒（图 1.50）也是利用视错觉产生幻境的器物。在方盒上雕塑出包裹它的方巾，盒盖上非常写实地雕出包袱布系的节，再通

图 1.50　描金彩漆包袱式纹长方盒，清，高 12.1cm，长 22cm，宽 11.5cm，故宫博物院藏

过布上花纹与方盒本身的花纹对比，真实再现了布包裹盒子的效果。实际上，这是一个可以直接开启的盒子，在打开那一瞬间，那种视幻被真实击溃的惊愕感便油然而生。雕刻一块柔软细腻，褶皱生动的布，制造了第一层的视错觉，产生真实与虚假的视觉矛盾，布包裹盒子，让盒子结构看上去隐匿于包袱中，直接连"布"一起将盒子打开，便产生了第二层的错觉，两层错觉最终制造了一种幻境，即由器物的结构造型、表面视觉和实际功能交叉叠合的物象空间。动物和人物的雕塑因其本身就是在营造观赏的审美空间，与实用器物占据空间的属性并不一样，因而器物的真实空间是产生所有错觉的物质基础，与安迪·沃霍尔用木板做的布里洛盒子，通过材质转变和功能的消解，使其成为一种虚假的物象不同，包袱盒的幻境不是视觉表象上的，而是在盒盖的反复开启中不断生成的。

　　这种对器物视觉和空间幻境的创造，首先在于人们对超越真实空间感的雕塑物的内心需求，其次在于高度发达的视觉文化让人们有了多层次的艺术表达的诉求。视觉错觉带来的心理愉悦感使得器物空间有了幻境般的审美维度。

三、玉组佩与五供的场域空间

场域的扩大是现代主义雕塑发展过程中对空间语言的极大发展。器物的场域则是一个宽泛的概念，可以是由人与器物联动组织起来的具有特殊意义的空间，比如祭祀的空间，礼拜的场域等，也可以是指具有符号意义的器物对空间的辐射与定义从而形成的特殊场域。在这样的场域中，器物在塑造空间属性的同时也使其自身拥有了更为复杂的空间意义。

玉器就是在特定场域空间具有重要作用的器物。新石器时代就高度发达，以敬神和娱神为目的的玉礼器经历了夏商的发展变化，到西周和春秋时期，逐渐成为贵族生活中的装饰之物。尤其是在春秋时期，佩玉成为了兼具礼玉性质，又彰显贵族地位与身份的重要器物。孔子的儒学思想发展了"以玉比德"的道德标准与观念，崇玉与佩玉也就成为了象征儒家道德观的君子风尚。

玉组佩是指数件形状不同、名称固定的玉器组成一套，佩戴在贵族身上营造某种特定的礼仪气场的器物组合。《礼记·玉藻》记载："古之君子必佩玉，右徵、左宫羽，趋以采齐，行以肆夏，周还中规，折还中矩，进则揖之，退则扬之，然后玉锵鸣也，故君子在车则闻鸾和之声，行则鸣佩玉，是以非辟之心，无自入也。"[4] "宫、羽、徵、角"是古代的音名，"采齐""肆夏"是古代的曲名，"趋"是碎步趋走，"行"是慢步缓行，"周还"为转身，转身要圆。"折还"为拐弯，拐弯要方。[5]可见，"比德于玉"的君子之风不只是佩戴成组玉佩，还包含了君子行为举止的礼仪风度，行走时，玉组佩会相互碰撞，发出清亮、悦耳的声音。君子的一举一动都要保持舒缓的节奏，使玉佩发出不急不躁的和悦之声。贵族的佩玉是以玉璜和玉管、玉珠等串联在一起的，身份越高，璜数愈多，玉佩越长，行步也越迟缓，故有"改步改玉"或"改玉改行"的说法。[6]

---

4 《四书五经·礼记·玉藻》，中国书店，1985年，第172页。

5 邵学海：《先秦艺术史》，山东画报出版社，2010年，第208页。

6 孙机：《仰观集——古文物的欣赏与鉴别》，文物出版社，2012年，第2页。

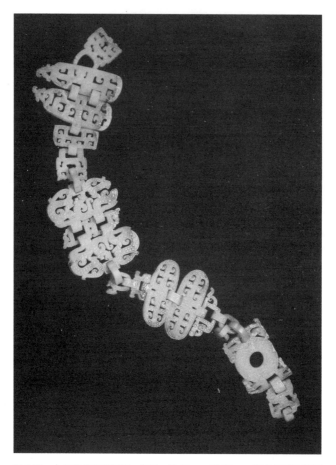

图 1.51　十六节龙凤玉组佩，战国，长 48cm，宽 18cm，湖北省博物馆藏

最为典型和复杂的是战国时期曾侯乙墓出土长达 48 厘米的十六节龙凤玉组佩（图 1.51）。器物用五块玉料分雕而成，造型玲珑剔透，风格典重雅致，纹饰华美，工艺精湛。器物的环扣连接纵横交叉，佩戴在身上，随着身体的运动，相互间的碰撞想必清脆曼妙。玉佩组合在一起，并不是简单的器物数量的增加，而是形成了一个辐射的空间场域。玉与玉之间的每一次碰撞都是身体在空间中的行动和位移，剧烈的身体运动不仅容易制造急促的玉石触碰声，而且由于玉饰的连接也是玉石环扣，极容易被撞碎，这种由礼仪制度通过器物暗示的身体运动又通过声音形成一个不断变化与扩散的空间。以玉比德是一个抽象的观念

比附，而组佩的君子规训则通过具体的空间场域得以实现。一方面，众多标榜君子的贵族，在朝堂或是集会之地，佩戴玉组佩形成的轻触之声，交汇形成了一个盛大的展现君子礼仪的场域。另一方面，君子当慎独，没有他人在场的情况下，佩戴在身上的组佩，也无时不在引导和提醒自己的行为举止，营造一个自省性的场域空间。可见器物的声响塑造了空间，其自身也就成为一种空间的形象，听就是空间中的身体性在场。"我们自己身体性的、在空间中的在场，被我们听见的声音所改变。"[7]身体运动带来的器物声响反过来被身体察觉，从而形成了一个整体的空间场域。

玉组佩自身的结构特点和礼仪规范相结合，将道德外化为身体的行为，最终又通过身体的行为、器物的声音，构建了一个理想的现场。

随着春秋战国礼崩乐坏，礼器也随着礼制的瓦解而衰落，但器物在礼仪活动中，依旧具有非常重要的作用。现在还能在民间祭祀礼仪中见到的"五供"就是这一传统的延续。五供，由鼎（香炉）一只、烛台一对、花觚一对组成，摆放于庙宇殿阁的神坛或是祭案上，用来安放香、花、灯、水、果等供品。张伟认为"五供生成会有三个阶段：最早就是五件具体实物（鼎、烛台、花觚）；第二阶段实物的使用功能慢慢退化，而产生纯物化的五件由稳定材料组成的替代物；到最后一个阶段就是我们今天看到的完全脱离功能性的经过无数次造型推敲和器型审定的具有如纪念碑性质的器物雕塑了"[8]。这一器物组合，鼎居中，通常体量最大，两侧分列烛台和花觚，形成轴对称的结构。在明长陵的五供石雕中，我们能看到五供不仅作为器物出现在供桌之上，且与两块巨石雕刻的须弥座供案构成一个石雕整体，与远处背景中的明楼及通往明楼的台阶，甚至是两侧的松柏，一同形成了一个祭祀的空间场域（图1.52）。五供与祭台变成石雕，使得原本祭拜仪式的物件凝固成特定场所中的雕塑，真实空间也就转变成了观念化的场域空间。

---

7 ［德］格诺特·波默：《气氛美学》，贾红雨译，中国社会科学出版社，2018年，第155页。

8 张伟：《"型"与"器"——中国传统雕塑语言体系的重构》，中央美术学院博士论文，第48页。

图1.52　明长陵五供，明

　　器物自身功能的蜕变和材质的转化，一方面使其成为场所意义的承载者，另一方面也赋予了场所更多的精神性，进而从形式到功能都参与到特定场域空间的建构中。

四、九鼎与丧葬器物的象征空间

　　新石器时代，通过对贵重材料以特殊工艺加工制作的玉器，和违背日常使用逻辑的脆薄黑陶，都给器物注入了超越日用的基因。在新石器时代的晚期，生产力的发展和社会阶层贫富两极分化，让特权阶层掌握且占有了大量的可"浪费"的劳动力。器物成为了权力阶层彰显其特权和财富的工具，其视觉形式逐渐脱离实际功能成为政治性的象征符号，对工具与日用器的"贵重"模仿也标志着礼制艺术的开端。

青铜时代的到来，权力阶层对于这一贵重材料的垄断与使用，强化了政治权力的礼制结构，一方面是对青铜器在礼仪活动中交通天地的功能占有，成为"天"的代言人，另一方面对青铜器形制与装饰的夸张要求和"奢侈消费"，以标榜其绝对的等级秩序。《左传》记载"国之大事在祀与戎"，早期青铜器的主要类型亦即是符合统治阶层"大事"需要的祭祀礼器与征伐兵器。礼器是礼仪制度的物化体现，是道德规范与社会秩序等级制度的视觉表征。在众多的青铜礼器中，鼎居于核心地位。著名的王孙满答楚庄王"问鼎中原"的事件可以看出"九鼎"所象征的政治权力的物化与迁移，见载于《左传》："在德，不在鼎。昔夏之方有德也，远方图物，贡金九牧，铸鼎象物，百物而为之备，使民之知神、奸。故民入川泽山林，不逢不若，魑魅罔两，莫能逢之。用能协于上下，以承天休。桀有昏德，鼎迁于商，载祀六百。商纣暴虐，鼎迁于周。德之休明，虽小，重也。其奸回昏乱，虽大，轻也。天祚明德，有所底止。成王定鼎于郏鄏，卜世三十，卜年七百，天所命也。周德虽衰，天命未改。鼎之轻重，未可问也。"[9]巫鸿总结了这段文献中"九鼎"在三个不同层次上的意义：一、铸九鼎纪念国家形态意义上的中央权力的实现并巩固其合法性。二、九鼎不仅标志某一特殊政治权力，同时也象征了政治权力本身。三、铸造和拥有九鼎代表了"天命"承袭。[10]文献中提到的九鼎，今虽不见实物，但关于它传说与记载，使其成为中国青铜时代政治权力的首要象征。

九鼎作为青铜礼器，秘藏于深邃的宗庙之中，不为外人所见，宗庙建筑也就成为这一权力运作的空间化身，九鼎也由物质形态演变为空间形态。在宗庙举行的礼仪活动，只有少数人被允许接近或使用隐匿于黑暗之中的"国之重器"。周灭商，周武王把九鼎和玉礼器从商都搬移至周的本部。鼎的迁移在物质层面的转移并不能实现其权力的交接，而是要通过一系列的"定鼎"仪式使

9 《左传》，郭丹译注，中华书局，2016年，第156页。

10 ［美］巫鸿：《中国古代艺术与建筑中的纪念碑性》，李清泉、郑岩译，上海人民出版社，2017年，第27—28页。

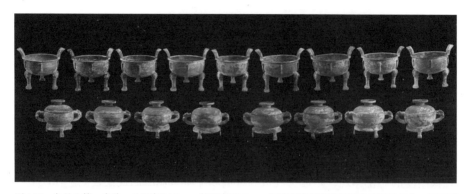

图 1.53　九鼎八簋，春秋，鼎通高 54.4cm，簋通高 23.8cm，河南新郑郑韩故城遗址祭祀坑出土，河南博物院藏

其安置下来。九鼎从"鼎门"运送至占卜确定的新家，随着一套完备的礼仪在定鼎过程中逐渐实现，新的城市建立也即是新的权力中心得以确立。虽然可以想象九鼎原本应该是实用炊具的器型，但由于各种原因它的形在人们的意识中早已消散，而它所在的场所成为了它的一个替身，幻化出了权力结构的中心。

鼎是权力的象征物，同时也是地理空间权属的象征物，所谓的"定鼎中原"就是通过鼎在宗庙的安置象征地理空间权属的掌握，同时，置鼎的宗庙也成为了鼎的空间象征，这种象征包括了从物质形态的鼎到鼎的序列组合以及由序列组合衍生的等级秩序。

鼎象征空间的实现需要其数量和序列与权力的等级观念相对应。《周礼·春官》有载"上公九命为伯，其宫城、车旗、器物都以九为节度，侯、伯受七命，以七为节度，子、男受五命，以五为节度。"[11]《春秋公羊传·桓公二年》记载规定"礼祭，天子九鼎，诸侯七，卿大夫五，元士三也"，可见"列鼎"制度在西周已成为权力阶层等级差异的标志之一。礼器的组合成为礼制趋于完备的重要表现形式。随州枣树林春秋曾国贵族墓群，曾公求及夫人渔的墓中出土了成组的青铜礼器，五鼎四簋二壶等组合也印证了诸侯七鼎六簋，夫人五鼎四簋的礼仪规制。同样在日常的生活中，器物的使用也有数量等级的差别，《礼

11 《周礼》，吕友仁、李正辉注译，中州古籍出版社，2010 年，第 198 页。

记·礼器》记："天子之豆二十有六，诸公十有六，诸侯十有二……"[12]超过了自己身份对应的器物使用数量即是僭越，是谋反之罪。

礼器的组合通过不同器物的形制、功能、装饰、文字等建立起一个整体的象征空间。不同数量和大小的食器、酒器、水器等，形成了有秩序的场域，除了礼仪上的规定，器物自身数量上的奇偶对比与对称呼应以及造型上方圆椭曲，重复差异也都成为这一场域的形式内容，共同参与建构了特定的象征空间。

器物用于随葬，早在新石器时代晚期就已是普遍的社会习俗。贫富分化，阶级产生之后，掌握更多财富的权力阶层在死后，将象征权力和地位的器物埋于地下，逐渐成为了一种丧葬惯例。这种丧葬传统随着礼制时代的到来也就演变成一套严谨的礼仪秩序，最终在墓室结构、随葬器物类型、摆放位置，数量规格等方面都形成了完备的规章制度。

随葬器物的象征空间与墓室的空间是相辅相成的。墓室并非一开始就存在，正如《礼记·檀弓上》所载："葬也者，藏也，藏也者，欲人之弗得见也，是故衣足以饰身，椁周于棺，土周于椁，反壤树之哉！"[13]棺被椁包裹，重在"藏"，并不存在墓室的空间，但随着人们信仰的变化，财富的积攒，"事死如事生"的厚葬之风盛行，椁室内有了更多的空间用于随葬器物的放置，同时器物类型和椁室空间也进行了区分。从竖穴墓到横穴墓的转变，也让墓室的空间建筑化，器物在墓室空间中的陈列也变得更秩序化，由器物建构的空间也就实现了礼制的物化，成为了具有象征性的器物空间。

墓葬中的器物，既有专为随葬而制作的器物，即明器，也有墓主人生前使用的各类器物，包括生活中所用的器具，即生器，和祭祀祖先的祭器，即人器。"明器"最早见于战国晚期的《荀子·礼论》："故生器文而不功，明器貌而不用。"[14]"貌而不用"是指外形相似，而无实际使用功能，也是指不可以有实际使用功能的意思。巫鸿认为荀子看重的是明器不可用的意义，因其服

12 《四书五经·礼记·礼器》，中国书店，1985年，第133页。

13 《四书五经·礼记·檀弓上》，中国书店，1985年，第43页。

14 ［清］王先谦：《荀子集解》卷十三，沈啸寰、王星贤点校，中华书局，1988年，第368页。

务的是墓主无影无形的灵魂，只需要有貌似的形式，而无需实际的功能，甚至这种"不可用"也是有意识地区别于生器与祭器。用于丧葬的器物通过微缩、拟古、变形、粗制、素面、仿铜、重套等一系列的手段与生活用器拉开距离，而强化了其作为礼仪形式的观念化意义。[15]

　　器物在墓室中的摆放位置也有特定的空间秩序。长沙马王堆一号墓，考古学上称为间切型椁墓，长方形椁室由木框结构构成，四边壁板和四边隔板分割出四个边厢，放置了大量的随葬器物。四个边厢的大小可以看出其空间场域的重要性差异，东、西、南三个边厢狭长且面积相同，随葬器物采用堆放的方式，而北边厢的面积等于其他任意两个边厢面积之和，其中器物的摆放方式也都是平铺的方式。虽然三个狭长边厢的随葬器物也按照器物的不同质料、形制和功能进行了分门别类的放置，但显然和北边厢的空间配置形式有明显的差异。东、南、西三个边厢的器物大部分都是日用器物和食品，代表墓主人所拥有的财富，北边厢则更多的是随葬专用的"明器"。北边厢的空间模拟了宅室的陈设"四壁张挂思帷，底部铺着竹席，西边陈设漆屏、几案、食盒、绣枕和香囊等生活用品，东边有成群的歌舞侍俑，这种随葬器物的组合配置共同彰显了北边厢特殊空间的象征意义。"[16]北边厢之所以重要，是因为紧靠墓主人头部，是墓主人"灵座"所在。这一由八十七件随葬日常小型器物建构的礼仪空间，反映出当时人们的思想观念和生活仪俗。

　　北边厢这个小小的空间是为死者营造且符合生者礼仪制度又具有特殊意义的象征空间。陈设多仿照墓主生前的摆设"以礼而置"，西部置屏风，设几杖，中部铺食案，放双履，东部是歌舞乐伎俑。从整个边厢的空间布局看，墓主应该是坐西向东，地位卑微的侍俑乐伎处东面西，符合汉代尊西向东的礼俗。这个空间中乐伎服侍的主人并未以其他形式的物或画像代替，说明墓主人是以灵魂的形式"在场"。画有玉璧和飞龙的漆屏风和底部的竹席，是暗示墓

---

15 巫鸿：《"明器"的理论和实践——战国时期礼仪美术中的观念化倾向》，《文物》2006年第6期，第72—81页。

16 聂菲：《器物与空间——以马王堆一号墓北边厢随葬器物为例》，《文物天地》2017年第12期。

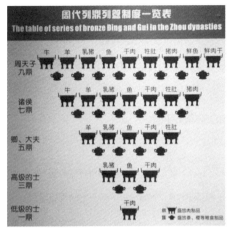

图 1.54 周代列鼎列簋制度表　　　　　图 1.55 马王堆一号墓漆棺与边厢随葬器物分布图

主人的灵位所在，中部的漆钫、陶壶、陶豆、漆勺，漆案、漆盘、耳杯等诸多器物，是用以为墓主人准备丰盛美食，也是对墓主人的供奉献祭。中间的双履也是以物的形式暗示主人的在场。东部的着衣歌舞乐伎俑或手持竹扇、熏炉，或置木瑟乐器，营造娱乐情景。这一由多种器物构成的空间，模仿了墓主活着时的奢华生活场景，也象征着墓主死后灵魂继续独享声色之娱的安息之所。巫鸿从北边厢的器物空间联系到整个墓葬的图像结构认为："安置在内棺外的玳瑁璧引导魂魄离开尸体，帛画中璧龙组合促成死者从肉体存在到永恒灵魂，红棺足挡和屏风上璧龙图像，显示灵魂去处：一个是依据着墓中设立灵座，灵魂在此享受饮食和声色之娱；另一个去处是遥远的昆仑仙界，充满了神奇的羽人和祥瑞异兽。两个去处是不相衔接的，但二者在这里共存和分立，正与古代有关'魂''魄'在人死后一升天一入地的理论相符。"[17]这些墓室中随葬器物包括微缩和实用的器具，在信仰和礼仪的双重作用下也都观念化了。观念化的明器，在特定空间中的布置和摆放，从而让这一空间具有了观念性色彩，也就具有了墓主灵魂在场，灵魂永恒的象征意味。

---

17 巫鸿：《马王堆一号墓中的龙、璧图像》，《文物》2015 第 1 期，第 54—61 页。

由此可见，象征的空间可以是通过观念化的器物建立起来，也可以是将器物置于特定空间秩序中，通过一系列的分割布局手段建构起来。而左右这一手段的必然是背后的思想观念。

五、书房器物的景观空间

"一个雕塑是一个三维空间的中心，这是支配着周围空间的虚幻的能动体积，这个环境中从它那里得到了全部比例和关系，就象一个实际的环境从人本身所得到的一样。它创造了一个触觉空间的表象，而且进一步创造了视觉表象。它实现自我对象化，形成了视觉环境。"[18]苏珊·朗格在这里强调了雕塑为中心的空间意象是由其能动体积创造的视觉环境，这一视觉环境也可理解为景观空间。

如果我们把雕塑替换成器物，这一环境显然就成了由物境建构起来的景观性空间。托物言志，借物抒情是中国古典文学的常用手法。物也在这种言咏中逐渐凝结了人们的思想情感，成为具有特殊性的物象。器物也越来越多的脱离原来的实用性，成为具有观赏性和象征性的艺术品。博古架和多宝阁的出现，给很多器物一个景观性展示的集中场所，器物底座的出现也如同雕塑的底座一样，让器物的空间与真实的空间区隔开来。同时，器物在空间中的位置，也体现了人们对场所精神空间的布局，器物与其他的陈设器具，共同构建了一个景观化的空间。

以文人的书房为例，书房中的陈设、装饰、器具都是书房主人志趣的体现。沈津为《长物志》写序说："几塌有度，器具有式，位置有定，贵其精而便，简而裁，巧儿自然也。"[19]明清书房是中国书房文化发展的一个顶峰，它不仅是一个独立的场所，更是一个诗意的空间。明代中国的权贵阶层，大多数都以

---

18 ［美］苏珊·朗格：《情感与形式》，李泽厚译，中国社会科学出版社，1986 年，第 108 页。
19 ［明］文震亨：《长物志》，陈剑点校，浙江人民美术出版社，2011 年，第 22 页。

图 1.56 一对多宝阁，清，各高 222cm，长 114cm，宽 44.5cm，故宫博物院藏

图 1.57 十二美人图屏风画（局部），清，长 184cm，宽 98cm，故宫博物院藏

文人自居，文人的书房也成为他们卸下俗务，怡养性情的精神栖居之所。书桌或者书案是书房中最重要的陈设，不仅是文人书写、阅读的地方，也是展示与书写相关器物的重要场所。砚台、笔筒、桌屏、镇纸、墨床、水注、臂搁、印奁等等陈列于书桌之上，构成了一个书写的现场。这些器物在大多数时候都不是简单的作为实用器物出现，而是经过雕琢、设计，形成丰富的类韵，彼此间互为呼应的整体。比如是选择简洁古朴的抄手砚还是雕琢细腻的澄泥砚，要看与笔筒、镇纸的雕饰是不是构成一种景观上的空间延展。每一件器物形状各异，为了凸显其珍贵性和独特性又通常在器物的表面精心雕琢，雕刻的形象又形成了另一重视觉景观。文震亨在《长物志》中对文房用具也有论述，如笔筒"湘竹、栟榈者佳加，毛竹以古铜镶者为雅，紫檀、乌木、花梨亦可间用，忌八稜花式。"[20]

---

20 ［明］文震亨：《长物志》，陈剑点校，浙江人民美术出版社，2011 年，第 101 页。

图 1.58　朱守城墓出土文房器物，明，1966 年上海市宝山区顾　图 1.59　紫檀多宝格方匣，清，长 25cm，
村朱家巷朱守城墓出土　　　　　　　　　　　　　　　　　　宽 25cm，高 23cm，台北故宫
　　　　　　　　　　　　　　　　　　　　　　　　　　　　博物院藏

秘阁"紫檀雕花及竹雕花巧人物者，俱不可用。"[21]，毛笔"古有金银管、象管、
玳瑁管、玻璃管、镂管、绿沉管，近有紫檀、雕花诸管，俱俗不可用，惟斑管
最雅，不则竟用白竹"。[22] 明清文人书房追求简而不繁，器用高雅别致，讲求
品味，文房器用的选材和雕饰也追求古朴典雅。朱守城墓出土的文房器物（图
1.58）就代表了明代晚期江南地区文人书房的格调。这些器物包括了笔筒、笔
屏、砚、印盒、香筒、压尺、镇纸、紫檀瓶、文具匣等，虽不是出自一人之手，
但无一不是线条流畅硬朗，造型清晰古雅，且雕花不多，仅香筒和紫檀瓶有雕
花。可见这些器物都是墓主人的珍爱之物，也是他书桌上的陈列之物，虽不说
是极尽奢华，但件件精致。可以想像这组器物在书桌上陈列开来是一种怎样的
视觉景致，笔屏空间上的切割，香筒和笔筒的直立，镇纸和压尺的躺卧，加上
圆形的印盒，风字形的砚，形成了造型多样，空间层次丰富的场境。

　　器物的景观性构造是以"器物—身体—空间"的方式被体验的。书桌上
的大量器物都有雕刻，甚至在书桌上还会出现文房清玩，通常是玉的小雕饰，
这些雕饰不仅仅是视觉上的观赏对象，也是身体感知的延展。书写是以一连串
身体动作展开的，研墨，对墨块和砚台造型的把握，水注的倾倒，镇纸的铺伏，
印章的按压，甚至是臂搁对书写时手臂的承托，都参与到这空间的景观化呈现

21　［明］文震亨：《长物志》，陈剑点校，浙江人民美术出版社，2011 年，第 105 页。

22　同上，第 118 页。

之中。这些器物的位置也并不总是固定的，同一功能的器物，会有多种样式和类型，用以调整器物之间的关系和物境。再加上挂于墙上的琴或者乐器，案几上的熏炉、花插等器物，文房成为了景观性的展示空间。

书架、博古架（博古格）是书房中另一个集萃式的景观空间。原本用于放置书籍和卷轴册页的书架，越来越多的用于物品的展示和陈列，博古架也就成为与书架融为一体的书房常设家具。相比于书桌上类韵式的器物，博古架上的器物则更为多样，上古时期的青铜器，宋元时期的瓷器、各类奇珍异石都罗列于一处，构成了一个跨越古今、风格各异的文化景观展示柜。书架通常两边都是通透的，格的大小也不尽相同，便于放置尺寸不一的各种器物。博古架逐渐发展成封住背板，且有着不同大小封闭和开放的博古格后，器物的展示功能被进一步强化。尤其是博古格的开窗设计，或方或圆，或大或小，或敞开或装饰牙口，都使得器物的观看成为一种特定的设计。

清朝流行的多宝阁方匣是另一种极致的微型景观。小小的方匣，展示和收纳融为一体，袖珍的宝物收纳其中，抽去隔板，打开扇形阁柜，如同看到一个贵族之家的空间陈设，扇形的开合，让方匣的内外空间切换自如，视线随着不同方向的扇形阁的宝物移动，让整个器物的空间变得灵动也变得虚幻，形成迷你微缩的器物景观。

小结

我国古代先哲对器物与空间的关系，有过精辟的论述。老子的"无"和"有"的共存统一是器物的核心观念，"无"是"用"的先决条件，"有"是"无"之用的实体存在，虚空与实体的相辅相成才是器的实质。可见中国古之先贤在两千多年前就已经认识到空间是由两个相互依存、相互作用的对立力量在动态中达到的平衡。有形的器物因为有无形的空间作为其存在本质的建构，人们也就很自然的发现以"无"为基础的虚空意境之美。

空间是器物的基本属性，也是其存在的基本形式。空间作为雕塑的本体语言之一，也是器物的重要造型语言之一，在表述和建构器物自身的过程中，显现出它多重的含义。在单一的空间向度上，比如表面的空间层次处理、器物的内外关系和孔洞的表现，无不展现了它形式的多样性。在多维度的空间向度上，比如器物的观念转化，位置与方向的象征意义、场域与景观的营造，更是体现了空间语言的深度与广度。中国古代器物的空间语言相比于雕塑也有着自己的特点。比如在孔洞空间的挖掘，虚实空间的探索上积累了丰富的经验，形成了我们民族独特的审美品格之一。此外对于器物的方向，隅角的重视也让器物的造型与背后的文化建立了形式联系，从物的空间到场域空间再到观念空间形成了整体的呼应。

中国古典美学重视从物象到意境的嬗变，从"观物取象""制器尚象"到"由心造境"，器物的制做秉承着造物的最高标准即意境的创造。空间语言的发展与探索，无疑是器物意境生成最重要的方面。

第二章

"体与量"中国古代器物的形体语言

形体是雕塑最基本的造型语言，它是指雕塑的形状、体积、重力与重量等。雕塑的主题内容、结构关系最终都要落实为物质材料的立体表现形式，也即是雕塑的形体语言。雕塑的形体语言并不一定要模仿一个具体的形象，而是要塑造出蕴含一定精神性和审美感召力的有体积感的形。正如摩尔所说"所有的观念都可以找到一个相应的体积来表达"[1]。体量感也就是形体语言表达的关键所在。形的体积表达是靠"量"来体现的，数量或是重量的增加都有利于体量感的加强，比如双手团揉一坨泥的体积小于同样团揉十坨泥的体积，这种尺寸大小、数量多少是容易理解的物理意义上的体量。虽然物理层面的体积变大，也有利于体量感的增加，但雕塑的体量感更多的是依靠形体的塑造，通过形体之间的关系和内部量的对比所制造的一种心理上的"量感"。

体量感是古典主义雕塑重要的审美价值之一，涵盖了尺度、块面、立体感、重量等诸多因素。罗丹说："在雕塑和建筑中，惟一有价值的是表现生命；而立体感是表现生命的惟一途径。一座美丽的雕像，一座制作精美的纪念碑，就像有生命的事物一样生存着，其生命不可以时日计。"[2] 雕塑艺术的魅力就在于可以用立体材料创造一个与模仿对象同等存在的物质实体，立体感和实体性也就意味着它在时空中的客观存在性。正是这种客观存在性，使得它的体积与模仿对象的体积有了直观的对比。真实的人体与从真实人体上复制的雕塑以

---

1 陆军编：《摩尔论艺》，人民美术出版社，2002年，第98页。

2 朱迪丝·克莱代尔编著：《罗丹笔记》，迟轲、胡震、陈儒斌译，四川文艺出版社，2004年，第160页。

及雕塑家模仿真实人体创作的人体雕塑，三者的体量感是有差别的，抛开材质的差别，通常真实的人体相比于复制的人体体量感要足，而雕塑家创作的人体雕塑要比真实的人体体量感厚重结实很多。将罗丹的人体雕塑同雕塑家曹晖按真人翻制的雕塑相对比，就能看到这种显著差异（图2.1、图2.2）。这是由形体体面关系以及物质材料的差别所带来的视觉感知的差异。因此，雕塑的体量不等同于现实对象的体量，它是借由对象和物质材料共建的雕塑体自身的形体体积与量感。

雕塑体量的充盈当然不能一味地增加雕塑的实体体量，而要依靠雕塑的体面关系和形体规律在视觉和心理感知上制造一种体量增加的感觉。比如一个立方体，它给人的体量感是一种恒定于标准立方体结构的体量感，如果把立方体的每一个棱边都切掉，它的实际体积必然是缩减的，但它给人的视觉体量却是增加的，因为每一个棱边被切去后，都增加了一个块面的转折，使得原本块面简单的立方体看上去成了转折丰富的多面体，因而它的体量感也在视觉上得到了扩充。而一个球体比一个与它实际体积接近的立方体给人的体量感要强，因为球体从视觉上暗示了形体的膨胀。不过一个标准的几何球体又不如一个同等体积的土豆量感足，因为土豆高高低低的凸起变化，形成了丰富的体面转折关系，也形成了重叠遮挡的透视关系，从而增加了空间的延展性。空间层次的增加也就让小的形体体积得到了聚集和扩张，增加了它的体量感。由此也可以看出体量是与形体转折的块面密切相关的。

雕塑是形体体量的艺术。厚重的体量给人以不容忽视的稳定存在感，是生命强大的物质象征。在雕塑的制作过程中，雕塑家对形体体量的加量与减量，是为了通过体量的变化创造更有精神表达性的作品。比如马约尔的女人体雕塑，那种形体的饱满，使得每一寸肌肤都聚合了能量与张力，厚重的体量感给人以极强的视觉冲击力。而与此相反的是贾科梅蒂的雕塑，纤细、瘦削的人体，几乎把体量减少到了极致，给人一种孤独、悲凉、幻灭的感觉。体量感的变化也与生命的孕育过程有着视觉上的联系，就像原始人类在制造圆润饱满的陶器时，联想到女性身体孕育生命时的鼓腹感和膨胀感，从将器物进行了仿生设计一样，

图 2.1 仿罗丹之二，曹晖，石膏　　　图 2.2 青铜时代，罗丹，高 182.24cm，青铜，法国卢
森堡国立博物馆藏

体量感是对生命体验的形体表达。因此，雕塑在很长的历史时期都极为重视体量的膨胀与厚重，就像米开朗基罗所说的"一个成功的雕塑，即使从山顶上滚下来，也不会摔坏"[3]，就因为它厚重的团块感。这种体量的饱满给人以抵御外力侵蚀和破坏的安定感和坚实感。我们看到六朝时期的陵墓雕刻，那些石辟邪、天禄和狮子，都有一种敦实而雄浑的体感，从而具有震慑四方的力量。可见，形体语言在东西方雕塑艺术中都具有重要意义。

　　器物如雕塑一般，都是形体的空间建构物，在造型语言上有诸多相似性。

---

3 ［美］鲁道夫·阿恩海姆：《艺术与视知觉》，滕守尧主编，滕守尧、朱疆源译，四川人民出版社，1998 年，第 287 页。

与形体体量相关的首要问题就是尺度；其次，体与面的关系也是其造型的显著特征之一。线形通常不是雕塑的主要造型方式，但却是器物造型的重要手段。当然器物和雕塑还有另外一个显著差别，就是很多容器类器物的体积往往与它的容积有关，为了获得更大的容量而把体积做的更大是制器者惯常的思维。如果一个容器的容量较之整体体量要小的多，也可以说明其在实用性之外更为关注其艺术或观念的造型表达。中国古代器物，尤其单个器物的体量都不会特别巨大。首先是它的功能性需求在一定程度上抑制了它发展出纯粹为了追求视觉体量感的形体造型；其次，由于制造工艺的局限，大体量的器物制造很难实现，比如陶的烧制和青铜冶炼都受限于特定历史时期的技术水平。但这并不意味就没有大体量的器物，因为体量不仅取决于绝对尺度，还取决于形体的关系，甚至在特殊的时候，器物还与使用这些器物的人能形成一个整体更宏大的体量规模。

体量感的表达与形体的建构同塑造息息相关。雕塑中的形体是完整自足的，体量感也是触觉的心理延展，形是视觉的像，体是触觉的本，形体感就是视觉与触觉的感知联结体。雕塑的制作过程是双手参与的形体的构型过程，即便是木头和石头的雕凿借助了工具，也是基于双手对体积的一种把握，工具只是手的延伸，体量的实在感需要得到触觉的不断确证。相比于观赏的雕塑，器物的使用就是其不断与手接触的过程，尤其在长期的使用过程中，手的触摸也是对形体的不断"打磨"，具有了再次造型的功能，相对圆润和光滑的形体更让人觉得坚实厚重。

雕塑的重力与重量是雕塑实体、材料属性、结构关系在地球引力作用下的存在状态，是所有空间中实体物的本质属性之一。雕塑作为实在物，其重心也是雕塑家要考量的重要因素，重心的偏差不仅影响雕塑作为物体的稳定性，也影响观者从视觉到心理对形象的感知。雕塑家对重心的控制与调整，对重力与重量的理解与把握，都体现为一种高度自觉的形体表达能力。改变雕塑的重力感也会让它的体量感有所差别，同时体量感也与形体的力量感有关。一切形体都有自身的造型特征，每一种造型都有不一样的力量感。雕塑的造型就是要通过形体体量的变化，以及不同的体量在重力作用下形成的力量对比关系，强化形体自身的表现力。

尺度、体积、触感、重力是雕塑相互关联又各有特点的形体语言，也是中国古代器物的核心造型语言，形体造型不仅仅是一种具象的雕刻塑造手段，还是一种纯粹的体量感表现方式，通过对各种器物的形体语言研究可以深刻理解其造型的雕塑性特质。

第一节　尺度与规模

宏伟与壮观的实现一是靠体量的足够大，二是靠数量的足够多，也即是尺度与规模。就像埃及的拉美西斯二世雕塑的高耸和秦兵马俑数量的庞大，都以一种超视觉的体量关系给人以强烈的冲击力。

体量的先决条件之一就是尺度，但并不是说尺度越大，雕塑的体量感就越足。"体积的大小与现实中用英尺和英寸来占领的实际体积无关，而与视觉相关。"[1] 体积的大小首先体现为尺度的大小，这个尺度不等同于客观真实的尺寸大小，而是与视知觉和心理感知相关的度量，是实际尺度和心理尺度共同作用的结果。就如日本雕塑家本乡新所说："雕塑艺术就是量感艺术，雕塑家用自己的手创作的小的造型，它可以给人们感到像山一样高，像海那样深，像森林那样的静，像苹果那样的使人可爱。"[2] 这种类比，强调了雕塑艺术的体量可以超越实际真实的尺度限制，在心理上达到与宏大对象接近或是相类似的感受，但并不意味着可以完全与实际尺度无关。不同尺寸的雕塑，体量感一定是有差别的，雕塑家能做的是将形体关系做到自足完满，使小尺度雕塑的艺术张力同大尺寸的雕塑可以等量齐观。因此，在雕塑家的意识中，不管是大尺度还是小尺寸的雕塑，都要追求其形体的张力，实现其体量感的充足。

对于宏大尺度的追求，是人类超越自身的一种方式。雄伟的狮身人面像和以山为体的乐山大佛，都是通过表现对大尺度的无限向往，从而获得精神上的

1　陆军编：《摩尔论艺》，人民美术出版社，2002年，第99页。

2　本乡新：《本乡新》，上海人民美术出版社，1983年，第69页。

图 2.3　衣夹，克莱斯·奥登伯格，1976 年，耐候钢、不锈钢、铝，高 1370cm，长 370cm，宽 140cm，美国宾夕法尼亚州收集中心广场

超越感。而对于极致的小尺寸，人类同样有一种难以抑制的表现欲望。对小尺寸的偏爱和表现并不是要获得同大尺度雕塑一样的宏伟和壮观，而是让小的形体得到小形体的体量自足。形体的自足即是形体充分表达出它的力量、节奏以及构型的整体性。大体量的雕塑让人体会到雄伟壮观，从而感到自身的渺小；小体量的雕塑让人体会到精致小巧，自己也获得主体性的观照和升华。

　　当代的雕塑中，有一种将生活中的普通物品放大到超大尺寸的公共雕塑类型。像美国雕塑家奥登伯格（Claes Oldenburg）的《衣夹》（图 2.3）、《别针》《羽毛球》等雕塑，当物体超越了它的正常尺度后，看上去就不再是一个普通的物体，而是公共空间中具有仪式感和纪念性的特殊之物。它的陌生化和纪念碑性建立在它与实际参照物的巨大反差和公共空间的固有属性的双重语境之上。

尺度的大小是由它的参照物来决定的，器物的大小首先是看以人为尺度还是以神为尺度，以人为尺度又要看是以手为参照还是以身体为参照。我们熟知的后母戊鼎，作为大体量的青铜器，显然不是以人为尺度铸造的，它的超大尺度也可以说是那个时代的技术极限。耗费巨大的人力物力铸造超大体量的鼎只能是为了对神明的祭祀。即便是这样的"重器"，相比于传说中的秦收天下之兵所铸十二金人的体量，也只能算是"小器"。关于"金人"雕塑，较早的记载见于贾谊的《过秦论》："收天下之兵，聚之咸阳。销锋镝，铸以为金人十二，以弱天下之民。"[3] 其后，司马迁在《史记·秦始皇本纪》中记载："二十六年……收天下之兵，聚之咸阳，销以为钟鐻、金人十二，重各千石，置廷宫中。"[4] 这两条记载略有不同，但指的是同一件事。这十二个"金人"即是铜人，按照秦制，一石为六十多斤，重各千石，就是数万斤，尽管千石的说法不一定是实指，但无论如何，应当也是令后世刮目相看的巨制，以秦陵兵马俑'以大为美'的气势来看，这组铸铜雕塑当是高大雄伟的纪念碑。[5] 由此可见，秦铸金人体量之大，重量之巨，在今天看来依旧不同凡响。尽管未见秦铸铜人实物，但不难想象只要技术能实现，以秦始皇修陵墓、建阿房的雄心和气魄，这种大体量的铜人是完全可能出现的。另一方面，以人为参照的器物体量，除了考虑到人使用的方便外，也会通过缩小尺寸，使得原本的功能性变得次要，而成为一种手心里的把玩器。比如一些小茶壶，做得精致而考究，却并没有多大的使用价值，所有者无非是把它攥在手里，通过反复触摸一次又一次的感受茶壶形体的韵味。所以以人的身体为参照的器物，通常比以神为参照的体量小，比以手为参照的体量大。

器物的大小有特定的尺寸定式，是长期的使用形成的，符合人体工程学与实用规律的尺度。器物习以为常的"正常"尺度被打破，都会让人有一种陌生感和惊奇感。器物的型制也都有相应的造物传统，改变原有的尺寸必然

---

3 《贾谊文选译》，徐超、王洲明译注，凤凰出版社，2011年，第5页。

4 《史记》，文天译注，中华书局，2016年，第5页。

5 孙振华：《中国古代雕塑史》，中国青年出版社，2011年，第38页。

出于特定的目的，或是出于礼制观念让器物的使用功能淡化，或是出于艺术赏玩的目的使得器物不再具备使用功能。尺度的变化从某种程度上也反映出器物在人们生活中地位和作用的转变。比如瓷花瓶，在技术条件趋于完备的清末，其体量可达到近一米高，此时的花瓶不再是做插花之用，而成为一件具有雕塑感的器物。

大小作为相对概念，取决于参照物和参照系。比如一把茶壶，它的参照物是手，手能提起来倒茶。而它的参照系是人们经验中以茶壶命名的所有器物的尺寸大小。太大的茶壶，双手都提不起来，也就不宜叫作壶了，而太小的壶显然超出了以茶壶命名的所有器物的形制，就算叫壶也只能叫壶形把玩器，比如玉器就有一类以壶为造型的玉雕壶观赏器和把玩器。

器物大小形制通常有着惯例和相应的标准规定，尺寸和形制的改变甚至意味着器物性质的改变。孔子的那句"觚不觚，觚哉！觚哉！"的感叹就是因为觚的器形和尺度改变了而发出的反问。《考工记·梓人》篇："梓人为饮器，勺一升，爵一升，觚三升。"[6]觚的容量也意味着其体量与尺度的大小不能随意改变，否则觚也就不觚了。

增加器物的规模同样是制造体量感的方式。这种规模可以是单一形体的重复增殖，比如前文提到的兵马俑，就是通过单个俑的复制和列阵，达到更大的体量规模。也可以是不同形体的组合排列，比如鼎簋的序列组合，使整体体量得到了延展扩大。器物数量的增加也并不一定意味着整体体量的增长，它与器物自身的物料特征和功能属性也有一定的关系。

尺度与规模是器物的基本要素之一，也是形体语言的首要特点。将一件器物放大或缩小不仅仅是尺度上的变化，也带来了形式上的改变。增之一分太长，减之一分太短的总结不单是指各部分比例上的增减，也包括整体尺度上的增减，这样的增减带来的形式意味也就给人以微妙的、差异化的审美感受。

---

6 《考工记》，闻人军译注，上海古籍出版社，2021年，第111页。

一、以手为尺度的陶塑与抄手砚

手作为丈量的单位在中国传统的器物制造中广泛应用，一掌或是一拃甚至一指的宽度都是一种直接而方便的测量单位。在《佛像量度经》中就有以手指宽度为标准单位的造像图。在器物制造中，虽然没有直接的文献记载，但不难想象，这种方式一定是存在的。比如史籍记载，汉武帝元封二年（公元前109年），在上林苑筑飞廉观，观上置铜铸飞廉像。太初元年（公元前104年）造建章宫，其北阙以铜凤凰为饰，又造神明台，台上树立高"三十丈，大七围"的铜铸仙人承露盘。[7]"大七围"的"围"就是指两手拇指和食指合拢的长度，是典型的以手为测量单位的度量标准。

手中的物，对于原始人来说，通常是抵御外在危险与攻击的安全保障。一块石头或是一根木棍，攥在手里就意味着心理上获得了足够的安全感，长此以往，手掌及手心的空间形成了一个特定尺度的容器，容纳、包裹着其他的物质材料和器具。很多原始陶塑如河姆渡文化的陶猪，高才4.5厘米，屈家岭文化的陶象，高也不过7厘米，这些可爱的"掌中玩具"，手法简练、造型生动，虽是小巧，却有着较强的艺术表现力。尤其是陶猪（图2.4）的造型，骨骼和肌肉的隆起与凹陷也都表现了出来，充分概括了猪的形体特点。更重要的一点是制作这些动物或者人物的微缩版本，让它能在手掌上呈现、把握、体验，这对于制作者或是把玩者都具有重要的影响。"在物理层面上，处理微缩物的人获得微妙的赋权和强化：相对于小型化了的物件，人们会感到自己体型更大，层级更高，随之而来的是安抚的幸福感。"[8]这些通过双手制作出来，在手上把玩的微缩模拟物，不仅仅是玩具，也是另一个维度的自我呈现，通过手的连接，自我和手中之物实现了一种情感上的交互。

手来把握的物件，可以随意移动调整观看的距离，是一种动态中的玩赏和

---

7 《史记·孝武本纪索隐》引《三辅故事》。

8 ［英］彼得·登特编：《雕塑与触摸》，徐升译，广西美术出版社，2021年，第31页。

图 2.4 陶猪,河姆渡文化,高 4.5cm,长 6.3cm,1973—1974 年浙江余姚河姆渡出土,浙江省博物馆藏

使用。大部分器物的功能实现也是基于手的使用完成的,考虑到手的抓握提拿也必然是器物制作的前提。因此不少器物都有"抓手""提梁""鋬"等便于手来抓取的部件,而有些器物则是将这种手对器物的把握融入到了器物形制之中,抄手砚就是这种以手的大小为尺度创制的器物之一。砚台作为一个文人必不可少的器物,历来备受文人墨客青睐。宋代米芾的《砚史》载:"器以用为功。……夫如是,则石理发墨为上,色次之,形制工拙又其次,文藻缘饰虽天然,失砚之用。"[9]可见相比于砚台的装饰和造型,文人更看重其实用性,砚的使用不仅要满足研磨、舐笔的书写需要,也要满足携带、取用的需要,更要考虑清洗的方便。人的手长度通常为 16—18 厘米,宽度为 10—11 厘米,厚度 2 厘米左右。抄手砚因为手要在砚台底面托起砚台,所以砚底内凹宽度既要符合手掌的宽度,凹陷深度也要符合手指的厚度,抄手提拿方便安全。砚台整体宽度要

---

9 [宋]米芾:《砚史》,中国书店,2014 年,第 14 页。

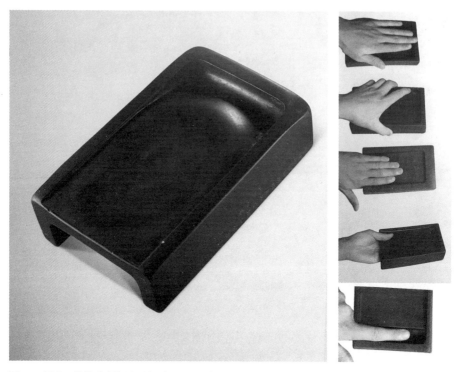

图 2.5　周亮工铭抄手式端砚，清，长 19.4cm 宽 12.5cm，厚 5cm，天津博　图 2.6　抄手砚与手的关系
物馆藏

适宜拇指和四指抓握的宽度。如此简洁的砚台在与手的密切接触过程中，造型越来越考究，尺寸的毫厘都影响着使用者的感受，甚至形体的转折线条和倾斜角度的微妙差异都让人玩味。以手为尺度的抄手砚，也会因为手的不同造型而略有差别。制砚者也在不断寻找使用舒适度和形式美感之间的和谐关系。

　　很多器物的制造都会以手为参照，不过对于造型语言的提炼，不仅要考虑手与器物的大小关系，还要考虑掌、指活动对器物造型的影响。

二、以身体为尺度的凭几与太师椅

　　面对一张画和面对一件雕塑，我们的身体经验是完全不同的。雕塑在我们的视觉中的完整呈现有赖于我们的身体运动，同时，雕塑的尺度、造型、实体性都因为我们身体的在场而具有了丰富的意义，而不是像一张平面的画，只能通过制造幻觉赋予我们感知上的真实经验。现代主义雕塑兴起以来，特别强调身体作为知识经验和审美体验的物质载体所具有的唯一性和具身性。身体不只是物理性的事物的参照尺度，也融入了主体性的感知经验。同样的雕塑，在不同的人眼中有不同的尺度感，这种尺度的细微变化，即来自于自身物理的身体参照，也来自于观看主体心理的身体参照。一个高两米，重两百斤的人和一个高 1.6 米，重一百斤的人看一件高 1.8 米高的人体雕塑，感受到的体量感肯定是不一样的。西方人体雕塑以身体为尺度，更多的是以人的基本身高比例为标准去探索雕塑的完美尺度。在通常情况下，以人的正常身高比例制作的雕塑，看上去会比真实的人显得略小一些，这是因为雕塑的形体在空间距离增加的条件下会比真实的人更易物化变小。因此"等大"的人体雕塑通常也会适当增加雕塑的高度和体量，来平衡这种视觉感知差异。

相比于人体雕塑，以身体为尺度的器物更多的是考虑其与身体的关系。这一身体既是物理肉身的也是社会文化的。

很多器物在某种程度上也是身体的延伸，需要用身体去感受，因此身体也就成为器物最基本的参照标准。在当代的设计思维中，器物的设计要符合人体工程学。在古代虽没有人体工程学的概念，但制造的器物要符合人身体的结构和使用规律也是必然的。身体是围绕轴心运动的，比如肩是一个运动轴心，臂膀是一个轴半径，一般生活使用的器物尤其是容器都不会超过这一半径长度，否则人不太容易搬挪得动。此外，人的身高也是一个参照标准，蹲、坐、立的高度决定了绝大部分的器物高度在一个身体的动态区间内。

当然，与身体坐卧关系密切的器物更需要以身体为尺度。比如隐几（又称作凭几）就是席坐时代的一件重要家具，常置于榻上，供年长而尊者凭几休息，缓解久坐的疲劳，同时也包含着古代若干的礼仪内容。南齐诗人谢朓有一首咏物诗《乌皮隐几》："蟠木生附枝，刻削岂无施。取则龙文鼎，三趾献光仪。勿言素韦洁，白沙尚推移。曲躬奉微用，聊承终宴疲。""三趾""曲躬"说明了隐几的造型特点，三足如鼎，曲木抱腰。隐几有直平两足的也有弧曲三足

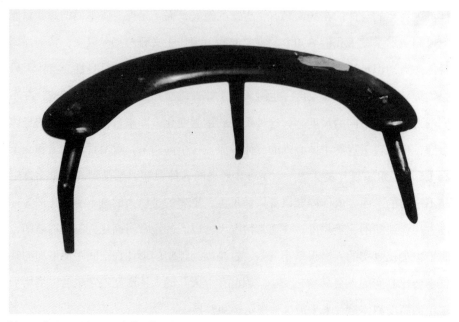

图 2.7　隐几，三国·吴，安徽马鞍山市三国吴朱然墓出土，弦长 69.5cm，高 26cm，宽 12.9cm，安徽省马鞍山市博物馆藏

的，从实际的使用来看，曲木抱腰式似乎更适于人的身体倚靠。江苏南京象山东晋七号墓出土的兽蹄足陶隐几，弧线几面长 42 厘米，高 21.5 厘米，兽形足模仿动物关节造型，几面厚实，可以从这一器物中，获知当时隐几的大致形貌。而安徽马鞍山东吴朱然墓出土的漆隐几（图 2.7），与谢朓所咏之物颇为接近，相比于陶隐几，弦长 69.5 厘米，面宽 12.9 厘米，高度 26 厘米的尺度显然更宜人的凭靠。隐几是与身体体态高度契合的器物，但不同于靠背，隐几是置于身体前面，所谓的曲木抱腰式，是在身体前端半环抱人的身体，形成一种人与器物相互贴合的关系。明代文震亨所著《长物志》载："古人制几榻，虽长短广狭不齐，置之斋室，必古雅可爱，又坐卧依凭，无不便适……今人制作，徒取雕绘文饰，以悦俗眼，而古制荡然，令人慨叹实深。"[10] 这里强调了古人制作几榻，不过分装饰以取悦双眼，而是简洁古雅，以身体坐卧依凭的舒适度为主

10　［明］文震亨：《长物志》，陈剑点校，浙江人民美术出版社，2011 年，第 87 页。

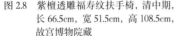

图 2.8 紫檀透雕福寿纹扶手椅，清中期，　图 2.9 紫檀雕漆云龙纹宝座，清，长 112cm，宽 85cm，高
长 66.5cm，宽 51.5cm，高 108.5cm，　　　103cm，故宫博物院藏
故宫博物院藏

要标准，体现的正是这样以身体为尺度的造物观念。

　　器物也不都是服务于身体的舒适度的，很多时候也需要考虑器物在一系列
礼仪文化制度中的作用，座椅就是很有代表性的器物之一。座椅是使用最为普
遍的家具，也是最有创造性的家具。不少雕塑家都有为座而创作的作品，比如
布朗库西的《沉默的桌子》将圆形紧密柔和的造型注入到石桌凳中，野口勇将
雕塑的形体融入到了桌椅的设计之中，哈里·伯托亚（Harry Bertoia）更是以雕
塑家的身份和视角完成了座椅在形式和功能上的新探索。座椅无疑是以身体为
最直接的参照标准，但也有着一系列的与坐相关的文化观念，比如从交叉折叠
的适合高坐姿的"交椅"逐渐引申出龙头老大的"头把交椅"，再演变成为象
征权力和地位的"太师椅"，背后都有一套相应的与座位相关的文化逻辑在起
作用。座也就不再单纯以身体为参照标准，而要考虑身体所体现的一种气度，
也就是座上之人的身份和权力。

　　我们来看这件清中期的紫檀透雕福寿纹扶手椅（图 2.8），整体造型稳重，
三面围屏对身体形成半包围状态，紧实的木料结构也显得庄严大方。扶手椅在
考虑身体的前提下，加大了整体的高度和宽度，虽然人坐上去并不感到舒服，

但坐姿却需十分端正，仪态稳重。清人李渔的《闲情偶寄·器玩部》暖椅式条说："如太师椅而稍宽。彼止取容臀，而此则周身全纳故也。"[11] 太师椅"止取容臀"并非是说它的宽度太小，而是指其坐姿的拘谨。这类扶手椅或太师椅通常成对摆放，构成一种虚拟的身体在场的整体关系，更强化了其在居室空间中非常重要的尺度感。

凭几考虑的是对身体的托负，而太师椅则更强调人所隐含的权势与地位。椅的尺度变化既不能完全脱离身体的尺度，又不能完全以身体为直接参照，而要考虑一个整体的体量。从皇帝宝座——龙椅上就能看出身体与器物之间相得益彰的关系。比如这件紫檀雕漆云龙纹宝座（图2.9），敦实厚重的座腿，庄重典雅的浮雕围屏，繁复精致的雕花，无不强化了一个虚拟的象征高贵身份的身体。这是一个介于椅和塌之间的"尺度"，在"容臀"之外的空间，实际上容纳的是权势与地位的"体量"。

三、以神为尺度的纵目人面具与立人像

我们知道很多古代雕塑都超过实际对象的尺度，比如陵墓前的石兽，辟邪和天禄等都超过了一般的狮子老虎的体量，它们并不是以真实的动物为参照标准，而是以"神兽"的标准去雕凿的。以神为尺度也是服务于人，只是体量上超过人们熟知的动物实际尺度，给人一种神异的威慑力。这种对神的崇拜与想象也在器物的制造上有所体现。

广汉三星堆出土的青铜纵目人面具，尺寸大小不一，显然不是以人脸大小为参照的。体量最大的一件，高65厘米，两耳间宽度达到了138厘米，厚度则在0.5至0.8厘米之间（图2.10）。整个面具的造型奇特，双耳大而外张，双眉如刀，双目外凸呈圆柱形，向两侧斜伸出眼眶之外，嘴宽阔咧至面颊。所谓的"纵目人"是据晋朝常璩《华阳国志》"有蜀侯蚕丛，其目纵，始称王"

---

11 ［清］李渔：《闲情偶寄》，江巨荣、卢寿荣校注，上海古籍出版社，2000年，第232页。

图 2.10 青铜人面像,商,高 65cm,宽 138cm,1986 年四川广汉三星堆出土,四川省文物考古研究所藏

的记载而得名。也有学者推论这些面具可能是古蜀王蚕丛的神异之像。这样的一个大面具,原本的展示不是我们现在看到的样貌,它有可能还有一个更伟岸的身躯,只是现在已经看不到了。面具额间正中、两侧颞部和面颊下颌处都有方孔,可能是嵌插其他部件或是固定在其他物料上的插孔。从面具的这些细节也能看出来,它极有可能是固定在树木或是其他易腐朽的材料之上,作为一种神的形象化身在场。面具没有头冠,没有颈项,如果把它可能的完整形象在脑中补充,这个佩戴青铜面具的神的高度或许在四至五米高,对跪伏在他脚下的人来说一定是具有强烈的压迫感和威慑力的。

与同时出土的普通面具相比,纵目人青铜面具的奇特、恐怖,诡异无不显示出其特殊的地位。双目外凸,似有一种看穿一切的神力,也隐含了双眼被柱洞穿的身体痛感。体量的硕大一定蕴含着更大的神力,当这种"大"达到了技术极限时,就会通过某种程度的"多"来体现,在三星堆遗址中还发现了很多用于组装眉眼的几何青铜铸件,研究人员认为这些组件,应该是用于组装组合的神像。在几十个木质或绘制的神面像中,体量最大的纵目人面具或许就是最

图 2.11　青铜立人像，商，高 260cm，
　　　　人像高 170cm，1986 年四川
　　　　广汉三星堆出土，四川省文物
　　　　考古研究所藏

具有神性的，这种形体体量与精神力量的关系显然也有一种内在的关联性。

　　三星堆出土的青铜立人像是（图 2.11）已知古代最大的青铜铸像，高 260
厘米，人像 170 厘米，立于高台之上，高台底层为四方体形基座，中层由四个
象头组成的镂空结构，上层为云雷纹平台，高台似乎是一个为主持宗教仪式的
祭司而设的神坛。人像笔直站立，头戴圆平回字纹高冠，冠上雕刻有羽毛状的
饰物。人物形象是典型三星堆人物雕像的特点，直鼻硕耳，方脸扁颌，宽嘴大眼，
神情肃穆、庄严。身着华丽的服饰，上有龙、兽、鸟等纹饰。最让人疑惑不解
的是人物双臂一上一下举起呈环抱状，双手硕大，握成环形，作持物状，所持
之物已不存，由此也引发了专家学者的种种猜测。双手的比例大大超过正常的

尺度，夸张的形体一定不是工匠的盲目处理，而是出于某种目的的特意为之。双手持握之物很可能是宗教或祭祀活动中必不可少的器物，或许也是关键的"通神"之物。硕大的双手一则是为了更牢固地持握重要"法器"，也从另一个角度说明"法器"联通持握的双手超出了一般性的尺寸，是具有"神异"性的比例标准。我们看整个雕塑，身体躯干是最为简单的直立长筒形，僵硬且不合比例，但也从另一个角度说明，人的特征在整个雕像中并不是重要的参考因素，这从雕塑与底座的关系上也能反映出来。底座约占整个像高的三分之一多，呈现出实体与镂空的变化，怪兽头的空间形体变化在视觉的吸引力上仅次于头与手，可见"神"的尺度是贯穿于整体的。

与之相呼应的还有同时出土的高达 3.9 米的青铜树，是目前已知商周时期最高的单件青铜器。巨型人面像、立人像和神树构成了古蜀先民祭祀活动的宏大场面。以神为尺度建造的器物在视觉上给人以强烈的冲击力，也在人们的内心建立起超越现实的心理尺度。

四、以数量为体量的曾侯乙墓编钟

数量与规模是构成庞大体量的有效方式，而庞大体量是制造宏伟视觉景观的必要条件。不管是古代石窟内层层叠叠的"千佛像"，还是当代雕塑如安东尼·葛姆雷（Antony Gormley）的早期作品《亚洲土地》（图 2.12）用 120 吨粘土雕塑的 19.2 万个小泥人，都给人一种精神上的极大震撼。成千上万的佛像是为了营造一个具有宗教感召力的佛国世界，而葛姆雷的小泥人则是制造无穷尽的感官刺激。中国古代器物并不会以千万计的罗列方式呈现在人们面前，除了在生产的作坊中能有此景，在真实的生活中器物的数量与规模往往受到器物主人身份和礼制的限制。但在某一类器物中，一定数量形成的规模也会产生极为壮观的视觉景象。曾侯乙墓出土的编钟（图 2.13）就是其中较为典型的例子。

曾侯乙墓出土了大量造型奇特、纹饰华丽的器物，除了雕饰繁密的铜鉴缶、曾侯尊盘和造型生动的鸳鸯形漆盒，最让人叹为观止的是整套的编钟。曾侯乙

图 2.12 亚洲土地，安东尼·葛姆雷，1991 年，红土

编钟是战国早期的一套大型礼乐重器，不仅是序列完整的编钟，其钟架和各个零部件也都有青铜雕塑，与各类器物形成一个体量庞大的整体。

整个编钟钟架长 748 厘米，高 265 厘米，由多达 65 件单体乐钟，分甬钟、纽钟和镈上中下三层八组悬挂在呈曲尺形铜木结构的钟架上，总用铜量达到 4421.48 千克。最大的钟高有 152.3 厘米，重 203.6 千克。钟体和构件使得钟架负重高达 2755.9 千克。钟架为铜木结构，由长、短两堵立面呈 L 型垂直相交，两端和中间交接处，上下均有两个佩剑武士形铜柱。铜人柱由人形柱身、蟠龙纹饰的半球形底座以及铜人头顶的圆垫圈三部分组成。横梁为长条木方，两端有浮雕或透雕的龙、鸟、花瓣形的青铜纹饰。最下层横梁上分布着 9 对头朝下的爬虎，既构成了横梁的装饰，也是对横梁的锁固。三层结构，秩序井然，钟甬分布饱满，中层和下层的钟倾斜角度相反，便于击打，视觉层次也更强。

编钟的数量与规模都可谓是体量宏大，而整个器物的各个部件也不只是一种功能性的结构，而是各有其形。铜人柱、满是浮雕的架座、爬虎，以及钟上的龙纹雕饰，都构成了一个视觉的恢弘景观。编钟不仅是我国音乐高水平的体现，也是古代雕塑高水平的体现。《考工记·梓人》篇就有关于动物雕刻与器物关系的记载。"筍虡"即是编钟的支架，横梁叫做"筍"，立柱支架叫做"虡"。我们在曾侯乙编钟上看到的装饰，在文献中都有相关的一些记载："宗庙之事，

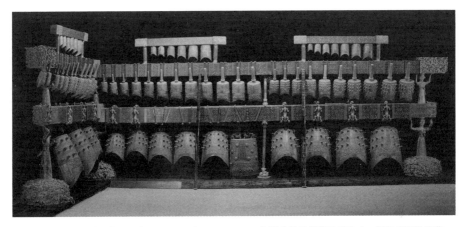

图 2.13 曾侯乙编钟，战国，长 1079cm，高 273cm，1978 年湖北随县曾侯乙墓出土，湖北省博物馆藏

'脂者''膏者'以为牲；'赢者''羽者''鳞者'以为笋虡。"[12] 大意是说天子诸侯的宗庙祭祀，"脂者""膏者"用作牺牲，不宜用作笋虡上的装饰题材。"赢者""羽者""鳞者"三类则适于笋虡上的装饰。"赢者"指浅毛的猛兽，虎、豹声音洪亮雄强之类，"羽者"是声音清脆而嘹亮的鸟类，"鳞者"则是龙蛇之属。并强调雕塑这些动物要"深其爪、出其目"。[13] 这些动物出现在笋虡上，与编钟共同形成一种形与音的共鸣与呼应。古代的匠人在制作这一组器物时，如果说编钟的数量是考虑整体的音色、音律和音阶的完整和丰富，那笋虡各个组件和配件的装饰和雕刻则是增加整体的体量感和视觉上的艺术表现力。

编钟的数量规模，是将钟与钟架的各个部分作为一个整体来考虑，笋虡上的各种猛兽动物，与钟鼓之声虚实呼应，更显其体量的宏大。数量增加形成整体体量的扩大，是物理上的增加，而众多形体的组织和布局，能使增加的体量更为饱满和突出。

12 《考工记》，闻人军译注，上海古籍出版社，2021 年，第 107 页。

13 刘敦愿：《美术考古与古代文明》，人民美术出版社，2007 年，第 213 页。

第二节　体积与容量

　　除了比例与尺度，块面与形体转折更是塑造雕塑体积的重要因素。雕塑中的形不是轮廓线的形，而是体积的形，因此形与体总是连在一起来说，形体关系可以说是雕塑最基本的内容。形体和光线构成了明暗变化，明暗的交叉也就反映出面的空间转向，最终形成立体感。如罗丹所说："在雕塑和建筑中，惟一有价值的是表现生命；而立体感是表现生命的惟一途径。一座美丽的雕像，一座制作精美的纪念碑，就像有生命的事物一样生存着，其生命不可以时日计。仅仅是由于运用面的明暗配合，运用亮部和暗部的处理，就赋予岩石多么美丽的特征，其色彩的魅力就如生动的大自然，如妇女的肤色一样迷人。正像人的美丽的肤色显示其健康一样，造型艺术中的色彩也显露出各个面的美质。"[1]罗丹肯定了立体感所具有的价值，更强调了如何利用面的光影变化表达体积的特征。

　　雕塑家眼中的一切都是形体，山、树、石头、动物，甚至是水、火、光都有一种实体的体积。这既是雕塑的缺点也是雕塑最重要的特点。平面的绘画，可以画出云气的飘渺，可以画出流水的灵动，但雕塑只能用实体的体积来塑造。我们看到福胜寺南海观世音菩萨像（图2.14），脚下的祥云是一团团、一卷卷，如棉花或是面包一样的团块体积，背后的层层波涛是叠压穿插的形体体块。可以说这种体积的塑造虽然少了几分腾空和渡海的轻盈，却多了几分安定与稳重。在当代雕塑家中，有人直接用倾斜圆锥的大理石石柱塑造一束光，也有人用实

1　朱迪丝·克莱代尔编著：《罗丹笔记》，迟轲、胡震、陈儒斌译，四川文艺出版社，2004年，第160页。

图 2.14 南海观世音菩萨，明，福胜寺弥陀殿，山西新绛

体的体积去表示影这个虚无的东西。雕塑家正是发现了实体体积与空无的光影之间的矛盾冲突，察觉到了其中的艺术张力才创造了那样的作品。

雕塑体积的饱满，体现了一种体量的充实与扩张，是能量积聚到一起，向外膨胀的力量。当然也并不是一味追求体积饱满的雕塑，就是好的作品，有一些雕塑形体的凹陷和缺失同样能表现一种坚实感。形体的实在感是以体积的结实度为基础的。塑造一个结实的体积，需要把它复杂的体面关系有意识地强化出来。雕塑中的高点是体积膨胀的凸点，是尤其需要夯实的，而低点看上去是表面凹陷的地方，是一种体积的缺失，实际上它也可以理解为内部形体的高点，同样需要塑造结实。从某种意义上来说，雕塑没有凹陷、坍塌的体积，好的雕塑不管是膨胀的外形还是内缩的外形都能表现一种结实的形体状态。

　　形体关系在中国古代器物中经常表现为器型与仿生形象的有机结合。抽象的器物造型和具象的动物造型结合在一起的这种造型传统历史久远，新石器时代的彩陶，就有各种把器型和鸟兽形体巧妙结合的鸟形壶、兽形鬶等。器型与仿生形的形体结合直接影响着器物的体量感。结合得自然巧妙的器物体量关系更均衡，而结合得生硬的器物体量感也往往偏弱。

　　体积是指物所占据的空间大小，体量则是占据空间实体的量感，包括体积感和重量感。两个体积完全一样的木头和木箱，给人的体量感是完全不一样的，两个体积一样的箱子材质不一样，木箱和纸箱给人的体量感也不一样。有雕塑家把实体的木头雕成木箱的结构，让人从视觉上看是一个内部空无的箱子，从而产生视觉与触觉上的冲突感，也有雕塑家把石头的内部掏空，同样利用视觉感受与实际体量的矛盾制造冲突感。物理学意义的体量不等同于心理感知上的体量，雕塑更多的是关注形体体积在心理上的量感。

　　器物的体积不只是所占空间的大小，很多容器的体积是与它的容量相关的。容量是容器造型最基本的参数，是器物实用功能得以实现的保障。在三代，器物容量的大小与一定的礼仪制度和器物型制关系密切。《礼记·礼器注》："爵一升，觚二升，觯三升，角四升，散五升。"[2] 不同的容量不仅是体量的差别也是器形的差别。容量与体量也不仅是内外的一种关系，更是一种功能性与非功能性目的的制约与平衡，体积承载了器物的象征与审美，而容积则承载了器物的实用与功能。

一、太保鸟形卣与端砚的面与体

　　雕塑体积感的表达需要一定的手段和方法，块面就是形体塑造和表达的一种方式。我们在学习素描的时候，有一个阶段是画石膏分面像，把石膏像自然的形体采取几何分块的方式，让初学者可以清晰地看到形体明确的转折变化，

2　《四书五经·礼记·礼器》，中国书店，1985年，第134页。

从而能较为容易地掌握形体体积的塑造和表现。可以说体面转折关系是认识和表现雕塑的关键所在。罗丹雕塑的很大成就之一就是对"面"的探求与发现，"这个'面'是由光与物的无数接触组成的。每次接触与别的不同，每次都有其特殊状态。……这就是'面'，那界限分明、色调万变的广大的'面'，无论什么都应该由它造成。自那一刻起，这'面'遂成为他的艺术——那使他劳瘁，使他吃苦，使他废寝忘食的艺术——的唯一资料了。"[3] 从这段话中可以看出体面转折关系是认识和表现雕塑的关键所在。

早期人类在对三维立体对象进行雕刻时，需要在物质材料的平面上进行素描的绘制，而六个平面组成的方体结构，最易于雕刻，古代埃及人就是依靠这样的雕刻方法雕刻人像的。埃及人先把石块处理成四方柱形，再把要雕刻的人物画在方柱的五个面上，正面、背面、两侧面和顶面，然后切除所画人之物之外多余的石料，再从正面和侧面慢慢朝石头里面切，直至正面、侧面、背面的形体自然连接上，人物的形象也就如从石块中走出来一般。这种方法看似笨拙，但无疑是雕塑最早期发展阶段找到的最为有效的法则。阿恩海姆从心理学的角度作出了分析与解释："第一，意在把圆柱体的复杂性简化为立方体的简单的垂直性；第二，意在把复杂的连续的整体转化成为由相对独立的单位结合成的整体；第三，意在把众多不同的方面削减到仅剩四个易于为知觉把握的简单的方面——互相对称的前后面和左右侧面；第四，运用这样的方法，雕塑家就可以在任意一个特定的时刻，集中创作某些相对来说较为封闭的构图单位，对这一单位进行观察时，他就不用改变自己的观察点。……这样完成的塑像，他的四个方面都能各自保持自己的独立性。"[4] 这同样也是中国早期玉雕石刻中常用的手段。比如很多玉虎、玉猪、玉龙基本上都是在方形体上雕凿出头部的造型，两个侧面腿都蜷缩在一个整体平面上，用线刻和浅浮雕的方式表现出形体的关系。

3　[奥]里尔克：《罗丹论》，梁宗岱译，广西师范大学出版社，2002年，第15页。

4　[美]鲁道夫·阿恩海姆：《艺术与视知觉》，滕守尧主编，滕守尧、朱疆源译，四川人民出版社，1998年，第288页。

图 2.15　孙仲乔造石羊，东汉，长 100cm，高 99cm，故宫　图 2.16　太保鸟形卣，西周，长 30.5cm，
博物院藏　高 39cm，曲村晋文化遗址晋侯墓
地出土，山西省博物院藏

　　这种方块形体的造型方式原本是一种可以更准确把握形体的有效方式，尤其是在石雕的制作中，我们可以从东汉的孙仲乔造石羊（图 2.15）看到玉雕发展而来的造型经验。石羊的两个侧面都保留了方块的平面，腿部蜷缩完全是浮雕的形式，背部和前胸则是呈三角的屋脊形，头部同样可以归纳为几个面，每一个面都用了浮雕的手法。一方面雕塑的大块面简化了很多细节，显得更为浑厚，另一方面，浮雕的处理使得形体被挤压后更有力量感。这种造型经验在青铜器中也有所体现。西周早期的太保鸟形卣（图 2.16）是一件自然有机形和方体几何形以及器物形制融合一体的青铜器。鸟形卣的上半部分，基本上是圆雕的方式表现出鸟的形象，大喙、眼、头羽略显夸张，但造型特点鲜明突出，身体由圆形转变成方形，可以很清楚地看到翅膀和脚都处在一个侧平面之内，足爪也是以四方的形体来表现，方体形也使得器物更为稳定。从整个器物上看，制作者对形体有着非常敏锐的认识和掌控力，鸟首像鸡，长喙又结合了鹰勾造型，羽冠垂于后背，腭下有一对肉垂，紧贴颈胸，恰到好处地过渡了正面和侧面的转折。上半部分形象典雅大方，较为写实，下半部分则概括古朴，颇为抽象。

图 2.17　裴尊生临洛神赋端砚，清，
　　　　　长 16cm，宽 10cm，天津
　　　　　市博物馆藏

图 2.18　赤壁赋端砚，清，长 14cm，宽 11cm，天津市博物馆藏

在一个器物上，综合了各种表现形式，形体方圆有度，体面自然顺畅，不能不说这是一件非常具有雕塑体量感的青铜器物。

　　青铜器中，方形的器物通常比圆形的器物制作难度大，因此也显得更为尊贵。但方形的器物体面关系相比于方中带圆的器物就略显僵直简单，圆球形的器物也可能缺乏转折明确的块面而显得臃肿，因而，在一些器物中会有效地利用这种方圆相济的体面语言，来增加器物的体量感和表现力。就比如这件清代的裴尊生临洛神赋端砚（图 2.17），长方体的造型并无多大特点，但看背后的体面关系就会发现其妙处，整个砚台没有一根僵硬的线条，体面的转折圆润但不圆滑。左上角去掉一个角，左下角也略有凹陷，对应的右边也缺失了一角，不过形状更为细长，在右侧下端出现了一个明显有转折的豁口，让整个形体看上去非常有节奏感。平面的文字隽秀细腻，边缘的形体转折大气开阔。这种边角的缺失，很有可能是制砚师在打磨砚台时刻意保留的砚石自然形态，使其更有自然古拙之趣。在另一方赤壁赋端砚（图 2.18）中，可以看到这种造型的方式是制砚师的有意为之。砚台基本是长方体形，更多保留了砚石的自然形态。砚正面围绕砚池一圈有着非常细腻的雕刻，而在砚台图片显示的近角有一处明显的缺失，这一小斜面的出现，不仅打破了原砚表面的单一空间和四周雕刻的工整与呆板，而且也增强了整个器物的体量感。

处理面与面的衔接与转折关系是雕刻和塑造形体的重要手段。器物要达到更有表现力的形体关系，自然也就会灵活运用这样的造型语言。

二、西汉蟠龙纹玉佩的线与体

用线造型是早期人类壁画中的普遍形式，雕塑虽然天然具有立体性质，但也离不开线的造型表现。事实上，艺术作品中的线条都是在一定主观意识下对现实物象的一种提炼。线是形体的一种特殊视觉形式，具有鲜明的概括性和强烈的表现力。"从客体到对象，再从对象到图像，线条无疑是起了一种推波助澜、逐级强化的作用，从而一些难以言喻的内心感受如诚实、正直、优越等，往往可能直接在直而挺拔的线形中使人产生十分自然而又恰切的联想……一般而言，一条多次突然转弯抹角或者改变方向的线条，往往就是一条精力充沛和令人兴奋的线条，原因在于这种线条要求视知觉保持一种经常的、不断转移的甚至费力的注意力。相反，一条直线由于只要简单而没有变化的注意力，就往往是恬静和单调的。曲线由于其变化是缓慢而又连绵的，它就既能刺激人的注意力，又不分散注意，因而具有使人感到亲切和愉快的品格。"[5]线形以最简洁的方式给人以不同的心理感受，引发差异性的形象联想和不同的审美体验。

相比于深度的、立体的审美体验，中国人对单纯的线条审美能力显然更为突出。中国文字的书写方式和毛笔的运笔规律都让我们的祖先对线条的表现力谙熟于心，书法、绘画、雕刻、器物等一切造型领域都具有了这样一种线形的造型意识和经验，因此成为了我们民族艺术的重要基因。

如果说面是体的构成形式，是体积表达的基础，那线则是面的基础。雕塑强调体积，强调所有看到的"线"都是体积的，但人的视觉更习惯于把立体的对象简化成平面的图形去理解，所有立体的物体也就都具有线的知觉形式。从中国古代玉雕的造型表现中，我们可以很清楚地看到线与体的复杂关系。

5　丁宁：《美术心理学》，黑龙江美术出版社，2011年，第123页。

图 2.19　蟠龙纹佩，西汉，长 3.9cm，高 5cm，徐州北洞山西汉楚王墓出土，徐
　　　　州博物馆藏

　　这件出土于徐州北洞山西汉楚王墓的蟠龙纹玉佩（图 2.19），充分体现了治玉者对线体的理解与掌握。玉佩很小，长仅 5 厘米，高 3.9 厘米，表面因受沁颜色呈鸡骨白，有黄白色的包浆。整体呈鸡心形，应是从射箭时钩弦用的韘演化而来。这件玉佩的线体造型非常有特点，与大多数片状的玉佩两面做平面的雕饰不同，此玉佩雕刻了一只螭虎从中心的孔眼中穿过，张口瞠目，扭转身体，探出身体。六只翻转腾挪，形态各异的小螭虎分布在玉佩两面，穿插缠绕，把平面的空间向深度空间延伸。首先，每一只螭虎都是一个线体，为了打破线形的平面单薄感，螭虎的身体通过镂空的孔洞和前后的叠压穿插，造成形体的复杂性和厚重感。尤其是侧边探出身体的螭虎是完整的圆雕形式，让流畅的线形有了厚实的体积感。其次，螭虎身上的形体刻画，每一根线条都不是浮于表面的装饰线，而是与形体转折相关的结构线，甚至是大螭虎的尾部，线条的旋转带来了更丰富的光影变化，使得形体的动感和韵律感更为强烈。再次，是轮廓的线条与造型结构的线条变化。轮廓线的曲线围绕着中心旋转，器物一侧较为柔顺平整，一侧则有顿挫的节奏变化。线在这件器物上显然不是装饰的表现

方式，而是形体的塑造语言。

这件器物几乎让线形的表现力发挥到了极致。就像威廉·荷加斯所说的："蛇形线灵活生动，同时朝着不同的方向旋绕，能使眼睛得到满足，引导眼睛追逐其无限的多样性。"[6]我们用"蛇形线"的视角再来分析一下这件小玉佩，弯曲和扭转构成了优雅动人的形体美感。大螭虎的身体如果仅有弯曲还不能足够体现它的体积感，而像羊角一样的旋转，才让它更有吸引力，我们能在它的脖颈处清楚地看到它旋转扭曲的"肌肉"线，可见它充满魅力的造型是造物者精心谋划的结果。此外，腿和身体的挤压，线形相互间的叠压和穿插，结构线的形体起伏都增强了它的形体力度，使人一眼就能感受到它的形体厚度，与那些镂刻线条极为流畅的玉饰牌截然不同。

中国人对线有着极强的敏感度，绘画中的"十八描"就是对线条的表现力的一种总结和归纳。在器物的制作上，同样也有对线形的提炼和概括，比如明式家具的造型，就充分发挥了线条的艺术表现力。王世襄在《明式家具研究》一书中冠以"线"的名词术语就有十多条，如"灯草线""瓜棱线""皮条线""委角线"等，在家具的各个结构部位都非常讲求线形力度与韵律。[7]明式家具的美有很多因素，但线形的挺拔和优美，微妙与简洁一定是非常重要的内容。明式家具的稳重和典雅，是因为所有的线同结构、体积融合在了一起，没有琐碎的细节和不明晰的结构，也没有过于华丽和过于繁复的线形构饰，一切的线都成为了兼具功能和审美的"体"。

从雕刻自身的特性来说，雕刻的线条离不开物质材料和工具的碰撞。原始玉器上的神人兽面纹，在线条的滞涩和顺滑之间，可以明显感受到手与坚硬石头的对抗与不适。"'手的震颤'与'线的走向'之间的斗争关系，使得线条本身就是材料与人之间搏杀的结果。"[8]可以说雕刻在石头上的线条，是手对物

6　[英]威廉·荷加斯：《美的分析》，杨成寅译，佟景韩校，广西师范大学出版社，2005年，第35页。

7　王世襄：《明式家具研究》，生活·读书·新知三联书店，2007年，第261页。

8　隋建国、吕品昌：《雕塑之道——2017国际雕塑研讨会精选论文集》，中国民族摄影艺术出版社，2018年，第69页。

质材料结构的破坏与重组，也是物质对人意志的对抗与塑造。我们在线性的形体中感受到的力量与韵律，是对我们在自然界中无数次感受到的风和水所"雕刻"出的线条的一种回应，也是手与自然物质相互挤压和妥协的动态显形。

三、玉雕牛与陶鬲的形体挤压与膨胀

制造形体的挤压，能使形体具有膨胀感。雕塑的形体不能像是充气的气球，那种鼓胀只能让雕塑的形体更镶。好的雕塑会把形体进行归纳，过于凸起的形体会被挤压到相对整体的空间中，而过于凹陷的形体也会处理得比实际的凹陷平整，像是把高的形体挤压填充起了低的点。形体的外在挤压让雕塑内部也产生了一种对抗，从而在挤压的表面积聚了力量。从米开朗基罗的雕塑《被俘的奴隶》可以看到，转向一侧的头，被捆缚于后背的手臂与脖子、前胸都被挤压到了一个形体空间中，同时这种挤压是在头、颈、肩关系强烈扭转中完成的，看上去身体紧缩，但扭转的身躯，凝聚着巨大的力量。为了突出奴隶的奋起反抗精神，米开朗基罗将奴隶的身体捆缚起来，不过捆缚的绳索在雕塑上更像是一种装饰，雕塑肢体的扭转和肌肉的紧绷，并不是那道细绳造就的，而是雕塑家为了追求形体的力量有意的压缩处理。雕塑家对形体总是保持一种敏感，不管是挤压还是膨胀都是其彰显形体表现力的手段。比如哥伦比亚著名的艺术家费尔南多·博特罗（Fernando Botero）的雕塑，身体关节都被健硕的身体挤压，五官、手脚，甚至女性的乳房都显得小巧，圆鼓的形体结合大的方直块面转折，使膨胀夸张的身体有着如同山石一般的稳定与厚实。

挤压感是让形体空间得到一定的压缩，同时也是给形体施加外在的压力。这件汉代的玉牛（图2.20），身体和腿的空间被挤压得很小，头扭转向后，几乎低到腹部以下，右前腿和左后腿呈三角支撑之状，给自上而下的压力以强烈的对抗。从底面来看，头和身体及四肢呈剧烈的螺旋转动之势。腹部与腿紧贴地面，与平直略有隆起的后背形成上下两个水平面的挤压态势。从顶面看，玉牛的身体和转向后尾的头形成了一个方体的结构。不只是上下水平面的挤压，

图 2.20　玉牛，汉，长 12.4cm，宽 8.2cm，高 4.7cm，上海震旦博物馆藏

图 2.21a（左）玉牛（俯视），图 2.21b（右）玉牛（后视）

前后的形体挤压同样显而易见，脖颈与身体呈直角转折，头与脖颈又呈直角转折，上下、前后的挤压使得玉牛形体虽小，但量感十足。再来看牛的头部，耳朵、牛角都被挤压到紧贴牛头的空间中，牛尾巴也紧贴牛后臀，形成了一个统一的浮雕层次。虽然这种处理更多是为了降低雕刻的工作量，将凸起于表面的形体尽量归纳到一个相对平整的平面内，有助于提高雕刻的效率。但也不排除玉雕制作者意识到这种形体的挤压能更好地体现雕塑的形体力量。

　　挤压与膨胀的关系，在制作陶器的匠人们的实践中，是很容易就能感受

图 2.22　鬲，小河沿文化，高 13cm，口径 8.5cm，内 图 2.23　单耳脚形器，齐家文化，高 8cm，长
　　　　蒙古赤峰市翁牛特旗采集 　　　　11cm，宽 5cm，口径 4.8cm，甘肃省广河
　　　　　　　　　　　　　　　　　　　　　　　　　　　县采集

到的。一团泥，挤压下去，必然在它按压的周围膨胀开来。膨胀感一方面与人
们的生活经验相关，对食物的包裹和水的盛接都会产生膨胀鼓满的视觉感受。
另一方面与身体的体验相关，比如孕育生命的过程，鼓胀的乳房对生命的哺育
会有一种膨胀的形体更具有生命力的心理暗示。这件属于小河沿文化的鬲（图
2.22）就是一件有着强烈的形体膨胀感的象生器。红陶泥质细腻，敞口、束颈，
鼓腹与袋足连为一体，显得更为浑厚圆滚。三袋足模仿成熟的乳房，圆润饱满，
袋足间内凹处置扁弧形突錾，半隐在整体的鼓腹之内。整体打磨得光滑紧致，
有一种身体肌肤般的触感。这种形体的膨胀感在其他的陶器中也不少见，比如
这一类的彩陶脚形器（图 2.23），像极了内部充气的脚形气球或者是装满水的
脚形塑料水袋，鼓胀的感觉显得厚实而可爱。

　　处理形体的挤压感和膨胀感，能充分体现雕塑家对形体体量语言的掌握和
控制。器物的制造，同样需要匠人对器物形体有充分的掌控能力。类似于玉雕
牛和陶鬲的器物案例还有很多，我们从中也不难发现，中国古代器物的形体体
量语言具有一定的传承和积淀。

四、木雕香筒与摇钱树的虚拟体量

雕塑的体量在现代主义发展过程中，一度失去了它的审美价值。加博正是运用容积的求积法，制造了一系列消解体积的雕塑，他的《构成头像》（图2.24）用内部"十字"支撑的构成方式把雕塑的实体形象转变成仅有轮廓形和虚拟体量。这种实体的虚拟感在他后来的以透明塑料制作的作品中体现得更为极致（图2.25）。不仅"求积法"被贯彻，原本的平面板材因为透明也变得更为空无。实体体量的逐步瓦解，体量感的虚拟与虚无给视觉带来了更多的变化。

实体感是雕塑非常重要的属性，也是早期人类在自然界中获得的直接经验。石头和木头的工具都因其实体性而有了更为结实稳固的形体感。雕塑的实体性自然也是创造厚重结实体量的重要因素之一。但随着陶器和青铜器的不断发展，内部空心的器物和雕塑，因其外在造型的鼓胀特点依旧可以制造较为强烈的体量感。实体的厚重有时候也与使用的便捷相冲突，为了使复杂的造型同实用性达到一定的契合，逐渐出现了把实体内部掏空的器物，甚至出现了实体掏空后，表面也一再镂空的造型表现形式，进一步把这种实体体量虚拟化。因为这种实体的缺失暗含了更多的劳动时间，也就造就了一些追求极致的器物。比如玉雕和牙雕的套球，就是通过破坏材料的内在实体感，制造了让人匪夷所思的艺术效果。

镂空作为一种表现技巧，在传统的雕塑工艺中广泛应用，在前一章"孔洞与虚空"一节中也有涉及这种工艺的表现。这里着重讨论的是实体化消解后的虚空与体量感的变化关系。体量不仅与实体感有关也与形体体面的复杂变化有关，甚至与整体的器形都关系紧密。我们来看这件清代的金漆木雕老鼠托葡萄纹香筒（图2.26），整体的棒状形很符合雕塑的形体感，螺旋盘绕的葡萄纹和圆柱体结构让人联想到盘绕浮雕的罗马立柱，充满了空间延展性。正是这种形体的连续和盘旋结构，使得圆柱形体在任何角度都没有分裂的形体缺失，尽管它有很多镂空的层次，也没有影响它成为一个饱满连续的柱状雕塑体。表面的雕刻也并不是一种简单的浮雕和镂空的造型处理，而是充分利用了葡萄叶、藤

 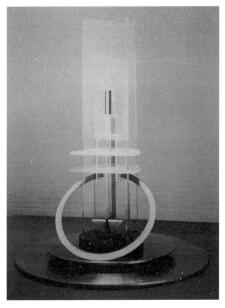

图 2.24　构成头像，瑙姆·加博，1915 年，高 54cm，
　　　　德国圣德尔博物馆藏

图 2.25　圆柱，瑙姆·加博，1923 年，高 41.5cm，
　　　　美国所罗门·R. 古根海姆美术馆藏

和果等形体自身点线面的关系，制造了丰富的视觉层次感。葡萄果实沉甸甸的压枝感和一簇一簇的组织关系都有利于这种体量感的增强。而内部掏空无疑是作为香筒这一器物实际功能的需要使然，但掏空实体本身即是对实体体量的一种身体感知过程。由于内部的掏空，表面的形体也得以多了几个表现维度，从一个方向上看到的形体和镂空处看到的背面形体，以及背面形体与正面形体的层次等，让这个香筒内部体量的缺失反倒增添了艺术的表现力。比如顶部的老鼠拖拽葡萄形象已然是一种有挤压感的圆雕方式。这样的内部掏空结构，不管它如何巧妙地处理形体关系，尽可能弥补掏空的体量缺失感，都不可能让人忘记这种实体性的虚拟存在。也正是这种虚拟的维度使得掏空内部付出的劳动时间成本成为了观者心理上的体量。

　　中心"十字"的平面构成方式，实际是照顾了正面和侧面最大轮廓的剪影形，在一定角度上看似乎依然占据了一个与实体外延接近的空间。当然这种虚拟体量在某种程度上也是以最小的实体制造尽可能多的体量错觉。东汉时期的多枝

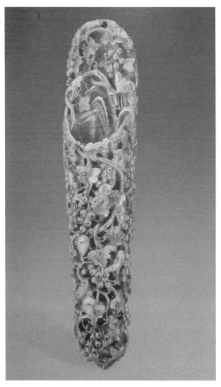

图 2.26　金漆木雕老鼠托葡萄纹香筒，清，高　　图 2.27　陶座铜摇钱树，东汉，高 144cm，1972 年
　　　　30.5cm，宽 6.7cm，广东省博物馆藏　　　　　　　　四川眉山市彭山县崖墓出土，四川省博物
　　　　　　　　　　　　　　　　　　　　　　　　　　　　馆藏

灯、摇钱树多是以这种结构方式制造的。摇钱树在构造上通常由铜铸造的树身
和陶或石制的树座组成。树座体量敦实像山形，雕塑有虎、羊、辟邪等兽。树
身分为树枝和树叶部分，分四个方向错开，上下多层，每一层的叶面上都镂刻
了方孔铜钱或神话人物。树叶基本上是以图案化的平面通过交叉方式构建一个
树形结构。表现植物的雕塑要远少于人物和动物，重要原因是由于树的枝叶空
间复杂，不适宜雕塑的表现，即便是现代，表现树木的雕塑也不多见。而摇钱
树的表现则是另辟蹊径，既没有做成没有树叶的树枝形，像多枝灯那样的，也
没有像表现云和水那样的用实体体积去塑造树的整体造型，而是采用了一种中
心结构平面交错，制造虚拟体量的办法，让树的感觉既轻盈灵动又形象。比如
1972 年四川眉山市彭山县江口汉崖墓出土的这件摇钱树（图 2.27），高度到 1.44

米，由陶座和铜树两部分组成。陶座为昂首卧伏的狮兽圆雕，敦实憨厚。树干呈直竿形，分铸五节，每节四面有孔，便于插接树叶。树叶上下共有六层，树梢顶部饰朱雀，雀前人首蛇身之人，双手托举一轮满月；其下五层树枝与树叶合为一体，上四层皆为相同的图案。每一枝杈都有上下两部分，上部正中是西王母及护龛乘鹿人、青鸟、玉兔等，下部饰有相视而立的牛郎织女等图样。最下层除西王母外，还有舞蹈、杂技之类的人物形象。如此瑰丽的器物，通过错方向插接组合的方式，使得从不同的角度看上去，树的体量基本保持在整体关系中，单薄的叶片因为镂空的处理，使得前后的形在视觉上得以贯穿，增加了树的层次和形体变化。就像加博通过透明的材料，心形的结构，使得原本的实体感变得虚幻，摇钱树通过树干中心"十字"构成的树叶分布和镂空的叶片，一方面让树的整个外形保留了一个虚拟体量的轮廓，另一方面让它尽可能呈现叶片上的图案内容，显得清晰透明。

两件截然不同的器物，一件通过掏空内部的实体，减少了实体体量，但通过雕塑的造型使得器物的体量感并没有削减，也即是虚拟的体量同样能给人一种实体充盈的体量感。另一件器物，通过类似现代主义雕塑的"求积法"，制造了虚拟的体量，同时给人以透明的视觉错觉。

五、鸭形尊与蛙形水盂的器形与体形

就像雕塑的形是雕塑的体一样，器物的形也同样是它的体。三维立体的造型艺术，很难脱离体的概念去谈形。不过器物也有自身的一些形体特征与我们通常理解的人物或动物雕塑不太一样。器物的形总是有一个基本的型制，不同的器型有不同的功能，也有着不同的名称。同一类型的器物，器型与器体也有一定的差异。甚至表现同一主题内容的器物，由于造型上的差别，形体的体量感可以说也是迥异的。

比较一下三件鸭形尊的器型和器体差异，可以很充分认识到同一器型、同一表现内容的器物，其造型与体量的差异，及给人审美感受上的差别。先不考

图 2.28　鸭形尊，春秋晚期至战国，长 30.8cm，　　图 2.29　鸳鸯尊，西周，　　图 2.30　鸭形尊，西周，
　　　　　宽 17cm，高 20.5cm，美国哈佛大学艺术　　　　　　　　高 22.2cm，口径 18.3cm，　　　　　　　高 44.6cm，　长
　　　　　博物馆藏　　　　　　　　　　　　　　　　　　　　　腹深 17cm，1982 年　　　　　　　　41.9cm，口 径
　　　　　　　　　　　　　　　　　　　　　　　　　　　　　9 月出土于镇江丹徒　　　　　　　　12.7cm，1955 年
　　　　　　　　　　　　　　　　　　　　　　　　　　　　　大港母子墩西周墓，　　　　　　　　出土于辽宁省
　　　　　　　　　　　　　　　　　　　　　　　　　　　　　镇江博物馆藏　　　　　　　　　　凌源市，中国
　　　国家博物馆藏

虑三件青铜器的实际尺寸，只是从形体关系上看就能说明这一问题。三件器物，
两件是西周的，一件藏于中国国家博物馆，一件藏于镇江博物馆。另一件是春
秋晚期至战国时期的，藏于美国哈佛大学艺术博物馆（图 2.28）。藏于镇江博
物馆的应该叫作鸳鸯尊（图 2.29），昂颈收颔平视，背有侈口，高出头部，几
乎与身体等量，通体丰腴，全身素面，没有花纹羽毛，造型写实生动。藏于国
博的鸭形尊（图 2.30），头颈僵直偏大，身体显得瘦小，尤其后背器口相比于
鸳鸯尊与身体几乎等量的侈口就小了很多，与头的高度落差也很大，倾倒酒水，
使用起来也不太方便。身体虽刻有羽毛纹饰，但整体依旧显得粗糙。藏于美国
的这件鸭形尊最为精美。与前两尊在身体后端有一柱形支撑不同，这件鸭形尊
的重心落在了双脚上，器身既没有鸳鸯尊的大侈口，也不像另一鸭尊的头身僵
直，器口几乎就贴合在器身，而没有破坏整个器物形象的完整性。器口有盖，
且用铜链与器身连接。相比于国博所藏的鸭尊高昂长脖与粗颈，这件鸭尊的脖
子较短，与后背器口的高度差也较小，在实际的使用过程中，倾倒腹中酒水也
就更为方便。鸳鸯尊与美国哈佛所藏的鸭形尊实际体量接近，由于鸳鸯尊过大
的器口，使得身体动态略显笨重。加之形象上多余的螺旋形柱支撑，整个器物
看上去不如哈佛藏鸭形尊协调。素面的鸳鸯尊一方面让形体更简练，一方面又

图 2.31 青釉褐彩蛙形罐，东晋，长 19cm，高 16cm，上海博物馆藏

图 2.32 青釉蛙形水盂，西晋，高 3.85cm，长 7.8cm，内口径 3.5cm，上海博物馆藏

略显抽象，身体像是鼓起来的气球。美藏鸭形尊，周身有雕刻精致的羽毛纹饰，身体微倾，头略前探，嘴微张，尤其是双脚的处理，并没有完全做的如真实的鸭蹼那么扁平，而是像隆起的吸盘，稳定而厚实。这件鸭形尊不管是动态上还是整体的体量关系上都较另外两件完美。三件鸭形尊仿生形和器型的结合关系差异显著，国博藏的鸭形尊，器型与动物形体结合较为生硬，体量感也最弱；鸳鸯尊体量感较足，但动物形体和器型的结合多少显得突兀；哈佛所藏的鸭形尊，器型与动物形体结合得浑然天成。

　　器型和动物形体的结合不仅需要形体关系的适宜，也需要器用关系的得当。一件东晋的青釉褐彩蛙形罐（图 2.31）与一件西晋的青釉蛙形水盂（图 2.32），两件器物年代较为接近，制作工艺也接近，也都是青蛙形，但器型并不一样，一件是罐一件是盂。青釉罐罐口很大，只略小于罐身，罐身塑有青蛙的头部和四肢，看上去像是一只身体肥硕的青蛙背上驮了一个桶。制造者是把整个器身当作一只青蛙，头和四肢都放在罐身适中的位置，过于肥大的身体，反倒让青蛙的形变得不自然。相比之下蛙形水盂就自然得多，头抬起高于器身，双眼看向上方，四肢蜷缩呈跳跃状。蛙形大小与器型吻合，凸起于器表的浮雕四肢也很好地起到了手抓握器物的抓手作用。水盂盛水与蛙在水中的感觉也很契合，蛙的饱满与水的充盈以及水从蛙嘴里流出的功能都显得恰如其分。两件器物同样的造型理念，动物形体与器物的型体同样的结合方式，但由于器型本身的差异，陶罐的体量感过大，与蛙的小巧并不那么吻合，罐体的口脖与蛙自身的形体也不够兼容。而蛙形水盂因器型与蛙的形体接近，二者的结合也就更自然协调。

从这几件器物的形体来看，同一器型与同一动物造型由于形体关系的差别，器物整体的艺术感染力相差甚远。而同一形象也因为不同器型的差别呈现出完全不同的造型意趣。经验丰富且有创造力的匠人就是在器型基本固定，象生主题也一样的限制下，通过对形体语言的理解与应用，从而创造出具有突出审美价值的器物。

六、马厂陶瓷与彩漆龙凤纹盖豆的容量与体量

器物的容量大小很多时候也直接体现为体量大小。原始人类一开始制造陶器极有可能是在竹编或是藤编器物上敷上一层泥，所以藤编纹也是陶器的常见纹饰，陶容器的容量几乎也就是它的体量。陶器从盘泥条到轮制技术的发展，也逐渐形成了自己的造型特点，圆融鼓腹不仅让器物的容量增加，也使得器物的体量更为饱满。从马家窑陶器的发展谱系可以看出，到半山和马厂类型时，陶器的腹部圆鼓，达到了一个极限。

容量与体量的关系让人联想到"有容乃大"这一成语。自然界的很多果实都是圆熟蒂落，生命的孕育过程也同样是由扁平到圆鼓，结构主义大师克洛德·列维－斯特劳斯（ClaudeLevi-Strauss）在《嫉妒的制陶女》中指明，制陶伴随着一系列的祭奉和禁忌仪式，陶器的造型和彩绘旨在通神。[9]陶器的容量也是暗喻母亲和大地的万物之容，也象征着生命的形成。马家窑文化中的陶器，极力追求鼓腹的饱满度，不只是增加陶器的容量，潜意识中可能是对"有容乃大"

9　刘学堂：《彩陶与青铜的对话》，商务印书馆，2016年，第73页。

图 2.33 变体神人纹瓮,新石器时代,马家窑文 化马厂类型,高 41cm,腹径 42cm,甘 肃省博物馆藏

图 2.34 相对神人纹罐,新石器时代,马家窑文化马 厂类型,高 32cm,口径 11cm,腹径 29cm,甘 肃省博物馆藏

的神圣再生能力的一种歌颂和追求。马厂类型的彩陶,器口和器底都收得较小,器腹则溜圆,器体挺拔,腰腹上提,膀大腰圆鼓肩,几乎接近一个圆球体,再联系彩陶上的蛙纹,这种祈求生命的意愿在器型和图像上都得到心理满足。

虚空的容量让人很自然地联想到生命的孕育,在雕塑中也同样如此。罗莎琳·克劳斯在评论亨利·摩尔的雕塑时说:"容器形状与其承载物之间充满肉感的相互作用关系——外部体块轻轻抱着位于其中心的空洞,这好比是在维持自己生命的器官,而空洞的形状则成为整体形态的形成关键。"[10] 容量、空洞、体积组成的形体关系所引发的对身体与生命意识的联想,可以说是一种普遍的根植于人类文化基因中的共情模式。

也有一些器物,内部的容量和外在的形体体量没有那么直接的关系。很多器物在其发展过程中,由于使用功能逐渐减弱,观赏性功能不断增加,再加上统治权贵阶层出于夸耀财富的目的,故而其装饰越来越精美繁琐,体量也随着装饰的增加不断变大,比如这件曾侯乙墓出土的彩漆木雕龙凤纹盖豆(图2.35)。

10 [美]罗莎琳·克劳斯:《现代雕塑的变迁》,柯乔、吴彦译,中国民族摄影艺术出版社,2017年,第 145 页。

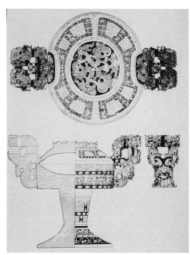

图 2.35　彩漆木雕龙凤纹盖豆，春秋晚期至战国，高　图 2.36　彩漆木雕龙凤纹盖豆绘图
24.3cm，口长径 20.8cm，1978 年湖北随县曾侯乙
墓出土，湖北省博物馆藏

图 2.37　青铜爵，夏，流、尾长 31.5cm，高 26.5cm，河南　图 2.38　荝祖辛爵，西周早期，流、尾长
偃师二里头出土，洛阳博物馆藏　9.6cm，高 11.2cm，陕西长安普
渡村出土，陕西历史博物馆藏

通常豆作为盛放食物的器皿，实际的容量只有器身顶盘的一部分，但为了跽坐之人取食方便，而增加了盘的支撑高度。这件漆豆，分为盖、身两个部分，盖为椭圆形隆起，中心有三条互相盘绕的浮雕龙以做抓手，器身盘较浅，胎较厚，从剖面图可以看到器盖和器身之间的高度只相当于整个器物的五分之一左右（图 2.36）。两个装饰繁密的方耳，雕刻盘曲的龙纹。器物非功能部分的精雕细琢，也说明在实际的生活场景中，作为观赏和财富象征的部分，是这件器物的真正核心所在，因而也占据了更大的体量。之所以在盖顶和耳部做更多的雕饰，而不在豆身的支撑部分，也是考虑观赏使用者从上而下的视线。当容器的体量与容量的关系不再紧密时，体量感越强其雕塑感也就越突出，其非实用性的特征也就越明显。

最后再来比较一下两个爵的容量与体量。河南偃师二里头出土的青铜爵（图 2.37）是早商时期的器物，有较长的"流"和与之对应的"尾"，爵身敞口束腰，三足纤细，这件器物的空间虽然打开的很大，但它的容量较小，体量也显得单薄。另一件西周早期的荆祖辛爵（图 2.38），形体端庄典雅，它的容量并没有太多的增加，但流变短变宽变厚，器腹没有收腰而是微微鼓胀，三足也变得宽厚，外撑，两个凸起的立柱也粗壮了很多，一侧的錾也有动物头饰，为了增加器物的体量感，器身到"流"和"尾"的部分做出了扉棱。爵的空间延展缩小了，容量增加也有限，但体量的增加是显著的。从这件爵的形体造型上看，制作者是有意识地通过各种造型手段强化了爵的敦实感。

容量与体量是容器的两个基本要素，同时也体现功能和审美的关系。器物从功能到审美的转化很多时候就是通过体量的增加，容量的减小而实现的。

第三节　形体与触感

　　雕塑在空间中的存在形式以及它的实体感，使得人类克服了对空间和时间的原始恐惧。为了克服对空间的恐惧感，"人要去了解在自身面前展开的空间，就不能只是凭借其视觉印象，还要用触觉去进一步核实"[1]。雕塑坚固而持久的体块，通常是通过触摸来确认的。触摸不仅是感受雕塑形体的方式，也是感受身体被雕塑触碰的方式，是一种基本的、具体的认知行为。在杭州的飞来峰石窟，卧佛的脚被游人抚摸得油光水滑，锃光瓦亮。"临时抱佛脚"的企盼让触摸变成具有了神迹感应的行为。触摸也让人跨越了时间的界限，几百年的信徒香客，对佛足的触摸，让人内心感到踏实。因为手放在被前人触摸得光滑的地方，也就感受到前人触摸到形体的那种安详，形体里似乎还残存着的无数信徒的余温。

　　对雕塑形体的触摸是同时对制作者和观赏者开放的。雕塑家通过手的反复锤砸、揉捏、触摸给物质材料赋形，使之成为具有某种形体感的物体，雕塑或者器物。使用者或是观赏者同样可以通过对雕塑或器物的触摸感受形体的魅力。形体的体积让制作者和观赏者或使用者得到了几乎等同的身体反馈。触感是一种笼统的说法，实际上手与物体的接触形式各式各样，而不同的接触形式也直接反映到雕塑之中。比如罗丹的雕塑，可以很清楚地感受到手在形体上的游走和挤压，那是手掌对材料表面的触摸和抚拭。而马蒂斯的雕塑则是一种实在的抓握，"他把雕塑看成一个器皿，就像一把茶壶，把雕塑做成一个实实在在有

1　［德］W. 沃林格：《抽象与移情》，王才勇译，辽宁人民出版社，1987年，第17页。

功能性的物体，感觉能把它提在手中"[2]。这种抓握的体积感，是表里如一的，因此这种触感是一种抓握或是攥握。而贾科梅蒂的雕塑给人的感觉是指尖去触碰材料，使得形体有一种无法把握的距离感，这种触感更接近于一种戳碰。不同的塑造方式也使得形体具有不同的表现力，而不同的形体表现力也给人以不同的触感经验。我们主动去触摸一件雕塑或是器物，同时也是去感受身体被器物触碰的感觉。

布朗库西认为雕塑必须摸起来舒服，处起来友好，而不仅仅只是做得好。如果说"做的好"是从视觉经验上说的，那"摸起来舒服""处起来友好"则是强调身体的经验。触感的舒服自然来自对雕塑形体的反复触摸，而处得友好则是把雕塑当作生活中的一件实体的物。因为这个物是实实在在出现在生活中，出现在可能的各种环境中，而不是像绘画一样只是忠实于墙面。雕塑作为一件客观存在物，实体的触感几乎决定了它在空间中的一切可能性。

赫尔德（Johann Gottfriedvon Herder）将雕塑看作是触觉的艺术。在他看来雕塑是通过三维形式，"这个形式渗入深处"，"创造的是真实或在场之物"。赫尔德认为雕塑"站在那里并持续下去，雕塑无法模仿阴影或是晨光，无法模仿闪电或雷电，河流或火焰，而是通过手之触摸可以把握之物"[3]。李格尔（Alois Riegl）也强调触觉给予事物本质的形式和确定性。"眼睛只感知各个面，而触觉才能把握单个物体的封闭的个体统一体。"[4]亨利·摩尔抚摸着他在野外捡到的动物遗骸中的一段腿骨，感受着形体的变化，感受着自然形体过渡的完美，感受到造物主的神奇。他认为自然界的一切对象都有其各自的形体，而各种独特的形是自然通过时间的"触摸"才赋予的。人对这种形体的触摸就是去感受造物的快感。雕塑家隋建国的《盲人肖像》系列作品也是抛开形象之物后通过手对泥的直接揉捏来体现手的触感和材料质感的关系。李秀勤更是将盲人的触

---

2 隋建国、吕品昌：《雕塑之道——2017 国际雕塑研讨会精选论文集》，中国民族摄影艺术出版社，2018 年，第 77 页。

3 高砚平：《赫尔德论雕塑：触觉、可触性与身体》，《文艺理论研究》2019 第 5 期，第 45 页。

4 阿洛瓦·李格尔：《罗马晚期的工艺美术》，陈平译，北京大学出版社，2010 年，第 17 页。

图 2.39　盲人雕塑，布朗库西，1920 年，长 29cm，宽 17cm，高 18.1cm，美国费城美术馆藏

摸经验融入到长期的创作实践之中，生成了独具个人特色的雕塑造型语言。

　　触摸让器物的表面变得越来越光亮，尤其是陶器，原本粗粝的表面因为长时间的使用而变得光滑细腻。那些表面粗糙的陶器还没有来得及被打磨得光润就破碎了。而没有破碎的陶器使用时间越长，光亮度也就越高，也给人一种错觉和暗示，即表面越光滑的器物似乎越坚固。这种光滑度又和触摸形成了有机的联系，制造的光滑和使用的光滑通过触感最后变成时间和情感的反复确证。

　　"可触性"是指作为感知对象的物具有吸引、唤起触觉功能之运行的品质和价值，"可触性"同时是一种生理上和心理上的感受，它与对象的表面也有着一定的关系。物体表面的肌理、起伏、质感都会引起人的触摸情绪，这种触摸情绪不仅仅是由触摸带来的，也是由视觉引起的，视觉也就具有了触觉感知性。

　　三维的实体对象唯有通过触觉来把握，但具有一定形体感染力的表象也

图 2.40 盲者，隋建国，2009，高 19cm

引诱人的触摸行为。赫尔德认为这种可触的表象，包括两种，一是有机的、引发移情的形式，包括作为总体表现对象的身体本身，以及圆满、顺滑、柔和等诸特征，可称为移情的可触性；另一种是较为抽象的形式，包括引发触知觉的、隐含的形式特征，暂称抽象的可触性。[5]这让人联想到布朗库西的《盲人雕塑》（图 2.39）那件蛋形的作品，或者也是《世界之初》的另一相似版本。他把光滑简洁的雕塑形式与盲人的触摸联系起来，可以看到雕塑家对触摸行为及触摸感受的关注。柔和的、顺滑的、圆满的表面正是布朗库西雕塑的典范所在。他对雕塑的极致要求也体现在他对雕塑表面小心的打磨和抛光上。这种细腻、圆滑的表面激发了人们触摸它的冲动与欲望，可触性也通向了运动与生命的活力感。

---

5 高砚平：《赫尔德论雕塑：触觉、可触性与身体》，《文艺理论研究》2019 第 5 期，第 47 页。

一、玉饰和砚滴的把玩

中国人对玉有一种难以割舍的情缘，从上古的礼玉到墓葬的葬玉再到生活中的佩玉，可以说无处不尊崇。古人也发展了"人养玉、玉养人"二者相互滋养的理念。"人养玉"主要是指人把玉握在手心，反复摩挲把玩，使得玉更加的圆润光亮，而"玉养人"一方面说的是手对玉的把玩，有助于十指神经元和经络的畅通，从而有利于身体的健康；另一方面是指玉作为高贵品格的象征对于君子性情的养成具有潜移默化的促进作用。因此，玉饰把玩件是文人士大夫幽静书斋里抒发闲情逸致的"清玩"之物。

"把玩"见于汉代陈琳的《为曹洪与魏文帝书》："得九月二十书，读之喜笑，把玩无厌。"[6]作为一种触摸的行为，把玩更强调手的反复摩挲与手心里的鉴赏与玩味。璞玉经过雕琢成为一件把玩器，其最终的"贵重"价值不仅仅取决于玉材的品质和雕工的技艺，更多的是玉的拥有者对它长时间的把玩触摸形成的所谓包浆，那是通过身体皮肤长时间的摩擦才赋予把玩件的一种润泽感。它凝聚了把玩者的心性和情趣，凝结了人与物互相滋养的漫长时间。因此把玩不仅是触摸行为，还是一种深层的文化心理。

与雕塑的"视觉可触性"不一样，玉饰的把玩是真实的可触，甚至是不依赖于视觉可触性的实际触摸。攥在手心的玉把玩件与其他玉器的差别在于，它的体量大小适合手的抓握把玩，并且它的形体圆融，不膈手，不扎手，适合全角度的摩挲。我们来看这件清代的白玉三羊（图2.41），是一件造型别致，寓意吉祥的作品。"三羊"取"三阳开泰"谐音，《周易》记载，正月泰卦，三阳生于下，冬去春来，阴消阳长，吉祥之象，"三羊开泰"用作岁首祝颂。玉雕中，三羊跪伏，大羊与两只小羊团卧一处，一幅舐犊情深、其乐融融的场景。为了将三只羊的形体尽可能形成一个整体，大羊的头侧回贴于身体之上，缩小了头和身体的空间落差，使得形体更为饱满。羊的身体就是一个团块，三只羊

6　[东汉]陈琳：《为曹洪与魏文帝书》，《文选·卷四十一》，上海古籍出版社，2019年。

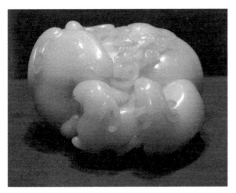

图 2.41　白玉三羊，清，天津市博物馆　　　　图 2.42　三足蟾蜍砚滴，北宋，高 6.2cm，长 10.4cm，
　　　　　　　　　　　　　　　　　　　　　　　　　　浙江省慈溪市博物馆藏

三个团块，加上三个头形成的三个小一点的团块，可以说，这件白玉三羊就是在六个圆团块上做的形象雕刻，因此，像羊角和耳朵原本凸起于团块之上的形体也都尽量处理成紧贴身体的造型，使得玉在把玩时能够更加顺畅。它的圆柔适合手的团揉，也因为团揉的触感驱动，使得玉件更趋于圆满。但也不是越圆柔就越适合把玩，否则就跟把玩一件鹅卵石的感觉无异了。联想当下人们乐于把玩的物件，比如核桃，恰恰是因为它整体上圆整，实际表面的凸起层次很多，这样才能形成丰富的触觉感受。手对一个物件的把玩，太圆滑则容易滑脱，也缺少形体的特征，太不规则，把玩起来又容易不顺手，有些角度团转不起来。而这件白玉三羊，除了头上细节和几条腿让整个形体有了更多的触感内容外，大羊背上的一缕祥云是制作者特意增加的，不仅加强了作品的祥瑞之气，也让玉器的表面增加了触摸的层次感和摩擦感。祥云没有增加它太多的体积层次，只是做了螺旋形的纹饰雕刻，使得把玩起来有一种细密的纹理触感。

　　与这种把玩观赏器不一样，有些器物原本就具有很强的实用功能性，因为人们使用的频率很高，从而受到了更多的重视，造型上也就越发考究，因而也成为一种使用之余用以把玩的物件。小茶壶、砚滴、扇子等都成为了文人手中的珍爱玩赏之物。砚滴也叫水滴或者水注，是一种往砚中注水用以磨墨的文房小器物。因为功能的设计巧妙，造型的风格雅趣，且又是文人书写和绘画不可或缺之物，因而成为文房清玩之一。古人在研墨时用水盂注水，但不易控制水量大小，进而发明了便于控制水量的砚滴。利用气压差的原理，在砚滴上部开一小孔，贯通内部空间，通过用手开合孔洞，有效控制了滴水的量。相比于玉把件的把玩，滴砚因为使用要考虑手形和对孔的控制，因而更讲求形体的抓握感。

　　器物自身形体的变化塑造着人的触觉感知，同时不同动作带来的触感差异也导致形体语言的变化。触觉和形体语言也就具有了相互影响与塑造的特点。

二、莲花瓷尊和棘刺纹尊的"可触性"

　　触摸让人对各种物质材料及表面的肌理有了切身的感受，包括形体的起伏和物料的质地。因为触摸不只是单向的人对于物主动施加的行为，也是身体里有一种被触摸的心理冲动使然。比如对于某些光滑的表面，我们有一种难以抑制的触摸冲动，很难说是我们对触摸它物的渴望还是肌肤想要被光滑之物触摸的欲望。因此，很多器物在制作时表面会有各种处理，其中有一些就是对触摸的一种诱导，除了那种圆润和光滑的表面，有形体变化和凸起感的表面同样对人的触摸具有特殊的吸引力。

　　过于光滑统一的表面虽然对人的触摸有诱惑力，但也会让我们的触摸陷入单调乏味的感觉，而复杂多样的表面起伏又容易让人的触摸因感受不到掌控感而变得无所适从。形体丰富且又有规律的起伏表面最能勾起人的触摸欲望。出土于河北省景县封氏墓的青釉贴塑带盖莲花瓷尊（图2.43）就是这样一件器物。青釉贴塑的表面，光润而有体积感，与通体雕塑装饰的青铜器不一样，陶瓷更有温润和细腻的质感，更具有触摸的吸引力。器高54.4厘米，是一件北朝时期的大型瓷器。喇叭形敞口，长束颈，圆肩，椭圆形腹，高圈足，从盖到足用不同造型的莲花装饰。拱形器盖用贴塑和刻花雕饰成莲花状，颈部装饰三道凸弦纹和六个贴花团龙，肩部堆塑两周双瓣覆莲，腹部饰垂叶纹及仰覆莲各一周，足部为两周覆莲，向外微卷。肩部的双瓣覆莲，细密紧致，形体丰硕，而腹部及足部的覆莲则整体平滑，只有里外双层的边沿外卷，虽表面没有太多凸起，

图 2.43 青釉贴塑带盖莲花瓷尊，北朝，高 54.5cm，口径 15.1cm，1948 年河北省景县后主天统元年封子绘和祖氏墓出土，河北省文物保护中心

图 2.44 荆刺纹尊，春秋，高 26cm，口径 27.1cm，1958 年武进淹城内城河出土，南京博物院藏

但重叠外卷的边，同样增加了形体的敦实感，而腹部仰莲，每一瓣都有圆满的凸起，莲花末端的小尖突更是将花瓣的体积感刻画得形象而具体。因为覆莲造成的上下层次感，给人一种上下分体的错觉，让人不由自主地想去用手一探究竟。这个体量的瓷器也没有提鋬可以抓提，自然只能双手捧抱才能移动，器腹的凸起莲花瓣也有利于手的捧托，而手的触摸也能更好地感受莲花瓣的造型差异。形式和节律都在手与表面的触摸过程中，通过身体传达给了大脑而产生了愉悦感。此外，莲瓣的装饰也与南北朝佛教兴盛不无关系，仰覆莲花纹与佛像的莲花座也有着视觉图像的内在关联，对莲花瓣的触摸是否也起到了某种"礼佛"的心理抚慰呢？

当然不是所有的表面肌理都能让人产生触摸的愉悦感，有一些器物也会通过表面的肌理制造一种引发人身体刺痛感的触摸体验。虽然器物制造之初未必是出于这样的目的才做出这样的表面装饰，但无疑它作用于人的触摸心理，给人带来了更为刺激的感受。人对触摸的心理需求除了舒适的体验也包括适度紧张和刺痛的体验，就像听多了悦耳的音乐有时候也会寻求一下重金属摇滚乐的刺激一样，人的触感经验同样如此。春秋时期的荆刺纹尊（图2.44），就是一件表面布满了扎手荆刺纹让人欲抓还休的青铜器。原本在商代作为礼器的尊到春秋时期已变得不那么受重视，出土于武进淹城内城河的这件荆刺纹尊，呈现出有别于中原地区青铜器纹饰风格的吴越特色。器物不算大，高度26厘米，敞口宽颈，扁鼓腹，高圈足外撇，整个外鼓的器腹满饰荆刺纹，荆刺纹两侧有刀刃状凸起的线条，虽然凸起高度只有2—3毫米，但足以给人一种隐隐的刺痛感。颈和足与腹部连接处，均饰有一圈窃曲纹和勾连纹，其余部分皆素面没有纹饰，上下的纹饰肌理过渡使得腹部的纹饰不至于过于孤立。我们今天看到这件器物只能想象当初人们使用它是一种什么样的情形，似乎要小心翼翼地一手抓握住器物颈部，一手托起器物的底，才能将其拿起，虽然口沿处能看出不是太厚，但青铜材质也决定了不可能太轻，因此手的拿捏并不能太自如，考虑到器口直径有20厘米，单手直接抓握并不太方便，两手握住器口下沿似乎才能更稳当地端住器物。

两件尊的材质不同，表面的纹饰迥异，给人的触感也截然不同。两件器物都不是那种可以随时放在身边的把玩之物，但显然超过了仅为实用的目的，甚至都超过了愉悦双眼的目的，而直接激起人强烈的触感反应。

三、臂搁的形体与实际触感

器物的触感相比于雕塑的"视觉可触性"，还有着更为现实的基础，即实用性带来的身体与物的接触，臂搁就是这一类器物中非常具有代表性的器物。古人用毛笔书写，时间一长必是手麻腕酸，尤其蝇头小楷更是容易使人肢体僵麻，臂搁的使用，既可以避免臂腕受累，也可以避免墨汁沾染衣袖。

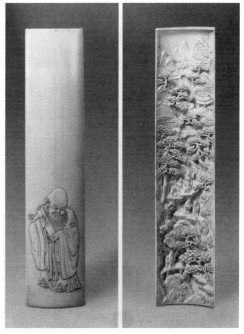

图 2.45 黄杨木雕梅花臂搁，清，高 24.3cm，口长径 20.8cm，湖北省博物馆藏

图 2.46 象牙雕会昌九老图臂搁，清，长 17.3cm，宽 3.9cm，厚 1.1cm，故宫博物院藏

　　臂搁多以竹、玉石和木质为主，青铜、象牙、紫砂等材料的也不少见。不同的质地，其装饰的手法也有不同，线刻和浮雕是最为常用的方式。不过作为与手腕频繁接触的器物，其最重要的是舒适的触感，造型的多样性和雕饰的复杂性都要回归到触感的舒适性上。过于尖突的造型肯定不适宜当作臂搁使用，只能是一件以臂搁之名摆放在书桌上的纯粹清玩之物。竹质的臂搁肚稍鼓而内里虚空，高度和重量都适合枕腕和随时移动，最重要的一点是竹臂搁纹理柔顺、表面清凉，即使在炎热的夏天书写使用，腕部也能保持清爽而不易出汗。为了表面的触感更柔润，有一些臂搁在枕腕的表面只做浅阴线刻，而在背面做更为立体的山水雕刻，不仅满足了臂搁的实际使用的需求，也满足了文人精致典雅的审美需求。

　　这件清代的黄杨木雕梅花臂搁（图 2.45），造型古朴雅致，随形雕作屈曲老干，表面用浅浮雕形式雕出梅枝，保留了原本的树结孔隙，让整体更为生动自然。黄杨木自身的形体起伏和扭转，看上去具有了肢体般的触感。因其自身形体的变化，搁腕处也可以随形变化，以求不一样的触感体验。表面的梅枝纵横呼应，小的形体起伏增强了触感的细腻与摩挲的差异，只在臂搁形体屈曲之处，留出少量未雕饰梅枝的素面，也是最适宜搁腕的地方。腕部肌肉组织较少，书写时腕关节需要灵活转动，且手臂尺骨接触较硬的臂搁时间一长，也容易僵硬生疼，而随臂搁形体变换搁腕的位置，不仅缓解这种肢体的触感麻痹，也可以适当调整书写的节奏。

赏玩是文房用具十分重要的一种功能，从实用角度看普通的竹片稍加修饰即可用作臂搁，但为了满足文人好清玩的雅兴，臂搁的雕饰有了越来越多的变化，为了不影响使用的舒适性，雕刻的内容开始在内凹的部位以各种形式发展开来，触感也变成了使用的接触感觉和主动把玩的触摸经验相互交织的体验。尤其在很多象牙的臂搁物件中，表面为了书写时枕腕的舒适，尽量不做雕刻，或是略作阴线刻，而在背后似乎是放开了顾虑，雕刻极尽奢华和繁复。长条形的尺寸也特别适合山水条幅的构图习惯，山水浮雕在一个缩微的器物上展现出供文人雅玩甚至"卧游"的理想之境。与山水画轴不同，这种"卧游"的实现不只是通过眼睛在景物空间中的游走，还可以通过实际的触摸而获得。粗粝的石块和树木的葱郁可以通过手的轻抚而获得一种纵览全局和化育万物的奇妙体验。与单纯的把玩件几乎不需要调动视觉的参与不同，臂搁的实际功能决定它的尺寸并不能完全攥在手中把玩，而只能在一边观赏一边轻触的过程中，体验那种物虽小巧却意境深远的感觉。

第四节　重力与重量

　　一切物体受地心引力影响，都被不断地拉向地球的中心，同时又被各种水平方向的支持物所阻隔，比如杯子被桌子阻止，桌子又被地板阻止。下坠与支撑就构成了地表绝大部分物体的存在关系及状态，雕塑自然也不例外。雕塑的重力是雕塑作为物体在实际空间中与地球引力之间的关系。地面上所有的人或者物都在这种重力的作用之下运行。植物向上生长，纪念碑耸立云间，人的直立活动都是在对重力的依赖和反抗中建立起的复杂关系。因为是所有物的共性，雕塑的重力问题并不容易揭示出来。重力同时也与重心和重量有一定的关联，这也是雕塑形体造型的基本问题。雕塑通常会有一个底座作为其重力的支撑，但并不是必须有这样的基座，悬挂于空中的雕塑，视错觉在一定程度上抵消了部分的下坠力。重力强调的是地心引力的下沉力，重心是指塑造对象或是物体在重力作用下的平衡点，重量则是指雕塑或物体自身物质材料在引力作用下的自重。一件站立的人物雕塑，首先考虑的就是站立的重心稳定性，人的肌肉可以具备一定的拉伸与支撑力量，使身体在某种倾斜和不稳定的动态情况下不至于倒下，但雕塑作为物体性的存在，即便雕刻的肌肉再栩栩如生，也没有伸缩运动的支撑力，同样的动态人不倒下，雕塑却难以直立。因此雕塑在制造之初就需要对其进行重心上的反复调试，而这种调试同时也和物质材料的性质及重量有关。我们看到古埃及人物身体直立，双腿一前一后，身体重心落在两腿中间，有些雕塑前后两腿间的石料都不曾剔除就是为了保持它重心的稳定性。而古希腊雕塑改变了这一僵硬的动态，身体的 S 型运动也让人体的重心落在了一条腿上，但由于石头的重量太大，且缺乏像木头一样的内部纤维，支撑整体重

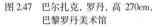

图 2.47　巴尔扎克，罗丹，高 270cm，　图 2.48　陶鹰鼎，新石器时代仰韶文化，高 35.8cm，最大腹径
巴黎罗丹美术馆　　　　　　　　　　　32cm，口径 23.3cm，陕西省华县太平庄一座成年女性墓葬，
　　　　　　　　　　　　　　　　　　中国国家博物馆藏

量的脚踝又太细，很容易因为重心不平衡或是雕凿时的震动而发生断裂和崩塌，因此，我们常常看到优美的古希腊人体雕塑的支撑腿边上会有一截雕刻得同样细致的树桩，辅助支撑腿抵抗来自人物重心和石头重量的双重压力。

　　雕塑的重力问题，比一般的形体问题要复杂得多，罗丹在他的作品《巴尔扎克》（图 2.47）中，耗尽心力地在纪念碑人物的稳定感和雕塑体的上升力之间苦苦探索。由于衣袍罩住了庞大的身体，隐藏了肢体的琐碎细节和支撑结构，使得整体雕塑轮廓简洁明了，但硕大的头和宽厚的肩膀和那向后倾斜的上身，导致人像重心不稳。罗丹让巴尔扎克的身体重量借由人物升腾的向上之力消失在宽袍的倾坠中，人物的重心变成了雕塑物体的重力。

　　这种对雕塑重力与重量的支撑，也并不只是人体雕塑上才显而易见，中国的很多器物在处理重心问题上同样有着突出的特点。就像中国国家博物馆所藏著名的陶鹰鼎（图 2.48），如此饱满的容器加上内部容纳的水或食物，重量可想而知，如果按照真实鹰的两足体量不仅难以支撑陶鼎的重量，连陶土自身的重量都难以支撑，因此我们看到器物的两足粗壮肥硕，似象腿一般，虽与真实的鹰爪相去甚远，但与整体壮实的身体非常协调。此外，两足对于鹰来说保持平衡，行动自如毫无问题，变成器物后，三足才能保持鼎的稳定性，所以制作者将鹰的尾巴做的宽厚，与两足构成了有效的鼎立关系。

器物的重力很难在视觉层面直接呈现，它与触觉共同作用于人的心理，因此器物很多时候都在制造一种从视觉到心理的"重"或者"轻"。正是这种心理上的感觉，器物的制造者出于观念或审美的考虑会充分利用雕塑的造型语言、形体重心改变其固有的重力感。

一、重器青铜鼎的"重"

前文已提到鼎在三代的重要意义，"九鼎"作为王权正统的象征使权力得到合法化的实现。可见鼎之为物，乃国之重器，在国家"祭与戎"的大事活动中，扮演了重要的角色。鼎作为重器的"重"，主要是指观念上的象征意义，但在器物自身的发展过程中，器物造型的深化也在某种程度上加大了它在人们视觉和心理上的重量。也即是说鼎的造型变化在一定历史时期经历了一个越来越"重"的过程，随着鼎的权力象征意义的不复存在，这种"重"的造型也最终瓦解。

新石器时代的陶鼎，是一种用于烹煮食物的容器，用黏土烧制成陶，圆形三足有耳。到了青铜时代，鼎被铸造成青铜器后，也逐渐从实用的器物转变为礼仪祭祀活动中使用的礼器，最终成为象征王权不轻易示人的藏器、重器。早期的青铜鼎延续了陶鼎、陶鬲的造型规制，一般多为深腹小耳，锥形短尖足，造型上相对单薄。比较商早期和晚期的两件鼎的造型特点可以清楚地看到这种变化。出土于黄陂盘龙城的商早期饕餮纹鼎（图 2.49）与出土于安阳后冈圆形祭祀坑商代晚期的戊嗣子鼎（图 2.50）对比可知，早期的鼎口沿很薄，鼎腹呈直筒形，器足短而尖细，器耳直立，外侧看其剖面是"U"形结构，并不厚实。相比之下，商晚期的鼎器口口沿厚实，器耳微微外张，内外皆闭合，与器口一样，

图 2.49 饕餮纹鼎，商早期，高 48cm，1974 年 湖北黄陂盘龙城出土，湖北省博物馆藏

图 2.50 戍嗣子鼎，商晚期，高 48cm，口径 39.5cm，1959 年河南安阳后冈圆形祭祀坑出土，中国社会科学院考古研究藏

虽内部是空的，但给人一种实体的厚实感。鼎腹变浅，下部微微外鼓，显得尤为饱满；器足内收于鼎腹之下，足上部圆鼓有纹饰，与底面接触处又略外张，整体看上去周正、典雅、厚重，重要的一点是两件大鼎，其尺寸上并无太大差异，但形体感却是迥异，后者称得上是一件十足的"重器"。

这种变化还可以在四足方鼎上看到。方鼎在制作上难度较圆鼎大，也更具有特点，因而规格也更高。对比一下商中期的杜岭方鼎（图 2.51）和商晚期的后母戊鼎（图 2.52），我们也能看到这种变重的趋势。杜岭方鼎高 1 米，重 86.4 千克，鼎身呈倒梯形，深腹薄口，口沿外折成宽唇边，耳为曲槽形。耳、身、足三者比例和形体关系略显不协调，重心偏低，锥柱状圆腿较器身体量更显厚实。后母戊鼎是商晚期的作品，也是迄今为止发现的体量最大的一件方鼎。鼎高 133 厘米、宽 79 厘米，重 832.84 千克。相比于杜岭方鼎，后母戊鼎的口沿边的宽厚，鼎耳增厚变方，位置后移，耳下端牢牢夹跨于鼎壁两侧。四足也

图 2.51 杜岭方鼎，商中期，高 100cm，1974 年河南郑州张寨前街出土，中国国家博物馆藏

图 2.52 后母戊鼎，商晚期，高 133cm，宽 37cm，1939 年河南安阳出土，中国国家博物馆藏

变锥柱体为圆柱体且位置更靠近隅角边缘。[1] 比例上，后母戊鼎鼎腹变浅，耳、腹、足的关系非常协调，不管是物理结构上还是视觉心理上都显得雄浑博大、庄严厚重。最后再从纹饰上也能看出这种加"重"的形体语言变化。杜岭方鼎器腹各面均饰一圈 U 字形乳丁纹，上部越三分之一的地方饰一道饕餮纹，器足上部也有一圈饕餮纹。后母戊鼎鼎腹四周与足上部同样铸有饕餮纹和盘龙纹，但二者的装饰手法并不一样。杜岭方鼎的饕餮纹是凸起的线条装饰，是在范上刻出来的纹饰，而后母戊鼎是整体凸起的浮雕再加阴线回纹装饰，是在泥模上雕饰塑出形体制作的，因而两种装饰方式，前者看着纤细单薄，后者浑厚结实。后母戊鼎在隅角上的扉棱，也恰到好处地增加了形体转折的体面关系，更有利于制造一种丰满的视觉效果。

对比两个方鼎的造型风格，我们可以发现一种类似海因里希·沃尔夫林所说的"线描风格"与"涂绘风格"的差异。"线描风格"是一种平面的风格，

---

1 李松：《中国美术史——先秦至两汉》，中国人民大学出版社，2014 年，第 121—124 页。

剪影和轮廓都相对清晰，而"涂绘风格"更注重一种纵深的空间，层次和光影的变化。杜岭方鼎的轮廓线条是清晰简明的，装饰的线条是粗细深浅无变化的，连乳钉纹也都是均匀一致的；而后母戊鼎轮廓上因为有扉棱而有了很多形体的转折变化，变得不够连贯，装饰的层次上不仅有浮雕的凸起变化，浮雕上还有细纹饰的变化，甚至耳部的基底上也布满纹饰，使得整体的光影层次变化无穷。一种平面的风格和一种纵深的风格也说明后母戊鼎的重器之"重"，不只是尺寸与重量绝对数据的"重"，更重要的是一种雕塑语言创造的"重"。

这种雕塑造型语言日渐成熟后，在周代出现了盂鼎、淳化大鼎、铸客大鼎、王子午鼎等各类体量较大的鼎。但随着王权的衰落，所谓的重器也就显得没那么"重"了，厚重的造型随着"重器"观念的消亡而涣散，到了秦汉鼎基本上退出了历史的中心舞台。即便是有汉武帝铸鼎、汾阴得鼎等诸多传说，鼎的光辉历史毕竟一去不复返，最终沦落成寺庙前的香炉，造型上也就乏善可陈了。

二、席镇与器座的形体与重量感

"镇"是一个有重量感的字，是重力和重量的集合，更是心理上的沉重感，"镇压""镇守"都体现一种难以撼动的力量。雕塑的实体感和厚重体量感都不如一个"镇"字量感足。古代的"镇"类器物有很多，比如席镇、镇纸、镇尺、禅镇等，此外还有镇宅之物、镇墓之兽、镇山之宝之类的器物。镇物从文化意义的角度理解有辟邪、厌胜、压伏之意，是精神投射于各种物质的象征之器。不过，这一作为凝聚着神秘观念的文化器物，也与它在实际生活中作为固定、稳固、压实之用的基本功能不无关系。

先秦至汉魏，供垂足的高架家具还未发展起来，人们的生活习俗为席地起居，席地而坐。席子通常用芦苇、竹子等编织而成，受湿度等各种因素影响，使用起来容易卷角，且人起身时席子容易移动，席镇就自然应运而生。[2] 席不仅

---

2 杨泓：《华烛帐前明——从文物看古人的生活与战争》，黄山书社，2017年，第89页。

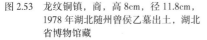

图2.53 龙纹铜镇，商，高8cm，径11.8cm，1978年湖北随州曾侯乙墓出土，湖北省博物馆藏

图2.54 虎熊搏镇，西汉，高8cm，径11.8cm，1978年麦积区渭南镇刘家庄出土，甘肃博物馆藏

用于地面，王宫贵族之家，低矮的床榻也备有榻席，也都用镇来压角。镇的大小通常在十公分上下，人形、熊、豹、鹿、龟等造型丰富。席镇的"坨状"是它的功能和造型的基本特点，即便是鹿和豹相比于熊和龟之类不那么符合"坨状"的动物，也会精心设计成团卧的形式，让它更符合镇的功能需求和审美习惯。团块的形体也是考虑人坐下或离席时，衣服不会被席镇突出表面的锐角所勾连和划破。

　　早在先秦时期，人们已经使用金属制造的镇，形体多为圆饼形或是半圆形，上有环钮，便于提拿。半圆形也即是前文所说"坨状"，曾侯乙墓出土的四件龙纹铜镇（图2.53），就是典型的"坨状"镇。镇的底部平整，便于放在席角不易滚动、翻倒，整体如一个隆起的半球形，像一座小山包。表面是八条盘曲缠绕的龙纹雕饰，形体穿插交错，形成了层层叠叠的视觉张力。镇的顶部有一环纽，便于提拿器物，圆环和盘绕的龙身也形成了形体上的呼应关系，不至于过于突兀。龙的细节刻画深入，形体的起伏虚实得当，一部分龙身凸起于表面，中间出现了些许空洞，一部分龙身逐渐虚化隐匿在了实体之内，越是底部的龙形越是紧贴表面，越是顶部的龙身越是有明显的高低变化，这也是考虑器物在席角上，人们的俯视视角，能更清晰地看到龙的起伏关系。这件铜镇的重量感也与龙的密集感形成了一个心理的量感，即重量和数量的集合。这类半球形的镇，龙的形体与球形并没有直接形体相关性，有一些动物造型的镇则是有意设计成这种"坨状"感。比如这件西汉时期的虎熊搏镇（图2.54），就是一件难得的雕塑珍品。熊仰面蜷缩，虎压伏熊身，两兽首相向交错，两兽身合抱成团，四肢都在一定程度上蜷曲隐没于圆球形整体，看上去虎熊似搏斗又似嬉闹，生动而可爱。虎熊相搏是铜镇常见的内容，出土于江苏盱眙大云山刘非墓的错金银镶嵌宝石虎熊搏镇，堪称这类主题器物的国宝，动物卧伏形态与镇的功能相得益彰。

席镇、镇纸之类的器物以其实际的重量作为使用功能的一部分，后来的镇墓兽、镇宅之物则是在形象、风水、观念上的一种震慑和镇伏，与器物实际的重量并无关系。而与实际重量有关的器物是器物的座，比如鼓座、屏座、灯座等，座可以是一件器物的支架底台，构成整体器物的一部分，避免其上的器物因重心不稳而倒塌，也可以是一个器物展示的底座，与其上的器物并无直接关联，可单独成为一件器物。器座一方面要承托器物的重量，或增加器物的厚重感，或减轻器物的压力感，让其看起来轻盈；另一方面器座自身的重量感也是承托器物的关键所在，可见器座要同时调节两部分的重力关系。

最有特点的器座之一是河北战国中山王墓出土的错金猛虎噬鹿铜案座（图2.55），长度51厘米、高21.9厘米、重26.6公斤。这个超过50斤的重量作为一件屏风的底座直接决定了屏的大小，或者说屏的大小在空间中的平面倾斜时的拉拽力决定了器座的体量与重量。今天已无法看到屏风的样貌，但从器座的精美程度可以推知，整体的座屏定是一件无与伦比的艺术品。虎噬鹿器座不管是内容和形体关系，还是工艺水准都是极为精湛的。虎的身体从俯视角度看呈近直角的扭转，三足着地，尾巴卷曲上翘，身体浑圆结实；虎的双目圆睁，虎口怒张，啃噬一鹿；鹿垂死挣扎，奄奄一息，身体卷曲，短尾上翘，一腿蜷缩，一腿被虎爪牢牢擎住，另两腿使劲蹬地，既表现了鹿的挣扎也很好地起到了支撑作用。从正侧面的角度看，这件器物对于重力的造型表现有着独到之处。首先从尾上卷顺垂到虎臀的隆起，再到腰的凹陷，虎颈的高昂和虎头的低垂，呈现明显的波浪起伏的节奏感，而两个装饰有山羊头面的长方形銎安在了高起来

图 2.55　错金猛虎噬鹿铜案座，战国，长 51cm，高 21.9cm，1977 年河北平山县中山王墓出土，河北省文物研究所藏

的项部和臀部，两处向上的力使得銎口上的屏风重力都被隆起的形体所支撑，显得异常稳固。虎的重心被压得很低，虎腹直接接触到地面，大大增加了器座与地面的接触面积。虽有一足擎鹿腿未着地，但虎足的腕部着力并没有影响虎的支撑点。从虎的左后腿的形体可以看到，作者对形体力量的掌控非常有经验，虎足形体上的转折线一兜一拱，足部顶面和腕的底部完全贴合，这是正常生理结构无法做到的，但在形体的表现力上又是极为自然的。加之有意突出的直线条的转折使得形体支撑更为硬朗结实，更为有力。从銎口的方形，延长直线相交，接近于直角的角度，使安装的屏扇成曲尺形。虎的扭曲以及虎爪的外撑加上鹿足的辅助支撑，使得虎座的支撑呈三角形，屏扇得到了自然合理稳定的支撑。

　　器座在唐宋以前，只是某些特定器物的支撑底座，到明清有了大规模的发展，器座也有了更多的形式和造型，很多原本不需要底座的器物也都配上了器座。器座成为了一个相对独立的器物。由于明代工商业的发展和社会经济的繁荣，文人雅趣也融入到市井气息，器物越来越多地成为了市民生活中的陈列展示物，器座也就成为其不可分割的一部分，甚至由原来的"因器配座"发展到"爱座配器"。

不管是镇的重力压伏，还是座的重力托举，都只是重力在功能上的实现。而器物通过形体塑造将这种重力关系转变为造型审美的一部分，才是其造型语言的突出特点。

三、人形灯与鸟盖瓠形壶的重心

如前文所述雕塑的重心既是指雕塑的人物或动物的重心，也是指雕塑体在自身重力作用下的重心。有的时候这两种重心是重合的，雕塑对象的重心就是雕塑体的重心，但有的时候两种重心也可能并不统一。比如马约尔的雕塑《空气》，女人体横向斜躺在雕塑基座上，整个上半身都没有任何倚靠，张开的双臂也完全悬在空中，似乎让空气给予她身体的支撑。两条横向的腿平行打开，胯和右腿的小腿肚连着基座，似乎是女人体起身或躺卧的一瞬间动作。可以感受到所有的重心都在胯上，真实的人体很难在这种重心下保持这样一个动作。但作为雕塑体自身的重心却不受影响，两个接触点对于青铜材质来说足够支撑起雕塑体的全部重量。也正是这种人体重心和雕塑体重心的偏差，才使得作品有一种人体徜徉在空气流中的漂浮感。这种人体和物体的重心偏差，也让雕塑有了一种运动感。

物体的重心也可以通过重量调节其平衡，就像不倒翁之所以不倒是因为它的重心足够低，重量又足够重。古代器物在重心的问题上也积累了很多经验。这件藏于国家博物馆的战国齐人形铜灯（图 2.56），中心一家奴状男子双腿微屈，似在发力蹲于镂空盘龙圆座之上，两只硕大的手各擎一屈曲带叶竹节形灯柄。人物的双手一高一低，左右两个灯盘也高低错落，且有一定的倾斜角度。两个带叶的"Z"形杆与灯盏有子母榫口与盘柄插接，可以根据需要转动连接杆，通过灯盘距离变化来调整光线的强弱。从造型上看，这件人形灯的重心调节是非常有意味的。拱起的盘龙座与半屈的腿形成了上下相向的力。相比于平面的

图 2.56 齐人形铜灯，战国，高 21.3cm，盘径 11.5cm，1957 年山东诸城出土，
中国国家博物馆藏

承托，拱起的龙本身就是对人和灯重力的一种反应。人物为了重心的稳定，让双腿微屈，似乎是因为手持灯的不稳定而做的一个身体调节。实际上对于物体来说这一调节对灯的稳定性并没有实际帮助，但对人来说就显得生动和自然。一高一低、一远一近的两个灯，且角度略向外倾斜，准确生动地传达出重心的微妙变化。人就像一个表演杂耍的艺人，手擎两个"Z"形杆，杆上顶两个随时有可能倾覆的巨大圆盘，看起来就像是一场演出。"Z"形杆的转动，不是简单地通过距离调节灯光的强弱，这点距离的变化对光线的强弱影响并不大，而是通过插接与转动，感受雕塑重心的变化带来的艺术表现力的变化。

　　另一件战国银首人形灯（图 2.57），也是一件非常精彩的器物。灯高 66.4 厘米，宽 55.3 厘米，重 11.6 公斤。这个重量相较于齐人形铜灯，是一件形体更大、制作更为精良且不那么容易搬动的灯具。中间兽纹方座上立一着华丽长袍的男子，首为银质，双目镶嵌宝石，显得极为华贵。人俑右手抓握一蟠螭，螭口衔错银龙纹灯柱，柱顶为灯盘。饰有浮雕龙纹的柱上还雕刻有一攀缘的小

图2.57 银首铜身人形灯,战国,高66.4cm,1977年河北平山县中山王墓出土,河北博物馆藏

图2.58 鸟盖瓠形壶,战国,高37.5cm,口径37cm,陕西绥德出土,陕西历史博物馆藏

猴。左手同样抓握一横身翘尾,顶托灯盘的螭,另一盘卧盆底的蟠螭翘首将其拦腰攫噬。三个灯盘,一在地上,一高一低通过蟠螭和人俑连成一体,每盘三扦,三盘九扦,应是取"九"的极限之意。与齐人形铜灯两个灯盘一个重心不一样,这座灯有两个重心接触点,一是人俑的重心,一是地面灯盘的重心。人俑右手的立柱也有插接口,不过保持竖直应该是唯一的方式。两个重心点显然比一个重心点支撑要稳定得多,且这件灯在视觉上的三角形结构也有利于制造稳定感。人俑右手的灯盘重心太高,手抓螭的体块相比齐人形灯硕大的手要小很多,右手向上支撑高灯盘,手握的螭有一个明显的扭转,使得手中的灯柱重心发生了偏离,进一步增加了器物的失衡感。左手向上提拉矮灯盘,似乎重心比右手稳固很多,但潜在的不稳定性来源于对这件灯的挪移和搬动,近24斤的重量,搬移时容易因人俑和座灯的重量不均和力臂的长度导致手抓螭的地方发生变形。可见视觉上的稳定感不一定具有结构上的坚固性,而结构上的坚固

感也同样可以带来视觉上的不稳定感。

比如战国时期的鸟盖瓠形壶（图 2.58）就是一件视觉上有些不稳定但结构上很安全的器物。壶的造型模仿瓠瓜形，壶口偏向一侧，盖为伏鸟状，有双龙首六棱形錾，以链与盖相连，腹部饰六道宽蟠螭纹。器物的特别之处就在于鼓腹凹颈斜口带来的活泼感。由于壶的弧线动势导致重心偏离中轴，加上倾斜壶口上的斜向鸟盖，形成了视觉上的不稳定感。显然不管是重力结构上还是实际的体量关系上，这一器物的重心都是稳定的。但因为它改变了我们习惯的轴对称的稳定关系，使其在我们的心理感知上变得摇弋而飘忽。

四、莲鹤方壶与马踏飞燕的反重力

重力作用让所有的形体都有一种下沉感，同时也都涌动着对抗下沉感的内在力量，这种对抗力量被不断外化为向上生长的形式，从而形成了一种反重力的结构和形体语言。就像布朗库西的雕塑，当形体不断简化至不再有明确形象的时候，形体就爆发出一种直接的"势"的力量。他的《空间之鸟》就如同空中的一道闪电，摆脱了地球引力的作用而自由划破天际。"他不仅仅关注《空间之鸟》的肉体飞翔，他借由创造出支撑鸟的基本元素，来赋予一种精神的飞翔。"[3]由此可见，形体的造型变化可以创造出超越重力影响的视觉形，就像他的《无止境的圆柱》，形体的重复和叠加制造了向上的无限延伸感。

反重力着意制造一种轻盈感或者是升腾感，让人暂时忘记重力的作用。如果说雕塑的实体感和重力的作用息息相关，那反重力的视觉营造就是尽可能调整这种实体与视觉轻盈之间的张力与冲突。春秋时期的莲鹤方壶（图 2.59）就是这样一件造型上努力制造升腾意象的器物。壶高 126.5 厘米，重 64.28 公斤，体量巨大，算得上是一件重器。不过正因为其体量过重，显得与其作为壶的功能并不完全匹配，由于鼎的权力象征意义的衰微，重器的观念也有所变化。作

---

3 何政广主编、曾长生著：《布朗库西》，河北教育出版社，2006 年，第 50 页。

图 2.59　莲鹤方壶，春秋，高 125.7cm，1923 年河
南新郑城关李家楼出土，故宫博物院藏

为春秋时期郑国王室墓的祭祀重器，莲鹤方壶不管是体形上还是装饰的华丽程
度上都堪称一绝。而为了避免像鼎一样的沉重感，方壶在形体造型上做了巧妙
的设计，使得方壶有了更多的轻巧玲珑之感。首先壶的圈足用两只伏虎承托器
物，虎的形态探头屈颈，四肢蜷缩，有几分轻松活泼之态，而绝少负重的压力感。
其次壶腹有镂空向上攀爬的双龙，腹部四角各装饰一飞龙，肩生双翼，长尾卷
曲，向外延展的形体与镂空的结构以及龙的飞升之势都有力地制造了一种向上
之力，把观者的目光都吸引到了器口部分。向外展开的双层莲花瓣形的壶盖中
央还有一可以活动的小盖，上面立有一只欲展翅欲飞的仙鹤。莲花瓣同样做了
镂空处理，让光线可以透过厚实的花瓣而显得通透轻薄。鹤微张其喙作欲鸣之
状与微张其翅作欲飞之状协调统一。整个器物的装饰都有一种欲夺器而出的离
心动力，也就制造了一种反重力的视觉效果和心理感觉。郭沫若对此壶曾作了
很好的论述，对展翅欲飞的鹤的描述尤为精彩："而于莲瓣中央复立一清新俊

图 2.60 马踏飞燕,汉,高 34.5cm,长 45cm,宽 13.1cm,1969 年甘肃省
武威雷台汉墓出土,甘肃省博物馆藏

逸之白鹤,翔其双翅,单其一足,微隙其喙作欲鸣之状,余谓此乃时代精神之
一象征也。此鹤初突破上古时代之鸿蒙,正踌躇满志,睥睨一切,践踏传统于
其脚下,而欲作更高更远的飞翔。"[4]可见此鹤欲飞之态,反重力的艺术表现力
之强烈。

莲瓣器盖、兽伏驮器和盖心立鸟,可以说是春秋战国时期壶的惯用装饰形
式,并不是莲鹤方壶的独有特点。不过与别的壶不一样的是,这件器物本身的
体量和各个部分协力营造的轻盈感是其他壶类器物所不具备的。正是这种艺术
的创造性,使得人们的审美意识从象征的观念束缚中得到了某种程度的释放,
雕塑的形式语言也就进一步得到了发展。

因此,当我们再来看汉代的马踏飞燕(图 2.60)这件器物时,就会由衷的

4 郭沫若:《新郑古器物之一二考核》,《殷周青铜器铭文研究》,科学出版社,1961 年。

赞叹古代匠人对雕塑语言的理解是多么深刻。这是一件知名度和影响力都很广的作品，也是一件体现汉代最高雕塑水平和审美理想的艺术珍品。奔马是雕塑中非常难表现的内容，马跑起来四足相继腾空，而确定支点就成为重心处理最大的困难，一前一后两足着地，显然稳定性更高，但飞奔之势必减。有些雕塑家把支点放在马的两后足上，前蹄高高跃起，重心和动态都得到了解决，但奔马却变成了跃马。我们知道席里柯（Theodore Gericault）那件著名的《埃普索姆赛马》的油画作品，马蹄四足前后两两相向，腾空离地，虽不符合马的运动规律，但相比于马的摄影照片反倒更符合人们的视知觉。而中国的奔马形象同时具有了两种造型样式，像席里柯那样的造型在昭陵六骏中也有体现，不过作为浮雕，不用考虑其支点与重心的问题，如果是圆雕，那种四足腾空的姿态就无法实现，要不然就得在马的腹部下面另外做出一个支撑结构，既不自然也不美观。反观这件东汉时的铜奔马，不仅在动态上自然生动，在重心和支撑点的安排上也是极为巧妙。

马踏飞燕也叫做马踏龙雀、飞燕骝等名称，三足腾空，一足立于鸟形底座之上；鸟形底座平整，头与双翅和尾翼呈现三角形的展开形状，在形象的完整性和结构的合理性上得到了较好的解决，马的重心通过足下燕的支撑而得以保持平衡。四足的曲张关系，非常具有节奏感，加上上扬的薄尾，让马的腾空感更有韵律。从马的正面看，身体的略微倾斜，马头的扭转更让雕塑呈现出动势。马踏在凌空飞翔的燕雀之上，以一种充满浪漫主义色彩的夸张手法制造了奔马风驰电掣的速度感，让雕塑物体自身的重量几乎在这种充满灵动的视觉效果中消失殆尽。

所谓的反重力是雕塑的一种表现手法，物体的重力是自身的本质属性，而通过形体的创造和雕塑语言的表现，最终可以抵达艺术表达的理想之境。战国时的四虎足器座（图 2.61），四只承受圆盘重量的小老虎后腿直立，前腿极力向上攀爬，这种向上的运动似乎是圆盘的上升力引起的，圆盘自身似乎也在这种上升力的引导下变得悬浮，创造了一种失重的视觉效果。[5] 器物的重力与雕塑

5　王林：《王林论雕塑》，重庆大学出版社，2018 年，第 11 页。

图 2.61 四虎足器座,战国,高 7.7cm,径 13.9cm,1957 年河南陕县后川出土,中国国家博物馆藏

营造的反重力在造型的语言表达上形成了艺术的张力。通过向上的力和视觉引导,消解器物物质上的重量感,是中国古代器物非常普遍的造型手法。"他们尝试去使重力的效果相对化,好像是在与纯粹的物质保持距离。"[6]在更为典型的明式家具中,并排陈列的橱柜,从下到上逐渐变窄的造型,制造出赏心悦目的轻盈效果,上升的形式和沉着稳重的结构在器物中能达到很自然的结合。

---

6 [美]乔讯:《魅感的表面——明清的好玩之物》,刘芝华、方慧译,中央编译出版社,2017 年,第 64 页。

小结

雕塑的形体通过形状、结构、体积、重心等一系列因素，建立起具体的造型形象，传达出一种不容忽视的实在感和力量感。古代器物抛开它的实用性，对于今天的我们来说，它同样需要依靠其形体造型语言来激起我们的审美和情感反应。如果说传统雕塑更多的是通过人物或动物的表现发掘其造型语言的魅力，那么器物则是在具象和抽象的双重关系中，提炼和积累形体表达语言。

用形体塑造的方式完成对客观对象的模仿与表现，是雕塑的基本形式，在再现对象的过程中，形成的尺度比例、体面关系、形体特征、重力重心、触感肌理等一系列的问题都成为了造型的形体语言。器物在建构自身过程中，通过尺寸的扩大和缩小、线与面的形体变化，体积与容量的调度以及触感和重力的处理，形成了具有自身形体风格的器物类型，最终使得器物成为融合了造物思想和审美理念的具有高度精神性表达的自为之物。通过对器物形体语言的考察与分析，我们能看到这样一个关乎雕塑本质的语言形态在中国古代器物的制造传统中的传承与流变。造物制器的匠人需要在相对抽象的形体结构中领悟造型语言的精髓，也要在象生器的制作中习得模仿客观物像的造型能力，正是因为这种综合性，传统器物才呈现出器像一体的整体性。

当然器物的形体语言并不会像雕塑一样走向独立与自觉，器物在纯粹审美的道路上一直也没有完全抛弃其器用的概念和形式。即便是不再具有使用功能的器物也还延续了它的器型样式。西方现代雕塑在成为物的过程中所经历的本体语言的觉醒在中国器物的传统中并不会出现。器物的造型受到各种因素的影响，形体只是其最基本的语言之一，但也是它最重要的语言之一。不同器物的形体语言各有特点，剖析和研究这些语言特征是我们理解器像传统的关键所在。

第三章

"质与文" 中国古代器物的材料语言

雕塑的发展史就是人类模仿客观对象，改造物质材料，表达思想感情的历史。人类对材料从认识到熟练掌握经历了漫长的历史，从打制石器的旧石器时代到磨制石器的新石器时代，再到青铜时代、铁器时代，可以说人类的文明基石就是建立在对物质材料的驾驭之上。雕塑也正是伴随着这一文明的进程，在对材料的探索和把握的过程中逐渐发展起来的。

材料构成了一切制造物的基础。雕塑家对各种材料都应该保持敏感，且尽可能了解各种材质的可能性。"一座雕塑的创造，是搭建雕塑家、材料和观众三者之间的对话。不可避免地，材料充当着三者间的核心，并且和另外二者具有相同的生命力。"[1] 通常来说土木金石是雕塑最原始、最富有生命力的材料，也是现当代雕塑应用最为普遍的材料。人类进入新石器时代以来，这四种材料就已经在人们的生活中发挥了重要的作用（铜的出现和使用是在新石器时代的晚期），木与石是人们在自然世界中随处可见的，也是比较容易加工的材料。利用不同石块的敲砸和打磨，可以制作原始的工具和饰品，也可以利用石块对木头进行砍、砸、削等处理，还可以利用植物藤蔓把石头与木棍捆绑制作更利于使用的工具。泥的使用更为广泛，泥成为陶是人类文明的一次飞跃，是进入新石器时代的标志之一。土在水和火的作用下发生了化学质变，产生了一个新物料——陶，不仅比土的硬度强，而且也更稳定。青铜（锡和铜的合金）的使用则意味着人类的文明进入到了新的阶段，可以利用自然的原料提炼合成新的

1　[美] 赫伯特·乔治：《雕塑元素》，刘晓可、时昀译，辽宁科学技术出版社，2020年，第12页。

既有坚固耐用性又有审美独特性的新材料。这四种最主要的物质材料，或许是因为与原始人类的生活生产的密切关系，从而成为了人们审美经验的一种原始代码，直到今天依旧有着强烈的内在吸引力。

虽然雕塑的物质性是由材料的特性所决定的，但材料不仅仅是物质性本身，还包含了一定的社会性和精神性。比如玉总是和巫觋沟通天地联系在一起，从而具有了某种神圣性；青铜则一度是贵族才能拥有和使用的材料，象征着权力与财富等。雕塑在使用这些材料时，不可避免地也就被植入了某种观念与思想，结合具体的形象，进而成为了具有精神感召力的艺术作品。材料的物质性只在雕塑制造的过程中被触及，一旦作品完成，即可能被雕塑的形象和社会的观念所遮蔽。比如古希腊大理石人体雕塑，曾涂上了各种鲜艳的颜色，所谓的"高贵的纯洁、静穆的伟大"，纯洁无暇的大理石并不是当时人们的眼睛所见。中世纪的雕塑因为受到宗教的影响，图像的叙事功能甚至让雕塑的物质性降到了最低。但对于雕塑家来说，材料性和物质性是雕塑的首要问题，不同的材料意味着完全不一样的造型方式和工艺。石头坚硬但缺乏韧性，木头较软、韧性足，但易干裂或霉变，可以说被涂上颜色的大理石雕塑和木雕，在视觉上并不会有显著的差别，但创作的思路和方式却有着本质的不同。掌握材料的性能和突破材料的局限一直是雕塑家努力的方向。米开朗基罗之所以强调好的雕塑从山上滚下来都不会坏，就是基于大理石材料在雕刻形体过于纤细和外凸的地方极易断裂的特点而说的。我们看到很多古希腊古罗马的雕塑鼻子都残损了，就是这一原因所致。

米开朗基罗晚期的一些作品，不再像早期的雕塑，表面打磨得极尽光滑，有如皮肤或是绸缎般的质感，而是保留了很多凿刻的痕迹，这种痕迹既是雕造过程的遗留，也是雕塑材料自身物性的体现。贝尼尼（Gianlorenzo Bernini）的雕塑挑战了大理石的局限，他的作品《阿波罗与达芙妮》（图3.1），用精湛的技艺雕刻了最不适宜用石头雕刻的树枝与树叶，这既是对材料语言的一种突破，在某种程度上也是对材料性的一种逆反。雕塑的材料语言不只是说材料的某种特性，而是指这种特性可以不再依附于形象和观念，成为独立的审美对象

图 3.1 阿波罗与达芙妮，贝尼尼，1622—1623，高 243cm，
罗马博而盖塞博物馆藏

被感知。材料自身的物质性特点成为作品重要的审美组成部分是在罗丹时代才逐渐确立的。一方面是工业时代的来临，很多非自然材料进入到人们的生活中，使得人们对各种物料材质的表现力充满了新奇与想象；另一方面，随着现代主义的勃兴，艺术的形式语言得到前所未有的重视，材料性也成为形式语言的重要部分被揭示。罗丹对雕塑泥的"发现"让这一古老的材料变得魅力无穷。黏土或者说雕塑泥一直以来作为一种替代性的材料，只是满足塑形的需求，作品变成大理石或者青铜之后，用于塑形的"泥性"就荡然无存了，所以在罗丹之前的大部分雕塑是看不到泥塑痕迹的。罗丹通过双手对泥的揉捏、挤压、触摸等手段，让手对材料施加的种种影响最终在转化成青铜时被保留了下来，这些痕迹比大理石上的凿痕更容易唤起人们对身体在场的共情和艺术家创造过程的想象。就像是在秦兵马俑上看到的一枚指纹，能让我们陷入到无尽的遐想和慨

叹之中一样，泥的材料物性凝固了时间和现场。

雕塑的材料语言觉醒后，各种工业材料像塑料、铁、水泥等都成为雕塑的常见材料，由此也拉开了现代主义雕塑变革的序幕，同时传统材料也在这种变革的进程中呈现出前所未有的活力。一切物质材料都成为了雕塑的潜在媒材，伴随着"雕"与"塑"构形方式的改变，雕塑也突破了原有的边界。然而材料给予雕塑家的创造性与雕塑家赋予材料的精神性似乎又让雕塑这一艺术形式回到了它最原始的起点——物性与思想性的碰撞与融合。

现代雕塑极为强调材料性语言，一方面是因为现代艺术对形式语言的推崇，让内容变得无足轻重，材料语言作为其形式的重要构成因素，其重要性也就被放大。另一方面，由于后现代主义对现代艺术以来的艺术家主体性的质疑，作为客体的物质材料性进一步被强化，所以到了极简主义的阶段，材料本身即转变成艺术的客体。材料可以是日常人造物品，也可以是直接的自然物，由此雕塑的本体性也遭受到了冲击。

与西方的雕塑传统不同，中国古代对雕塑材料有着更为综合的认识。比如对玉的超自然力量的信仰，是将物料、造型、人纳入一个整体系统来考量的，或者说人的主体性并未完全从客观自然世界中分离出来。这种对材料的理解与认识充分反映在器物的制作传统中，《考工记》就有这样的记载："天有时，地有气，材有美，工有巧，合此四者，然后可以为良。"[2] 天时地利，并不是简单的一个概念，而是实实在在对材料的一种认识，比如木材是向阳还是背阴，是水边还是旱地生长都对其制造器物有一定影响，所谓"矩其阴阳"就是这样的道理。材美工巧，自然是指材料与工艺的适配性，好的材料用精良的工艺才可以成就精美的器物，可见我国古代对材料的重要性是有着深刻理解和体验的。

中国古代无论是雕塑的创造还是器物的制作，在很大程度上都是建立在同样的对物质材料的认识基础上的。匠人在造物之前，首先要考虑材料的特性与优劣，或者说要对材料进行一定的取舍和选择，成材方能成器。《考工记》中

---

2 《考工记》，闻人军译注，上海古籍出版社，2021年，第4页。

同样有言简意赅的表述："审曲面势，以饬五材，以辨民器，谓之百工。"[3] 意思是审视和考察五材曲直外部特征和材料内在特性，巧施人工，制为器物，并为百姓所用，是百工的职责所在。五材根据郑玄的解释为"金（铜）、木、皮、玉、土"，显然这是古代制器最普遍的材料，除了皮革，土木金石同样也就是雕塑的常规材料，而皮革或者布料纤维则已是现当代雕塑的常用材料。在对材料进行加工与制作的过程中，人们形成了特定的审美取向，这一审美倾向性与物料自身特点有关，也与整个社会的思想观念有关。尤其在重视材料技术经验的中国古代造物传统中，对于材料自身的物质性特点有着充分的认识，从而形成了对物料自身质素的审美觉察力，强调以"质"为佳的审美取向，但同时也存在装饰和造型都极为华丽，强调以"文"掩盖其材料特性的审美追求。"文"与"质"在这里意味着对材料和装饰的两种审美倾向，一种重视材料的本位呈现，一种则以否定其自身特质而凸显其异质性为目标。

当然器物的材料语言不是单一的，物料间的形象与形式转换，不同材料的组合和镶嵌，让器物材料语言变得更有层次。对于材料的掌握、研究与拓展是同具体的工艺发展密不可分的，尤其对于器物的制造来说更是如此，失蜡法之于青铜铸造，捶揲与鎏金之于金银器制作都有着重要意义。

材料语言不只是材料自身的性能特点，也包括人们基于其自身特性所赋予的人文想象和观念投射。君子比德于玉的思想，文人好高洁以竹为喻的雅趣，都让这些材料有了更多的表达意象。现代的很多材料虽然少了一些象征性，但不同质地的材料同样给人以不同的心理暗示，比如钢板和不锈钢的冷峻色彩，油脂和毛毡给人的温暖感受，橡胶和塑料的工业感都给雕塑和器物制造以新的语言表达维度。

---

3 《考工记》，闻人军译注，上海古籍出版社，2021年，第1页。

第一节　雕与塑的材料

　　雕与塑是对物质材料的加工处理手段，雕是对实体材料进行消减和剔除的过程，塑是对软性和黏性材料进行叠加和捏造的处理，两种对材料的加工方式构成了我们对"雕塑"的理解。"'塑'的行为是一种'沉思哲学的始源性行动'，那么'雕'则如同一种'意志哲学的始源性行动'——如果说塑造是在对材料的感知与交流中'自我的生成'，那么雕刻则是对'世界的发掘'。"[1] 雕刻是利用工具对硬质材料进行不可逆的造型方式，是一种硬碰硬的打凿过程；塑造是用手对黏性材料进行从无到有的复加造型方式，是可以不断揉捏、修正的过程。通过对材料的剔除或叠加获得充满表现力和象征性的形象是雕塑的基本形式，而器物则是通过这样的手段实现功能性的目的。虽然造型的目的有所差别，雕塑更关注的是"像"，器物更着眼于"成器"，但因为材料的共通性和"器像"在造物上的重合性，两者实际上处在同样的发展源流之中。

　　器物的范畴极为广泛，所涉及的材料更是丰富异常。《考工记》就按不同材质的器物制造分为陶工、玉工、木工、金工、皮革工等，很多器物制造也不只是单一的材料，需要不同材料、不同工种的相互配合。器物的实用性目的和观念性目的同时激发材料工艺的进步与发展，这种材料的革新与技艺的进步几乎也会第一时间反馈在器物和雕塑上。器物和雕塑在某种程度上也是同质同构的，虽然器物对于新材料的反应可能会迅速一些，但给材料带来无限可能性的

1　隋建国、吕品昌：《雕塑之道——2017 国际雕塑研讨会精选论文集》，中国民族摄影艺术出版社，
　　2018 年，第 67 页。

更有可能来自于雕塑，因为不计成本的制造超常之物，往往是出于超实用性的目的。比如在红山文化遗址发现的陶塑神像的残块中，有相当于真人器官三倍之大的鼻子和耳朵，我们可以想象体量超大的陶塑如何克服材料和技术的局限才得以实现。同样，铸造超大体量的青铜人物雕塑也是对青铜材料性能和加工工艺的突破，因此，材料工艺的发展是同雕塑及器物的内在需求相一致的。

传统雕塑和器物的材料语言基于"雕"与"塑"这两种基本的造型手段，呈现出"质"与"文"的两种语言风格，在传统审美领域达到了一定的高度。即便是从当代的视角去看，古代器物的材料与造型，材料与观念的语言转换都极具启发性。

一、可"塑"的材料

土是这个世界最基本的物质之一，也是孕育万物、生长万物的基础，如《庄子·在宥篇》所讲："今夫百昌皆生于土而返于土。"[2] 土加上水就变成了泥，同样是人们生活中最熟悉不过的材料，也是最原始的雕塑材料。传说中的女娲造人，就是用泥土捏塑而成的。泥不仅是塑造的最好材料，也是最有灵气的材料，泥塑也就成为最古老的雕塑形式。

泥细腻而有黏性，是天然的可塑材料，但泥干湿收缩性极大，塑造好的雕塑既容易干裂，也容易碰碎，还容易遇水后再次化为泥，因此，稳定性和坚固性都是它最大的缺点。当捏塑好的盆长期放在火上烤后逐渐变得愈发坚固，也就变成了原始的陶。泥经过高温变成陶后，不仅坚固了很多，而且遇水也不会再化成泥了，泥塑也就自然而然成为了具有较强稳定性的陶塑。理论上讲，泥烧制后都可以变成陶，但不是随便哪种泥都可以烧制成器，能够烧制成器的泥必须是经过挑选，除去杂质且具有较强可塑性的黏土才行，此外还要加入河砂

2　《庄子》，孙通海译注，中华书局，2016 年，第 191 页。

以及稻草末之类的材料，以防止焙烧时发生炸裂。[3]

陶塑的过程是材质从柔软变成坚硬的过程，这一过程中不仅仅用捏塑的办法成型，在泥逐渐变干的阶段，还经常会结合剔刻镂空以及浮雕贴塑和堆塑的方法，让捏塑的器物有着更丰富的造型语言，我们能在原始陶器上看到很多诸如此类的表现方式。泥的另一个特点就是复制性。手的塑痕或是其他工具材料在泥上的拍打，工具上的肌理也就会留在泥的表面，模印、压印的工艺技法就是利用了泥的这一特性。我们看到一些陶器上印满了编织纹，就是趁泥尚湿时压印留下来的。泥要变成陶，不宜制作体量过大的器物，由于高温焙烧，如果泥里的空气水分因为温差没有彻底释放出来，就容易造成炸裂，所以体量稍大的陶器都需要内部中空且留有排气孔。当然绝大部分的容器都不存在这样的问题，器口就是它的排气孔，但柔软的泥要制造薄厚均匀的大器物，绝非易事，盘泥条是最原始的手段。先把泥搓成长条然后一圈一圈往上叠加，大的器物通常一次不能成型，需要等盘好的部分略微干爽有一定硬度了再往上盘，整个技术流程就是建立在对泥性的充分了解之上。秦兵马俑如此庞大的数量和体量就是利用了陶的各种制作工艺并形成了流水线式的规模化生产才得以实现的。

不同的泥也具有不同的特性，人们在制造陶器的过程中，逐渐发现了泥性不同的规律，瓷的出现就是源于高岭土的发现，而有一些器物如澄泥砚、紫砂壶就是有意保留了这种泥自身特点的典型之物。由于泥的柔软，泥条、泥片、泥球是基本的造型元素，陶塑的造型就是用这样的基本元素建立起来的。我们所看到的很多陶塑，比如陶羊、陶猪、陶狗等，体量都不大，腿一般都既短又粗，就是因为泥太柔软，粗短的四肢才能更好地支撑身体和头的重量。一次成型的造型手法，会显得轻松自如，比如明器中的一些动物俑，尤显憨态可掬，为了增加其承重的面积，且多是俯卧之态。因为泥的这种特性，形成了陶塑的独特韵味。生动、传神、夸张以及一气呵成的率直都成为了它的审美品格。

相比于别的雕塑方式，泥塑是中国人最擅长的。古代寺庙大量的彩塑都是

---

3 张亚林、江岸飞：《中国陶瓷设计史》，江西美术出版社，2016年，第4页。

用泥直接完成，不用烧制也不用翻模铸造，而是在庙宇里直接用泥塑成。泥在干湿前后的收缩比例较大，干裂几乎是不可避免的事。由于泥的柔软且自重较大，整体堆塑造型，泥因自身的重量会不断的下坠，导致难以成型，所以必须用木头制作骨架。我们知道有一些佛像是木胎或是石胎的，就是利用木石做骨架支撑，但骨架表面敷上的泥很容易干裂掉落，需要增加泥的纤维连接，于是一套完整的泥塑工艺就在实践中不断得到完善。首先用木头做好动态骨架，然后在骨架上捆绑草绳，增加泥与芯的连接黏合性，也保留内部的收缩空间。泥也分为几层，先用加了秸秆的粗泥，堆塑出整体体量，再用掺合了麻和沙的中泥作出大形，最后用添加了棉花的细泥塑造表面的细节。如此一来，泥就算干了也只会出现很多牛毛般的细小裂缝，通过后期的反复补缝，塑像的泥被压得越来越磁实，最终获得如夯土一般的坚固感。这一成熟的工艺是中国传统泥塑得以光彩夺目的保证，也是劳动人民掌握和驾驭材料物性的智慧结晶。除了这种大型的泥塑，小的泥塑也可谓是精彩异常，我们耳熟能详的"泥人张"和"惠山泥塑"以及河南周口淮阳地区民间的"泥泥狗"等，都是利用泥的塑形特点形成了风格各异的雕塑类型。

此外还有一些可塑的材料，比如面塑和青藏高原地区的"酥油花"就是较有特点的捏塑材料。酥油花是用酥油作原料表现佛教题材的故事，可以制造出层层叠叠，异彩纷呈的视觉效果。面塑顾名思义是用糯米粉或精面粉为原料，捏塑人物或动物的雕塑工艺，与原本的食物造型脱离，成为具有观赏性的作品。

可塑的材料以及相应的塑造工艺技巧，在表现各种主题时形成了自身的语言特点。这种特点既是材料自身"可塑"的性能所在，也是其弊端所在。"可塑"与"成型"才是这一材料语言最有感染力的地方。创作者利用双手与柔性积聚材料的反复揉叠，加减撕扯，在主观造型与客观物性之间，逐渐找到了精神世界与物质世界同构的方式。

二、可"雕"的材料

对硬质材料的雕刻与对软质材料的塑造是人们面对自然世界各种物质材料所采取的本能处理手段。但不同的民族对材料的理解与驾驭也是有差别的，当然这也和地理环境有关。比如西方对于石雕的偏爱，不管是建筑还是雕塑都是用大量的石头雕凿完成，这一传统可以追溯到古埃及的影响，而中国不管是建筑还是造物，都偏爱泥土，夯土垒墙或是烧土成砖。不过也不能说中国对石头这种可雕刻的材料就完全忽略。"雕"同样是我们的一个传统，只是较少有大型的石雕建筑，更多地体现在玉石和角木雕刻之中。在我国较早的文献中也有对雕刻的零星记载，比如《韩非子·说林》引桓赫的话说："刻削之道，鼻莫如大，目莫如小。鼻大可小，小不可大也；目小可大，大不可小也。"[4] 精准地形容了雕刻的特点，即不可逆，鼻子雕大了还可以往小了雕，但一旦小了就不复增大，眼睛（应该是上下眼皮）小了还可以往大了扩。

古人认为"石为土之骨"，为天地之气所凝结，不仅有女娲炼石补天的传说，还有采天地之灵气，吸日月之精华的顽石变灵猴的故事。因此，对石的推崇与赏玩也是我们文化传统的一部分。虽说石材是最普遍的雕刻材料，但不是所有石头都适合雕刻，大理石自然是雕刻材料中的上品。石材的产地和运输对石雕的发展有所限制，工艺传统也就有所差异。在一些雕刻石材不那么盛行和工艺不那么成熟的时期和地区，石雕的造型基本用"循石造像"的手法，尽可能减少剔除石头的量，利用石头自身的势像稍作雕刻即成，不失为一种经济省力的办法，同时也有一种自然天成的趣味。在大型石刻方面，中国佛道造像依山而造，比如云冈石窟、龙门石窟、乐山大佛等都是雄伟壮观的力作。陵墓的石棺椁以及陵墓前的石像生、石兽同样也是古代石雕艺术的典型代表。虽说中国没有西方石雕人体和石造建筑的文化传统，但不意味着中国对石头材质的理解和掌握就非常粗浅，石材应用于陵墓之中，还有另外的一层意义。石质丧葬

---

4 《韩非子·说林》，申楠译，北京联合出版公司，2015年，第24页。

性建筑——阙、碑、享堂、祠堂，在东汉时期大量出现意味着石头的"永恒"价值被发现，石头所拥有的自然属性——坚硬、素朴，坚实耐久，在汉代人的思想中似乎只属于神仙和死者。石材不仅与死亡相关，也与不朽和升仙的思想密切相关。[5] 此外，"减地平雕"的画像石雕刻也是在这样的背景下迅速普及的，浮雕的艺术也得到了进一步的发展。不同的石材在雕凿中也会呈现不同的语言特点。常用的石材为火成岩（花岗岩）、沉积岩（石灰岩、砂岩）和变质岩（大理石），由于石料的质地和硬度的差异，也就形成了不同的造型手段和风格，用于不同的雕刻主题，比如花岗岩最为坚硬，颜色也多样，适合建筑装饰石雕；而沉积岩石质松脆，结构松散，容易风化，比较适宜风格粗犷的大型雕刻作品；大理石硬度适中，质地莹润有韧性，适宜雕刻繁复细巧的作品。[6] 雕刻与打磨是加工石材最基本的工艺，"麻点"和"光亮"也是石雕材料语言基于两种加工工艺的表面呈现结果。

玉雕严格来说也是石雕的一种类型，如古籍所言"玉乃石之美者"，但对于中国人来说，玉有它足够特别的内涵，玉石雕刻也就承载了更多的文化意义。《考工记》下卷开篇就是《玉人》，详细记载了玉与等级制度礼仪规程的关系，"天子用全，上公用龙，侯用瓒，伯用将……继子男执皮帛。"[7] 玉的质地直接与人的等级身份相关，或者说玉的质地标示了人的等级差别。在新石器时代晚期，红山文化、良渚文化的玉器制作就相当成熟。砣具和解玉砂的使用，提高了玉的加工效率和工艺水准，开片、穿孔、刻纹、抛光都需要有相当丰富的经验，所谓"玉不琢不成器"，"琢"是玉成形成器最重要的方式。

木和竹也是雕刻的主要材料。木雕相比于石雕较易损毁和腐烂，目前发现的最早的木雕是距今 7000 年前的新石器时代晚期辽宁新乐出土的木雕鸟和河姆渡出土的木雕鱼。据《礼记·曲礼下》记载，早在商代，王室中已设"六工"，

---

5 ［美］巫鸿：《中国古代艺术与建筑中的纪念碑性》，李清泉、郑岩译，上海人民出版社，2017 年，第 209—210 页。

6 路甬祥总主编、汤兆基主编：《中国传统工艺全集·雕塑》，大象出版社，2005 年，第 69 页。

7 《考工记》，闻人军译注，上海古籍出版社，2021 年，第 85 页。

"木工"就在其列，包括了木器制作与雕刻。[8]《庄子·天地篇》云："百年之木破为牺尊，青黄而文之……"[9]说的也都是木可雕刻成祭祀的器物。古代木器多加彩绘或髹漆，雕刻的技艺与涂漆彩绘相得益彰。大漆通过层层覆盖，形成一定的厚度，然后再进行浮雕的削刻，称为雕漆工艺，俗称"剔红""剔犀"。同样，不同的木料，雕刻的手段也有所差异；建筑用的木雕多为白木，家具的雕刻多用红木等硬木。竹是既可编织又可雕刻的材料，竹雕工艺在明清达到顶峰。由于文人对竹"高风亮节"的偏好，竹雕器多为文房用品，笔筒、香筒、笔盒、笔架、臂搁、墨床等。竹虽中空，可供雕刻的实体并不厚实，但不同层面的质地和色泽却很丰富。表面的竹皮在雕刻中又叫留青，竹肉表层纤维紧密、细腻晶莹称为竹玉，竹肉里层质松色浅，最底下凹面称为竹黄。竹雕器物需要巧妙利用竹的特点，臂搁的拱形、笔筒的中空与竹节隔断就是竹材的妙用所在。

骨、牙、角同样是具有悠久历史的雕刻材料。除了动物骨骼较为常见，牙、角在自然界虽不算极度稀缺，但也不是随意就能获取的，象牙、犀角的珍贵性让古代先民对牙角雕刻倾注了极大的热情，牙雕套球在宋元时期成为了这一工艺登峰造极的代表。也因为象牙的空心管口性、圆柱形以及非常珍贵的特点，形成了象牙雕刻因材施艺，巧用料，用足料的工艺特点。

砖雕是陶塑和陶雕的一种变体，也是建筑雕刻的一种形式。汉代的画像砖和砖雕工艺就已非常兴盛，南北朝的模印砖也极具特点，金代盛行的仿木结构墓室的砖雕更是盛极一时，明清时，砖雕艺术形成了不同的风格，普遍应用到民居的建筑之中。砖由粘土烧制而成，质地较为粗糙，用于建筑装饰，并不是独立的艺术观赏作品，且考虑到较远距离的观看和室外光线较强的原因，再结合砖自身的材质特点，所以砖雕整体造型比较概括，空间层次起位较分明，甚至采用透雕工艺打开空间的隔断，可以说材料和工艺同实际的应用非常契合。

可雕刻的材料还有一些，比如皮具、葫芦等，在造型和工艺上又都有一定

8　路甫祥总主编、汤兆基主编：《中国传统工艺全集·雕塑》，大象出版社，2005年，第101页。

9　《庄子》，雷仲康译注，远方出版社，2004年，第123页。

的历史，但相比于前文提到的雕刻材料，并不具有雕刻艺术的典型性。进入到现代，雕刻材料变得更加丰富，比如纸雕、塑料雕刻、冰雕等形式也更多元。

三、雕与塑之外的材料

还有几种典型的雕塑材料是雕与塑的转化材料，最典型的就是铜和铁。青铜雕塑或者铁雕塑是模范和浇铸工艺加工完成的，它本身只是泥塑（泥模）或者其他材质雕塑经过复杂工艺转换的一种材料。因为金属有一定的延展性和韧性，铜通过锻造和焊接也具备一定的构形功能，这也是一种非常普遍的雕塑工艺。在古代类似的捶揲工艺主要应用在金银器的制造上。金银器因为其材料的珍贵，通常做成的器物都比较小，但加工工艺极为精湛，金线拉丝编织就是这种特殊的造型方法之一。金是所有材料中非常特殊的一种材料，性能极其稳定且极耐腐蚀。金的这种超强稳定性曾经给人无限的遐想，古人认为人要是能借助金的这种特性也能长生不老，所以为了修炼成"不坏金身"就要吞食"金丹"，当然这是没有任何科学根据的，但也能从侧面反映出人们对金的一种认识。另外，黄金的超强韧性不仅可以拉成极细的金丝也可以捶成超薄的金箔。现代技术 50 克黄金可以抽丝达八千米，纯金可以捶成万分之一毫米厚的金箔，可见其韧性多么非同寻常。捶揲、掐丝、錾刻就是充分利用了金的材料特性发展出的一套特殊工艺。

编织和缝制也是雕塑的一种造型手段，在今天的雕塑范畴里，这种造型方式做成的作品统称为软雕塑。编织的材料可以追溯到很早以前，甚至在陶器出现以前，人们就开始使用藤编的器物了，所以有一种观点认为陶器是在藤编器上裹上泥，使用时在火上烧烤，藤烧成了灰后，泥就变成陶了。不管这个观点是否有足够说服力，但从原始陶器上的编织纹可以了解到藤编器肯定是在陶器发明时就已普遍使用的器物了。可以编的材料也不只是藤，还包括了竹、秫秸秆、棕榈叶、麻等。由于这些材料的器物过于低廉和易朽毁，也就很难有古代的器物传世。还有一类吹制类的材料，典型的就是玻璃，利用玻璃加热后呈膏状，玻璃间的空气无法排除，形成玻璃泡的材料特点，可以进行自由吹塑，也可以利用模具成形，还可以在表面进行打磨和深刻的处理。塑形性如此之强的玻璃，直到今天都是很受艺术家青睐的材料。

除了以上这些典型的雕塑材料，其实还有很多材料具备了一定的雕塑造型性，且不同的材料进行组合和装配也是古代造物的一种基本手段。最典型的一种造型工艺就是竹扎裱糊，风筝或者是丧葬中使用的扎纸屋和纸人偶就是这一类。在制作这一类的造型物时，工匠要用到各种材料和手艺，有一些作品在特殊的时候使用，甚至具备了临时性的公共艺术功能。比如在传统节日上，上元节花灯的制造就是将各种材料搭建组合成立体造型，还应用了烛光火影的灯效。一些大型的花灯不仅需要投入大量的人力物力，也需要工匠们对材料充分了解的情况下发挥想象力和创造力。

成型成器是其材料语言的直接体现。材料性在某种程度上实现了创作者造物的理想，但有时候也会阻碍艺术创作的实现，同时又会激发创作者的探索欲，不断发展出更有表现力和内涵的语言。

第二节　"质与文"的材料语言

关于"质与文"的关系，通常理解为内容与形式的关系，这里引申为华丽繁复的美和平淡素净的美。这种相对关系在《易经》中就有论及，《贲卦》中就包含了这两种美的对立，"上九，白贲，无咎"。贲本来是斑纹华彩、绚烂的美。白贲则是绚烂又复归于平淡。所以荀爽说："极饰反素也。"有色达到无色，例如山水花卉画到最后都发展到水墨画，才是艺术的最高境界。所以《易经》的《杂卦》又说："贲，无色也。"这里包含了一个重要的美学思想，就是认为要质地本身放光，才是真正的美。所谓刚健、笃实、辉光，就是这个意思。[1] 这里不仅说到本质素雅的美也说到繁复绚烂的美，同时还说到两种美并不是截然对立，繁复到极致也就变得如没有装饰一样，复归于平淡。

孔子的"文质彬彬"思想，虽然更多强调的是道德与礼仪、自然与人文的关系，而不只是文艺或审美的问题，但文质思想还是影响了很多人的审美观念和趣味。本书的"质与文"针对的是器物的材料问题，"质"是指物料自身的质地和纹理，不因其制作成别的器物或雕塑就丧失了其本质的物性，而"文"则是指过多的"文饰"，既是指过于追求表象的华丽而忽视了材质本身的物质本性，也是指一种对"质"的背离，即通过隐藏自己的本质特性而模仿另一物质的形貌获取的异质感。"文"与"质"并不一定存在审美的高下之分，而只是对材料性和艺术表现力的差异探索和发掘。

雕塑的材料语言主要是指雕塑材料所凸显的审美特性与表现张力。这种材

1　宗白华：《美学散步》，上海人民出版社，2005 年，第 77 页。

的形态和艺术表现力由材料物性所决定，这种材料物性可以是正向的也可以是逆向的。正向的材料物性是指充分发挥材料的自身特性，可以概括为忠实于材料；逆向的材料物性是指对抗其材料的固有属性，将工匠的想法和复杂技艺置于材料的自然属性之上，或模拟其他材料的物性形成一种视觉经验与认知的反差。古代造物者很早就懂得针对不同的材料进行不同的造型表现，并发展出不同的工艺，使得材料的物质性特征成为一种特殊的表现语言。器物的复杂工艺在一定程度上也是"文"对"质"的一种否定。

"崇尚技艺意味着否认材料本身的作用，因而，从某种意义上说，即否认现实。让一种物质去模仿另一种，或者让一种材料呈现出与其自然属性相反的特征，能做到这一点的确有些神奇。"[2] 这种强调视觉表象与诱惑的材料语言，也被指责为把观者带离了现实。不过从艺术表达来说，通过伪装与错视达到一种戏剧性的冲突，也是材料语言的魅力所在。

一、青铜爵与紫砂壶的"质"

对于器物材质的审美偏好并不是一成不变的，不同历史时期由于社会思想观念的不同对器物的装饰风格的影响截然不同。相比于商代中晚期青铜器的繁复纹饰，早期的青铜器追求的是一种质素的美。我们今天看到的青铜器多是呈暗褐色或是泛出锈迹的墨绿色，实际上它们在生产出来的时候，颜色应该是接近于香槟色的，可以想象即便是没有任何纹饰，其本来的质地和色彩也有很强的吸引力（图 3.2）。

二里头出土的素面青铜爵，没有任何其他的装饰纹样，并不是装饰纹饰不重要，而是在这一时期青铜器并没有形成完善的铸造和装饰工艺。彩陶的涂绘经验并不适合青铜器的涂绘，玉石的雕刻经验也很难在青铜器上应用，再加上

2　[美]詹姆士·特里林：《装饰艺术的语言》，何曲译，张顺尧校，浙江摄影出版社，2016年，
　　第197—198页。

图 3.2 青铜爵（笔者青铜本色复原效果图） 图 3.3 宜兴窑扁圆壶，清，高 7.9cm，口径 7.6cm，底径 7.1cm，故宫博物院藏

青铜材料本身的稀缺性，使得它即便没有装饰纹样也同样具备了重要性和独特性。而青铜器在打磨后变得光彩照人也使得这一材质能够超越陶和玉石成为最贵重的材料。人们对于亮晶晶的物质都有一种天然的兴趣，即便是今天也是如此，钻石、珠宝、金银都因其光芒闪烁的特点成为人们装饰的珍宝。不过纹饰所代表的意义依旧是商代先民所重视的，具有复杂意义的兽面纹是一定会在青铜器上出现的。与商后期的青铜器遍体纹饰不同，早期的青铜器即便是有了在陶范上雕刻的经验，也只是在器物显要位置阴刻出纹饰，铸造完成的青铜器则出现一圈阳纹的装饰，而其余的大部分地方依旧保留了其青铜素面的质地，一则是这一素净的铜质表面依旧有着审美特性；二则是装饰的工艺还远未达到周身遍布分层纹饰的阶段。在经历了商代中晚期纹饰布满器身的阶段后，西周早期的青铜器造型和纹饰又回归到简约、典雅风格，很多青铜器恢复到保留一部分质素的语言形式。这种复归更像是对器物材料质地美感的主动选择。

青铜器除了表面有无纹饰，其质地也是有一定规范的。《考工记》对商周以来青铜器的质地就有明确的记载："金有六齐：六分其金而锡居一，谓之钟鼎之齐；五分其金而锡居一，谓之斧斤之齐；四分其金而锡居一，谓之戈戟之齐；三分其金而锡居一，谓之大刃之齐；五分其金而锡居二。谓之削杀失之齐；金、锡半，谓之鉴燧之齐。"[3] 文中大意是说不同的青铜器其铜（金）与锡的比例不一样，铜锡比六比一适宜造钟鼎，五比一是斧斤之剂（齐），戈戟则选配四比一，三比一则是做大刃兵器的配比，五比二则宜做削矢，二比一就是制造鉴燧的比例。由此可见，质不仅仅是对表面材质美感的关注，也是对质地的了解，更上升到工艺与器物性质的整体层面。

对材质本身所拥有的审美品质的珍视集中体现为对紫砂壶质地的偏爱。紫砂是一种特殊的矿物质陶土，又称为"五色土"，原料为宜兴含铁量高、可塑性强、质地细腻的紫砂矿。因为质地糙密，表面通常不施釉，在1090至1180摄氏度的氧化气氛中烧制，能呈现出较为理想的效果，器表平整光洁，泥胎之间含有小颗粒状的细微变化。紫砂泥有不同的品类，大红袍泥、蟹壳青泥、底槽清泥、红棕泥等，不同品类的泥色泽上也有所差异，但总的来说都有一种古雅温润、浑然天成的美感。紫砂壶用于泡茶备受文人推崇，李渔在《闲情偶记》中就有记载："茗注莫妙于砂壶，砂壶之精者，又莫过于阳羡，是人而知之矣。"[4] 抛开气孔微细，密度高，泡茶不失原味的功能性特点，其古朴纯厚、不媚不俗的质地和色泽才是文人雅士所好，红而不艳、紫而不燥、绿而不浮，与文人的气质十分相似。

因其质地的天然美感，紫砂壶的造型也讲求简洁，装饰力求素雅。比如这件清代的宜兴窑扁圆壶（图3.3），造型端庄雅致，质地细润，色泽幽微，表面光素无纹，略有细砂颗粒感，且浅浅泛出金属般的光泽。紫砂壶经久耐用，坚实的质地，哑光的表面越用越有润泽感。

"质"在不同历史时期、不同类型的器物中是否彰显，关键在于材料质地语言在多大程度契合了人们的审美文化心理。"白玉不雕，美珠不文，质有余也。"[5] 天然的质地就能充分调动人们的审美感知，也就无需做多余的雕画装饰。

3　《考工记》，闻人军译注，上海古籍出版社，2021年，第42页。

4　［清］李渔：《闲情偶寄》，江巨荣、卢寿荣校注，上海古籍出版社，2000年，第247页。

5　《淮南子·说林训》，陈广忠译注，中华书局，2016年，第299页。

二、乳钉四耳簋与鎏金银乳钉纹铜壶的"文"

前文在论及器物的表面和器型时谈到的鸟兽纹觥和虎卣都是整器装饰，几乎没有留下素面的区域，这种遍布器身的纹样装饰风格也就是本书所说的"文"，"文"也有秩序规范之意。孔子曰："周监于二代，郁郁乎文哉！吾从周。"[6]意思是说周代的礼乐制度借鉴于夏商二代，多么丰富多彩啊，我要遵从周代的规范。这里说的"文"就是指社会秩序与规范，本书在借用"文"的概念分析器物的材料语言，既是指纹饰井然有序的秩序感以及张弛有度和层次分明的装饰风格，也是指不同材料相互呼应衬托达到的繁华富丽的视觉效果。

我们看到的这件西周早期的牛首乳钉四耳簋（图3.4），相比于商代晚期的很多青铜器，纹饰不算特别繁缛，突出的特点在于布局严整且次序井然。四耳完全伸出器表，对圆形的器腹形成了十字四等份的分割。耳的装饰分顶、两侧、正面四个区域，正面从上到下浮雕三牛首，上下两牛首都在耳的边框之内，中间牛首轮廓即是器耳正面轮廓。两侧是阴线刻夔纹和凤鸟纹，器耳悬出下端的小耳部分也饰有浮雕的牛首，耳顶部朝向器口的内部也雕饰有浮雕牛首；第二层的凸起是两耳之间的扉棱部分，对器表的区域形成了再一次的分割；第三层的布局才是如锥体一般凸起的乳钉纹，而乳钉纹的数量和体量以及整齐秩序，成为了器物最突出的特点。器腹两排乳钉纹之间装饰有一圈竖条纹；器腹与圈足间的连接部分则是用浅浮雕的方式装饰一圈夔纹并以云雷纹填地。器物整体端庄大方，每一处的装饰都各在其所，抽象装饰与具象形象并置，浮雕与线刻结合，结构与纹饰相辅，体现了一种周全而严谨的造物规范，同时相比于保留其青铜质地美感的素面青铜器来说，这一时期的青铜器更注重在不同形制的器物上发展不同的装饰风格。鼎簋作为周代最重要的青铜器，造物的着眼点全然不在材料的质地美感上，甚至都不在纹样的象征性上，而是强调一种理性的，各安其位、各司其职的造物精神。

---

6 《四书五经·论语·八佾》，朱熹注，中国书店，1985年，第11页。

图 3.4　牛首乳钉四耳簋，西周早期，高 29.7cm，宝鸡石鼓山西　　图 3.5　鎏金银乳钉纹铜壶，西汉，高
周墓地 4 号墓出土，陕西省考古研究院藏　　　　　　　　　　　45cm，圈足径 17.9cm，1968
年满城陵山中山靖王刘胜墓
出土，河北博物院藏

　　"文"的理念也不只是理性的秩序感，还包括不同材质形成的绮丽与奢华
的装饰风格。玉石镶嵌于青铜器物上，早在二里头文化遗址中就有发现，著名
的绿松石兽面纹青铜牌就是非常华丽的一件器物。随着青铜器铸造工艺的发展
与成熟，经历了繁缛纹饰之风后，玉石镶嵌的工艺、错金银以及鎏金工艺都开
始发展起来。春秋战国时期的青铜器，不仅器物类型更为多样，在材料的工艺
上也追求推陈出新。虽然商代早期就已经出现了玉石镶嵌的技术，但在一个器
物凸起的球面上镶嵌比在平面上镶嵌难度大很多，因此青铜器上的玉石镶嵌并
不那么普遍。这件鎏金银乳钉纹铜壶（图 3.5）是一件汉代的器物，壶身没有
雕刻图案，而是利用不同材料肌理色泽的对比以及布局分割的形式，让器物有
一种豪华高贵的风格。铜壶束颈鼓腹，腹部有一对铺首衔环，颈部、上腹部、
下腹部宽带作鎏金斜方格纹，方格交叉点上镶嵌鎏银乳钉。鎏金斜方格宽饰带
之间采用鎏银工艺装饰，与鎏金的颜色质感形成对比。斜方格形成的菱形、三
角形中填嵌绿琉璃，琉璃上再划出斜方格纹，方格中间点上圆点。这是一件铜
胎鎏金银嵌玻璃，多种材料工艺巧妙结合在一起的器物，出土于中山王刘胜之

墓。从这件器物我们可以看到，青铜本身的材质色泽和质地在汉代时已经不是具有吸引力，色彩浓烈典重的漆木器相比于原本色泽相对单一的青铜器具有更强的竞争力。随着青铜礼器的衰落，重器逐渐减少，实用和观赏器得到了进一步的发展，因此，身份显赫的贵族更倾向于使用彰显其高贵身份、雄厚财力的鎏金错银青铜器。鎏金银、错金银、宝石镶嵌的各类青铜器也就成为了这一时期的崇尚之物。

同样出土于中山靖王刘胜墓的错金镶嵌凤鸟衔环双连杯和错金镶嵌豹镇都是造型和工艺几近完美的器物。财富和地位很多时候也需要特别的形式展示出来，多种贵金属和珍贵材料达到一种巧妙的结合才能凸显其高贵与特别，因此在汉代，"文"的材料语言在财力充沛的条件下，发展到了一个新的高度。

三、材料的模仿与转换

"文"从另一个角度来说就是伪装与矫饰。当然从艺术的角度来说，这是一种常用的材料转换的雕塑语言表达方式。用一种材料模仿另一种大家熟悉的材料，达到陌生和错觉的效果，也是增加艺术表现力的一种手段。特别强调材料思维的当代雕塑也不乏这种尝试的案例。有艺术家用红木雕刻成一根细细的钢筋，看上去有一种金属的质感；还有艺术家用木头模仿竹子的结构和纹理，同样给人一种肖似却不是的错愕感。这种方式有很强的视觉感染力，每一种材料都有自身的色泽、纹理、性能等特点，用另一种材料模仿它的形态和性质，不仅是呈现一种视觉假象和本质属性的矛盾，也呈现了不同材料背后文化上的冲突。因此材料形态之间的模仿与转换也是古代雕塑和器物的制造者常用的表现方法。

有一些模仿并不完全出于材料惟妙惟肖的拟态，而是对器物背后文化价值的推崇，我们看到的宋代不少仿青铜的瓷器就应属这一类。宋代出土了不少商周时期的青铜器，成为文人雅士书房里的古董摆件。中国最早的青铜器著录《考古图》就出自宋代吕大临之手，可见，崇尚上古金石器物是那个时代的风尚。

图 3.6　彩绘陶壶，战国，高 70cm，1956 年北
京昌平松园战国墓出土，首都博物馆藏

图 3.7　青瓷琮式瓶，南宋，高 18cm，口径 12.8cm，
底径 12.4cm，台北故宫博物院藏

另一方面，宋代的瓷器有了突飞猛进的发展，器型和釉色都有了很大的进步，
在这种"尚古"之风的影响下，于是有了用瓷器模仿青铜器造型和色泽的器物。
不过这种模仿很多时候只是借鉴了青铜器的形制，纹饰细节都省略了，再加上
瓷釉和金属的质感差异较大，因此这一类的模仿更多的是看重器型背后的古风
和古意。其实对铜器的模仿并不是到了宋代才有，在汉代就有用陶去模仿青铜
的器物，比如这件仿青铜彩绘陶壶（图 3.6），结构和形式都与青铜壶无异，
只是装饰上陶壶用了朱绘手法，而没有用浮雕的手法。我们知道陶瓷在轮制技
术成熟后，做圆形的器物就变得轻而易举了，但方形的陶器体量越大难度越大，
因为焙烧过程，坯体要收缩变化，圆的器物整体变化较小且不易察觉，方直的
器型稍有变形就非常碍眼。如图这件陶壶，体量之大，方圆曲直结合，形体如
此周正，实属不易。

不同的材料由于稀缺性的差别，有高低贵贱之分，珍贵的材料也多集中掌握在权贵阶层手中，对于大多数普通阶层的人来说，想要附庸风雅，追随上层阶级的审美风尚，就只能用较低廉的材质模仿珍贵材料所制成的器物，在形式上接近其趣味。同一器物造型、不同材料的转换，通常发生在低贱材料对高贵材料的模仿。不过在珍贵材料刚刚被发现时，情况恰恰相反，在青铜制器的滥觞期，因为其材料特性还未充分了解，工艺水准也较粗浅，制造的青铜器则基本上是对陶器的模仿。

当三代的青铜器，在宋代重新出现在人们的视野中，除了少数有文字的保留了其历史文献价值外，其余大都成了博古架上的赏玩之器。古董所具有的历史符号价值也通过其材质和形制体现出来。器物成为了摆件才使得用异质材料进行模仿成为一种趣味，因为很多时候，模仿本质上就不是为了替换使用功能，而是一种艺术上的玩味。当然也有用铜直接仿造商周青铜器，甚至出现了仿古摹旧几可乱真的器物。不过复古风气不是单一的仿造或伪造古代器物，而是对"古风"的一种追慕，因此有古意的器物造型和装饰，会出现在各个物料媒材领域内，用别的材质模仿其古韵反倒增加了其独特的艺术魅力。材料和形制带来的反差给人一种既熟悉又陌生的冲突感。清代后期各种工艺都非常发达，这种材料间的相互模仿变得极为普遍，比如用木头模仿竹筒形制作的笔筒，用象牙模仿竹片制成的臂搁，而用竹子去模仿的青铜器型制作的器物等。总之，这种异质材料对真实物件材料的转换在器物制作传统中屡见不鲜。比如这件清代的竹根雕夔纹提梁卣（图3.8），从它的陈列方式上看显然是一件观赏器。器物有完整且精致的底座和支架，形式上也与中间的器物造型非常吻合。从器物名称上看也知道是一件仿青铜器的器物，虽然它呈现的形是青铜器的器形，但竹的纹理质地丝毫没有隐藏，让人一眼就能看出是一件竹雕的器物。有很多器物器型和材质是一个有机的整体，比如这种带链式提梁的器物通常只有在青铜器上才有，像陶瓷之类的材质显然是极不实用的，也就不会成为一种典型的器型样式，因此只有用别的材质表现要模仿器物材质的典型形式，同形异质的表现力才能更为饱满。

图 3.8　竹根雕夔纹提梁卣，清，通
　　　　高 37.5cm，卣高 25.3cm，故
　　　　宫博物院藏

图 3.9　紫檀雕画卷袱式盒，清，高 11.8cm，长 25.2cm，宽 15.7cm，
　　　　故宫博物院藏

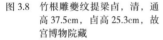

　　还有一种模仿是强调材料自身的质感，用硬质的材料模仿软质材料的柔软性，这在当代雕塑中已经是不足为奇的材料语言，比如用石去表现塑料袋的质感，用木头表现皮革的纹理等。这种转换同样在古代的器物制作中也有巧妙之作，前文提到的描金彩漆包袱式纹长方盒就是一例，不过从材质上看这件紫檀雕画卷袱式盒（图 3.9）更为复杂。器物在造型上模仿了手卷卷轴置于书上，用布巾捆扎的形态，实际是可以打开的三层盒。而布巾、卷轴、书都是紫檀木雕刻而成，并同时表现了几种材质的质地，书本的整齐，卷轴上的精细雕花，以及布的柔顺都表现得淋漓尽致。

　　我们也应该看到器物不同材料的模仿和转换，并不一定是出于艺术的表现，比如墓葬中的明器，大多数都是用较低劣的材质去替代较珍贵的材质，因不同时代墓葬风尚的差异，随葬物在不同朝代也有所差异，有一些材质的器物是专供陪葬的，比如唐三彩等。也因为这种转换失去了其作为器物的实用功能和赏玩功能，由此产生了一种特别的材料语言，比如用石头模仿瓷器或许只是看中石材本身所具有的坚实永恒特点，这种器物造型笨重，既费时费力，又不具有实用性，今天看来反倒有一种笨拙的顽皮之趣。

四、漆木镇墓兽与鎏金嵌玉镶琉璃银带钩的文质统一

《论语·雍也篇》中所载："质胜文则野，文胜质则史，文质彬彬，然后君子。"[7] 虽然是谈人生修养或是自然与礼法的问题，但也可以借用此概念来论及器物的材料语言。"文质彬彬"是就器物的材料性语言而言的。"文"与"质"相得益彰，既是指质地与纹饰两不相害，也是指以材料为本、顺其脾性的材料观与巧施工艺、以技为优的材料观的相互调和。从艺术角度来说，文与质执其一端皆可有所为，不过从中国传统美学思想出发，雕饰与素朴还需遵从"中庸之道"，这也是影响了我们上千年的思想观念与审美趣味，但这并不是说我们的造物和鉴赏都秉承这样的中庸中和之道，而是说我们要在两个方向上有一种自觉的调整能力，善于找到器物造型与材质的互补关系，夸张与质朴形式的适宜状态。

在材料、形式上达到高度契合的器物不在少数，比如战国楚墓出土的髹漆木制镇墓兽就是非常有代表性的器物。镇墓兽是墓室中保护墓主的神异偶像，通常形象狰狞恐怖，怪诞奇诡，具有辟邪的功能。战国楚墓出土的镇墓兽多为木雕髹漆彩绘再嫁接真实的鹿角，材质和工艺都非常有特点。江陵出土的双龙头镇墓兽（图 3.10），高度达到 1.7 米，似兽非兽，似人非人，怪诞阴森幽怖。底座为实心方木，四面有铜铺首。背向的两兽头曲颈弓身，以榫卯结构插入底座；兽首瞠目、阔鼻，长舌至颈，两兽头顶各插一对巨型雄鹿鹿角，枝杈横生，壮美而神秘。通体髹黑漆，用红、金二色彩绘兽脸和兽身及座上纹饰。漆器在战国楚地非常盛行，木雕髹漆不仅让易朽的木头得以保存，而且与其夸张诡异的造型浑然一体。黑、红、金几种色彩，浓艳中透出一点森然，与木胎的造型和组合，可以在精致和坚固两方面都达到了平衡，相比于北方石质镇墓兽的厚重威猛，楚墓髹漆的材料工艺更具灵动和魔幻色彩。加上"现成品"的嫁接，起到了如画龙点睛一般的奇效。鹿角与木雕的结合也具有天然的契合度，枝桠

---

7 《四书五经·论语·雍也》，朱熹注，中国书店，1985 年，第 24 页。

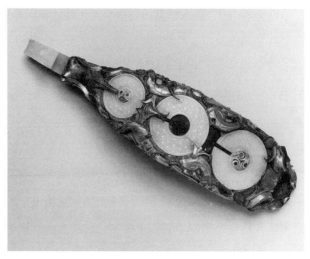

图 3.10 彩绘龙云纹双头镇墓兽，战国，高 52cm（未计鹿角），1986 年江陵雨台上 18 号墓出土，湖北省文物考古研究藏

图 3.11 包金镶玉嵌琉璃银带钩，战国，长 18.7cm，宽 4.9cm，1951 年河南省辉县固围村出土，中国国家博物馆藏

的盘错变幻莫测、生动奇异。真实鹿角的应用当然不是简单的材料嫁接问题，它背后必然有一套观念逻辑起作用，比如鹿角是龙角的拟态，龙对墓主来说有着引魂升天的作用，或者鹿角是力量和实力的象征，具有保护墓主且炫耀力量的作用等。单从材料语言的角度来说，这种将人工雕刻的材料与自然现成物并置，且嫁接得如此天衣无缝，浑然一体，不得不说是具有天马行空的想象力和浪漫主义精神的楚人特质。如果说髹漆木雕是文的代表，那鹿角就是质的体现，文质关系在镇墓兽上的完美统一，是古代器物材料语言的综合。

当然，镇墓兽在那个时候不可能完全出于材料语言和审美思想去制造，但客观上还是具有一定的启发性。毕竟从无到有，再到恰如其分也会经历一个变化的过程。这个变化的过程，就是制造者在运思雕塑形象、器物功能和材料适配性的相互关系。

前文提到的错金银和鎏金工艺在汉代的很多青铜器中已经广泛应用，且工艺水准达到了一定的高度。一件艺术感染力强的作品，除了工艺的精巧，还需要有更丰富的精神表达维度，材料在某种程度上就是这种精神性表达的物质载体。玉和金的材质结合被赋予了美好的寓意，"金玉满堂""金科玉律""金口玉言""金童玉女"，金和玉总是联系在一起，所代表的就是人们对生活的一种美好愿景。

古代的金既可以指黄金，也可以指青铜这样的金属，或者说具有鎏金表面的青铜等。出土于河南辉县固围村的战国时期的鎏金嵌玉镶琉璃银带钩（图3.11）是一件多种材料巧妙结合的杰作。玉带钩由白银制成，通体鎏金，钩身前后两端铸有浮雕式兽首，两侧为长尾鸟，盘曲透迤，围绕着中心的三块白玉玦，头尾玉玦中心圆孔各嵌一颗半球形琉璃珠，钩首为白玉雕琢而成的雁首形。小小的带钩集中了当时最先进的工艺技术，将不同质地、不同色泽的材料完美地结合在一起，玉的润泽典雅，银雕饰的锐利盘曲，鎏金的富丽华美，琉璃的晶莹透亮，让整个器物散发出一种贵而不奢、华而不俗的品质。

带钩作为古人腰间的系绑腰带之物，类似于今天的皮带扣，不仅是日常使用的物件，也是身份和地位的象征。正如《淮南子·说林训》载："满堂之坐，视钩而异，满堂坐人，规其钩，各异形。"[8]可见，带钩虽小，但见身份和格调。玉的镶嵌在这件带钩中起到了关键的作用，平衡了金属的锐利和冷峻感，同时玉象征谦和高洁的品格，也中和了金银所具有的富贵浮华之气。金镶玉是相得益彰的经典材料组合，体现出是文与质在审美层面的交相辉映，具有很强的民族性特征，我们也就很容易理解为什么北京奥运会会选择"金镶玉"作为金牌的设计理念。

用"文"与"质"来形容材料语言时，只是一种修辞。好的器物一定是充分利用和发挥了材料的各种特性，即便是有悖于材料物性的工艺，从另一个角度来说也是对材料性反向的一种挖掘，因为这同样可以制造意料不到的艺术效果。

---

8 《淮南子·说林训》，陈广忠译注，中华书局，2016年，第297页。

第三节 极致与遮蔽的逆材料语言

　　制器者对于材料的态度，决定了器物的制造是在传统的样式窠臼中精益求精，还是开创一种全新的表现手法。不过对于器物的材料，即便是最为激进的态度，也不可能脱离器物这一表现主体来孤立地表现材料的物质性。材料对于器物制造不可能不受"成器"的限制。器型、材料、制器者是器物的三边关系，如同表现对象、材料、雕塑家是雕塑的三边关系。通常来说，雕塑家在表现客观对象时，融入自己的情感与创造性，最终通过物质材料呈现出来。现代主义大大削弱了表现对象的重要性，如我们看到的大卫·史密斯（David Smith）抽象金属构成雕塑。而后现代主义又将雕塑家的主体性也削弱，从而凸显其材料的物质性，比如卡尔·安德烈（Carl Andre）和唐纳德·贾德（Donald Judd）的作品，材料几乎不经雕琢，只是以一定的方式摆放或是陈列。如此一来，雕塑的材料语言被隐藏在物品的排列组合方式的背后，以及残存在物品所具有的社会性隐喻之中。

　　这是当代雕塑发展所带来的问题，如果从坚守雕塑的本体性出发，那么对雕塑材料语言的打磨和探索也会卓有成效。而如果沿着一条反材料性的思路或者说逆材料性的方向前行，则更有创新的可能性，不少当代的雕塑家就是在这样的道路上积极探索。比如安东尼·葛姆雷用面包堆砌起一个长方形的床，又吃掉部分面包使方阵中凹陷出自己的身体体形，面包随着时间的变化也处于变化之中，最终因为腐烂变质，成为了只能短期展出的作品（图3.12）。这种将物质材料与雕塑形态之间的矛盾性充分挖掘的案例有很多，比如宋冬的《吃城市》（图3.13），用成千上万、各种各样的饼干搭建起一座城市的模型，形

图 3.12 床，安东尼·葛姆雷，1980 年，面包　　　　图 3.13 吃城市，宋冬，2000 年，饼干等

成一种食物堆积如山的景观，而作品最终又被现场的人们所吞噬。从食物变成雕塑的材料再变回食物，从无到有再回到无，材料和物质出现了一次交互。

　　每一种材料在造型的表现上都有不同的优劣点。挑战材料的缺点甚至利用材料的缺陷来进行创作，是艺术家在突破材料局限的同时探索更自由的表达空间。虽然这种逆材料性的探索有可能失败，甚至变成一种驾驭材料的炫技，但正是有了这种对材料性的挑战和逆反，艺术才带给人们无限的想象和惊叹。也有一些非常实用的材料，因为有了特别的造型而有了附加的艺术和文化价值，且这种价值本身构成了对材料自身的一种悖反。而有一类器物材料的物用和形式是截然相反的，它的艺术价值越被珍视其物用性就越是被削弱，从而构成对自身物性的颠覆。

　　当人们的审美发展到一定高度之后，对极尽奢华和超级写实的模仿趣味极易成为一种追求感官刺激的风尚，视觉的浅层愉悦和享受超过了对艺术深层次的理解和感知。这在欧洲的艺术发展史中被称为是巴洛克风格，中国在清代也出现了类似的以复杂装饰和表面幻觉为审美导向的风格，在皇家和贵族阶层尤为明显。很多器物的精工细雕，只是制造一种华丽的表象，甚至与器物的内在特性毫无关系。而在一些观赏器中，尤以奇珍异宝装点成的盆景最为突出，用金银丝、珠玉、翡翠装饰成一株带有寓意的植物景观，各种材料并置在一起，各肖其物，让人忘记了它原本之状、原本之性。这种对物像惟妙惟肖的模仿也使其自身的材料物性被形象完全遮蔽。

一、蛋壳黑陶与曾侯尊盘的逆材料性语言

陶作为人类最早制造的合成物，对人类进入文明阶段具有标志性的意义。陶器的强度和耐水性相较于泥都有了显著的提升，但它的易碎性也是显而易见的。陶土的烧制温度、陶坯的壁厚，甚至陶土本身的细腻度都能影响到陶器的强度。为了让它的易碎性降低，古人也进行了漫长的探索与研究。不过与此相反的是，龙山文化的蛋壳黑陶，反倒追求一种极致的薄和脆。显然这种像蛋壳一样易碎的陶器不是朝着材料耐用结实的可能性去探索的，而是不惜代价地想要制造一种特殊的，似乎一触即溃的器物。这种反材料性的造物思想，虽然于器物的使用毫无增益，但对拓宽材料语言大有裨益。

我们看这件蛋壳黑陶高柄杯（图3.14），从上到下略呈倒三角之形，喇叭形敞口，可以看到其壁如纸一样薄，鼓腹饰五圈弦纹，高柄为细管长颈，中间隆起的形体上，还密布点状镂孔，圆底较腹略小，整体看上去秀雅纤弱。高柄小底喇叭口，其重心是非常不稳的，连接的长柄细管形中间还有镂空，要多易碎有多易碎。这种陶器的出现，与那些追求坚固的日用陶器性质完全不同。它在材料上获得的特殊性就是它艺术性的体现。艾伦·迪萨纳亚克（Alan Disanayake）在《艺术是为什么的？》一书中提出艺术创作的一个主要因素是"制造特殊物品"的欲望。[1] 蛋壳黑陶把器壁做到极致的薄，就是投入比正常需要更多的加工时间，获得比正常成功几率小得多的成果，由此达到"制造特殊物品"的目的。

蛋壳黑陶在材料上的极致表现，朝着材料自身易碎的缺陷发展出了极端的工艺。正是这种强烈的冲突感给人的心理一种强烈的暗示：首先，这是极为珍贵之物，它是成百上千的失败中幸存的；其次，它只可观望，难于使用，稍不留心，就可能破损；再者，形式的精致也让它有别于一般性的器物，典雅、庄重、纤细，自然与众不同。其实即便到了今天，对于超薄瓷器的材料性探索

1　［美］巫鸿：《中国古代艺术与建筑中的纪念碑性》，李清泉、郑岩译，上海人民出版社，2017年，第65页。

图 3.14 蛋壳黑陶高柄杯，龙山
文化，高 26.5cm，山东
日照东海峪出土，山东
省文物考古研究所藏

图 3.15 曾侯尊盘，战国，尊高 30.1cm，口径 25cm，盘通高 23.5cm，
口径 58cm，1978 年湖北随县曾侯乙墓出土，湖北省博物馆藏

也没有停止，骨瓷就是这一探索的结果。

　　在工艺上耗费巨大人力物力的器物，总是出于特殊目的制造出来的。曾侯乙墓出土的曾侯尊盘，可以说是青铜器中最匪夷所思的一件器物，它的工艺之复杂，造型之精美，甚至达到了违反材料造型规律的程度。

　　曾侯尊盘（图 3.15）是由尊和盘两件器物组成的一套冰酒用具。尊的主体部分为侈口，长颈，圆腹，高圈足。口部宽厚，外沿翻折，颈部饰蟠虺纹组成的蕉叶纹，颈腹之间饰有四条回首、返顾、吐舌、身躯镂空的兽形大耳，腹部悬塑有四条双身的龙相互旋绕，龙的颈部连在尊颈部兽耳的尾部，造成盘旋腾空的错觉，圈足外部也有四条双身龙，双身左右还各攀附着两条小龙。与尊组合在一起的铜盘，高出于口沿之上的四个长方形的透空附饰与尊口制作方法相同，盘体四周也为群龙所盘绕，统计一下，有龙 56 条，螭 48 条。[2] 整

―――――――――――

2　李松：《中国美术史——先秦至两汉》，中国人民大学出版社，2014 年，第 135 页。

件器物应用了失蜡法铸造，非常有特点的是为了增加其连接的坚固性，尊口、颈之间的器壁做成了内外双层。"内层为有规则的镂空网状结构，外层为一些分布不规则的铜梗相互勾连，与口沿上的繁缛花纹相连接。口沿由高低两层透空附饰组成。内外两圈，错落相间。每圈有十六个花纹单位，每个单位由形态不一的四对变形虺组成。虺均各自独立，互不依附。每条虺的下端由弯曲不规则的小铜梗支撑，这些小铜梗立于外层器壁的铜梗之上。整个口沿和唇面就形成了极为复杂，又错落有致，既玲珑剔透又节奏分明的立体花环艺术形象。"[3]这样的器物与我们印象中的青铜器差异甚大，不只是精细的雕饰，更在于它所呈现的具有颠覆性的视觉效果，堆砌、悬塑、镂空各种表现手段集于一器，给人以扑朔迷离、如真似幻的视觉享受。

青铜铸造经历了商周上千年的发展，从统治阶层控制的特殊材料逐渐转变成贵族生活中大量使用的普通材料，逐渐丧失了它的权力象征意义。战国之后，漆器大量使用也部分取代了青铜器的功能，因此青铜此时更多的是作为一种财富的代表，而发展出这种并不适合青铜材料性的工艺，无非是成为权贵阶层夸耀权势和财富的资本。这种鬼斧神工的材料工艺完全脱离了实用的目的，成为了观赏的对象，诉诸视觉表象和材料语言的陈设之物。

任何材料在制造成器物时，自然也就发展出相应的工艺，对工艺技术的改进就是对材料特性的深入掌握，对材料性能的理解越深入，对其制成器物的想象空间就越大，在经历了多次的失败实践之后，就可能突破原本的局限，实现极致的材料语言表达。

二、哥窑瓷器与俏色玉的材料缺陷语言

每一种材料都有自己的特点，在制成器物时既有其优点也会存在缺陷。这种缺陷实际上是相对于人的使用或是审美习惯来说的，从根本上讲材料自身

---

3 湖北省博物馆编：《曾侯乙墓》，文物出版社，1989年，第228—229页。

是没有缺陷的，所谓的缺陷是成为器物时出现的某种不利于其实用性或是观赏性目的实现的部分。为了克服材料的缺陷，匠人们要么钻研新的工艺突破材料的某些限制，要么利用材料本身的缺陷，转化成一种特别的形式语言。米开朗基罗雕刻大卫的那块石料，也是因为自身缺陷，在一个角上有裂痕和缺失，所以难倒了一众雕塑家。而米开朗基罗通过巧妙的设计和精湛的技艺，成功克服了材料的缺陷而创造了不朽的作品，从这个角度看材料缺陷也是激发创作者想象与提升技艺水准的因素之一，同时材料缺陷也可能成为材料语言最有艺术表现力的部分。

全世界不同的文明都先后发展出了陶器，但只有中国最先发明了瓷器。瓷器相比于陶器有很多的优点，不仅釉色漂亮，而且质地密实强度高。尽管瓷的坚固性大大提高了，但还是易碎之物。碎裂是陶瓷最大的缺陷，也因为这一缺陷，古代遗留下来的瓷器才弥足珍贵，"汝官哥钧定"宋代五大名窑各具特色，都具有极高的收藏价值和艺术价值，其中哥窑的瓷器表面最具特点，由于釉质纯厚莹润，胎、釉的膨胀系数不同，釉面会出现裂纹，这是生产过程中发生的难以控制的瑕疵。通体釉面被粗深或者细浅的两种纹线交织切割，在器物出窑未冷之际，浸入含紫金土的浆水中，就形成了被称为"金丝铁线"的裂纹，使整器看上去如同碎裂的瓷片黏合而成（图3.16）。[4] 这种视觉上的碎裂与实质的完好形成了一种有趣的对比，裂而不碎的奇妙感觉，受到上层社会文人雅士的青睐。纹路和纹片的形状也成为了人们欣赏和玩味的特殊对象，总结了很多非常形象的名称，比如鳝鱼纹、鱼子纹、梅花纹、细碎纹、冰裂纹、文武片等，也逐渐形成了对纹片的审美文化，明代《格古要论》中就有这样的评价："哥窑纹取冰裂、鳝血为上，梅花片墨纹次之。细碎纹，纹之下也。"[5]

釉面开裂，本是瓷器烧制的缺陷，裂纹也是瓷器破裂时出现的残损痕迹，哥窑瓷器巧妙利用了这种缺陷，使其成为了一种独特的材料语言，在陶瓷史上

---

4 孙机：《中国古代物质文化》，中华书局，2014年，第287页。

5 ［明］曹昭：《格古要论》，中华书局，2012年，第223页。

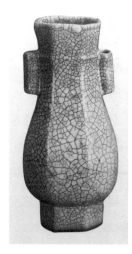

图 3.16 哥窑双耳瓶，宋，高 20cm，口径 7cm，足径 6cm，故宫博物院藏

图 3.17 俏色玉鳖，商代晚期，长 4cm，1975 年河南省安阳市小屯北地十一号房子出土，中国社会科学院考古研究所藏

留下了浓艳的一笔。

从艺术角度来说，材料的缺陷也就是材料语言有所创新的地方。如何利用和避免材料的缺陷，往往也是制作者在审视材料时首先要思考的。好的材料需要有好的形式赋予其特殊性的意义，好的内容更需要有好的材料去实现。玉就是这样的一种承载了人们美好理想的材料，玉的种类很多，且颜色也丰富多样，通体莹润的单色玉，像白玉、墨玉、黄玉等最容易用来雕刻成各类玉器。但大量的玉并不是那么完美无瑕，很多玉质有杂色，如果雕刻成玉器或玉饰，会破坏形象的完整性，也会像污渍一样的让人看了产生不愉悦的心理感受。从材料上来说，这种杂色实际上是一种自然的现象，并不能说是缺陷，但在艺术造型上，这就是特别需要设计处理的"缺陷"。针对玉的颜色差别，巧妙利用天然色泽进行雕刻，被称为"俏色"。俏色玉的发展可以追溯到殷商时期，目前发现最早的是出土于河南安阳小屯村北的玉鳖（图 3.17）。制作者利用玉石表皮和内里的颜色差别，将原有的黑褐色的玉皮保留下来，雕琢成鳖的背壳，青白色的头、腹、足与背甲形成对比显得细嫩洁净。可以看出这是一件非常成熟的俏色作品，那个时代的琢玉之人有足够的造型经验对玉的色泽变化做出巧

妙的设计，使得作品有一种浑然天成的感觉。

　　"量材就质"是古代制玉之人面对材料时的一个基本原则，也就是顺应玉石自然形态和色泽进行构思和创作。材有好坏、质有优劣，但好的构思和创意就是将自然的不完美化为人工的完美。在翡翠玉雕行业就有"无裂不雕"或是"无绺不雕花"的俗语。纹、裂是翡翠的一种结构，对于雕刻来说就是最大的缺陷，但因为有这样的缺陷，所以才发展出避雕的手法。纹是翡翠内部在形成过程中由于时间的不足，自然出现的纹路，会在时间的磨砺中慢慢愈合。裂则是物理作用造成的断隔，打光不通透，是翡翠常见的一种损伤。避雕就是在这种材料缺陷下，根据翡翠裂纹的延伸走向进行雕刻，通过巧妙的设计和精湛工艺将缺点变成优点。翡翠的硬度较一般的玉要高很多，所以翡翠的雕刻对工艺的要求也更高。最有名的翡翠雕刻莫过于台北故宫博物院所藏的翠玉白菜，大小与真实的白菜相差无几，白帮翠叶利用了翡翠天然的色泽变化琢磨而成。白菜谐音摆财，菜叶上雕琢两只昆虫，寓意多子多福，可见无论是选材还是立意都非常高妙。

　　因为材料的缺陷而发展形成的特殊语言可以说在很多器物和雕塑中都能见到。但要使这种语言成为审美文化的一部分，形成一种特殊的材料品格，不仅需要造物者在一定的限制中发挥其创造天赋和才华，更要有"抱残守缺"的积极态度，能在材料缺陷中发现其可能性。"金丝铁线"的哥窑瓷器和"俏色"的玉雕都成功将原本的材料缺陷转化成了其特殊的材料语言和审美品格。

三、雕饰墨的反物料性

　　雕塑中材料的物质性和雕塑的存在形式也有一种内在的冲突。很多材料原本并不是非常典型的雕塑材料，但因为具备了一些塑形的特性，于是逐渐形成了可供观赏同时也不影响它实际用途的特殊雕塑。面塑就是其中的一种，揉好的面具有很好的韧性和粘性，可以说是非常不错的塑形材料。简单塑好的动物、瓜果蒸好后，也依旧不影响它作为食物的口感，反倒增添了一种意趣。

这种面塑发展到越来越成熟后，就不再被食用，成为了一种只供欣赏的雕塑。这种情形在当代雕塑中更为普遍，就像英国艺术家马克·奎恩（Marc Quinn）做的面包手以及用自己的血液做的头像等，材料和最终的雕塑形式有一种难以割裂的关系和冲突感，也就是材料语言的反物料性特点。这种反物料性一方面是说原本非雕塑的材料因为有了雕塑的造型从而使得它原本的物用功能发生改变和迁移；另一方面也是指材料回归其物质性后，与其雕塑形式构成了侵害与消融。

雕饰墨饼、墨块就是一种非常特殊的文房之物。墨条、墨锭、墨饼加水在砚台上可以研磨出书写和绘画的墨汁。墨作为文房四宝之一，历来受到文人的高度重视，正所谓"有佳墨者，犹如良将有良马也"。好墨素有拈来轻、磨来清、嗅来馨、坚如玉、研无声、一点如漆、万载存真的特点。从描述中我们也能看出墨的品质好坏主要是它的实际功能决定的，而与它的外形、雕饰毫无关系，因为研磨最终会将墨锭或者墨饼自身消耗掉。按理说墨主要看磨出墨汁的好坏，与它本身的形状、表面装饰毫无关系，最多留一个可识别的商标款识就够了，但制墨者还是发展出了精细的雕饰，以增加其特殊性的品质，一方面是文人喜好和权贵阶层附庸风雅的驱动，另一方面也是商品经济发展，制墨竞争带来的结果。制墨有一套非常完备的工艺，材料基本以烟和胶为主，另外还会加入一些香料以消除墨中胶的难闻味道。制墨过程需要反复捣研、揉搓、捶打，直至墨表面无间隙，内里无气泡，最后放入墨模进行压制，墨表面的浮雕花纹和文字基本都是压模制成的，模印好的墨最后晾干，修锉边角后就打蜡填彩。

由于文人雅士对墨的喜好和追捧，墨饼的造型和雕饰也成为其价值的重要组成部分。有一类墨甚至专为收藏和欣赏而制作，造型小巧玲珑，颇有赏玩之趣，烟料和做工都非常讲究，具有非同一般的稀缺性和艺术性。不过严格来说墨的雕刻只是模印，模具的雕刻才是墨雕饰的源头，通常用梨木和樱花木制作，模具的设计和雕刻水准才是墨饼艺术性的标准。雕墨有浮雕和圆雕两种形式，雕刻的水准越高越背离其物料性。因为墨好所以要选择雕刻越特别越精致

图 3.18 黄长吉玉兰式墨,明,高 6.8cm,宽 2.3cm,厚 1.1cm,故宫博物院藏

图 3.19 鸠砚式墨,明,高 6.4cm,宽 5.1cm,厚 0.6cm,故宫博物院藏

的模具压印,这样的墨饼也就越贵重,但也由于其作为雕饰的艺术价值完全遮蔽了它的使用价值,不管它墨质有多好,使用就意味着对其雕饰艺术的消解。如图这件黄长吉玉兰式墨(图 3.18),白玉兰成了"墨玉兰",白与黑的反差,物料与形式的对比,使这件器物成为一件难得的艺术品。雕饰墨因而成为了一种使用的奢侈品或者说是不再使用的收藏品。原本好的材料因为有了好的形式反倒丧失了自身的物性。材料语言构成了对其自身物料性的悖反。好墨不磨倒成了磨人之物,宋代苏轼对此就有微议,在《书石昌言爱墨》记载:"石昌言蓄廷珪不许人磨,或戏之云:'子不磨墨,墨当磨子。'今昌言墓木拱矣,而墨故无恙,可以为好事者之戒。"[6]人不磨墨墨磨人,就是对墨反物料性语言的精辟概括。

墨可以制成各种造型,也可以填金着色,其原本的物性在雕饰藏墨中被有意识地隐藏起来。比如这件明朝万历年间的方林宗鸠砚式墨(图 3.19)就是非常值得玩味的一件器物。墨的造型仿宋代鸠形砚,通体漆皮。正面鸠背凹陷

6 《苏东坡笔记》,萧屏东校注,湖南文艺出版社,1991 年,第 177—178 页。

成砚池，两翼左右对称环绕砚池，头部回探，嘴衔住右翼，鸠腹浅浮雕双爪。楷书"妙品""鸠砚林宗仿古"。用墨仿砚，形成了一种饶有趣味的物料关系。原本用来研磨墨块的砚台，构成了对墨物质上的一种消亡指涉，但墨变成砚台形后，就使得这种指涉具有了矛盾性。从某种意义上说，砚形墨是对自我物性的一种悖反，从而形成了戏剧性的冲突感。

墨的实用性决定了它必须通过自我的消亡来达到使用的目的。除了让墨有了雕刻的造型，从而具备观赏性，成为收藏墨之外，还有一种墨，借助碑的纪念性与永久性形式，实现了对自我消亡的否定。比如在墨锭上刻上具有纪念性的文字或是做成勘碑墨等。

墨饼、墨锭成为可供收藏和欣赏的艺术品，与其物质性也是密不可分，如果是同样图案和形式的一块雕刻木板很难具备同等的价值。正因为是墨而且是好墨才更符合人们观念上的价值认同。好墨时间越久，墨与胶越稳定，使用的效果也越佳，因此，雕饰的墨饼也就具有了更珍贵的价值，且其潜在的使用功能增值也让它进一步丧失了使用可能性。

反物料性有时候并不一定是雕塑造型带来的对其功能性的抑制，反倒是功能性的需求造成了对材料物质性的悖反。石碑上的反刻字就是对石头材料固体性和不透明性的一种消解。因为要区别开阴阳世界，所以反刻的文字是给另一世界的亡灵阅读的。如果从反刻文字石碑的背面去看的话，通过假想透明的石块，所有的文字就都成为可以阅读的对象了。[7]虽然石碑本身并不可能变得透明，这种假设只是知觉上的转换。但也可以看出原本具有纪念性的、坚实不透明的材料在观念上对自身物性的超越和背离。

---

7 ［美］巫鸿：《中国古代艺术与建筑中的纪念碑性》，李清泉、郑岩译，上海人民出版社，2017年，第470页。

四、龙枋头与装饰盆景的媒材遮蔽

"视"与"知"是艺术史理论中的一对饶有趣味的概念。贡布里希（Ernst Hans Josef Gombrich）的美术史研究就是建立在二者的矛盾基础之上，所讨论的更多是关于艺术作品呈现客观对象时所采取的方式。本书借用这样一对概念来分析观者对于艺术表现对象的一种观看和认知以及材料表面成像和实际物料性质的关系。"视"强调了纯粹的视觉图景，不受观念和经验影响的观看。"知"则强调了"前在经验"和"大脑思考"对观看的重要作用。当然"视"与"知"并不能完全割裂，但确实存在一些偏差和矛盾。从雕塑或器物的材料来说，当视觉的因素完全掩盖了其实质上的材料性，就构成了对所知的一种遮蔽。或者说我们惯常的经验在面对眼前之物时丧失了它的判断有效性。

材料的物质性会给人一种固有的认知经验，比如石材坚硬缺乏韧性，木材有韧劲易朽烂等，正是这种经验构成我们对事物本质的理解。但艺术很多时候就是要破除我们这种认知事物的惯性。这件龙枋头雕饰（图 3.20）是广东省潮州市彩塘镇金砂一村从熙公祠正门檐下石饰件，从熙公祠为清代旅居马来西亚柔佛州侨领陈旭年于光绪九年（1883）修建完工。从图中我们能看到，龙枋头位于正中，夸张绮丽，龙须蟠曲，身尾盘绕，交错回旋，极为灵动。从残留表面的鲜艳色彩可以想见装銮一新时的绚丽。线条的流畅和镂空的层叠关系，像极了庙宇中的泥塑作品或者是木雕作品，但实难从表面看出是石材的镂空雕刻。线条的疏密有致、流畅遒劲，动态的形张势满、神采飞扬，可谓是一件精工细琢的艺术珍品。此龙枋头选用的是潮汕地区盛产的油麻石，是一种片麻状的花岗岩，石质因似捣碎的芝麻而得名。花岗岩石质较坚硬，雕刻更费时费力，雕刻一般的圆雕是上好的石材，但像龙枋头这样的镂空雕刻，则需精工巧匠才能完成。有意味的是材料的特性一方面被这种精巧的工艺和似泥土又似木头的造型语言所遮蔽，另一方面又被表面涂绘的色彩完全掩盖，让人既无法从造型的特征去了解材料物性，也无法从表面的纹理和质感去认识其材料本身，从而造成了对材料性的双重遮蔽。也就造成了"视"与"知"的断裂，视觉表象造

图 3.20 龙枋头，清，高约 40cm，宽约 45cm，广 东省潮州市彩塘镇金砂一村从熙公祠

图 3.21 水仙花盆景，清，总高 30cm，故宫博物 院藏

成了对其物料实质认知的干扰和破坏。从另一个角度讲，当我们从祠堂前的石狮和门楼石柱推断出其檐下构建为石质时，也就感受到了我们从视觉上未能捕捉到的由材料语言带来的震撼。

　　追求一种极致的视觉体验和精雕细琢的工艺是清代上层社会流行的审美风尚。极尽可能地用雕刻材料模仿真实物像，从而造成一种视觉上的"乱真"错觉，不仅给人一种匪夷所思的愉悦体验，也显示出制作者超凡绝伦的工艺技巧。这种精巧的设计与制作就体现在装饰盆景上。这件乾隆年间的水仙花盆景（图 3.21），装有人造水仙花的半透明青白玉盆放置在暗赭色的紫檀几座上。盆的边角上雕刻卷叶和盛开的菊花，由于颜色浅淡素雅，使得盆内置于天青石和鹅卵石之上，象牙雕刻的水仙球茎显得更为鲜亮。水仙花则是以两种颜色的玉石薄片穿扎金线而成。盆景本是自然世界的局部缩影，且是一种体现文人玩味雅兴"虽是人造，宛自天成"的微缩景观；是被裁剪和修饰过的第二自然。用各种奇珍异宝、金丝银线模仿已被修饰过的自然盆景，则形成了第三层的自然拟态。但就是这样的模仿，多种材料的精心雕琢，意韵和结构的相辅相成，还是让人对眼前之物陷入一种不可获知的模糊状态，沉浸在视觉表象的迷惑物境中，对于物质材料的分析与认知完全让位于景致的幻像沉迷。各种珍贵材料被造物艺人拆分成颗粒，从而丧失了它独立应对外力和重力的自身物性，颗粒成为了一个简单的可供组装的元素，组装而成的花和枝以一种整体的可爱形象掩盖了局部单元的材料特性。

雕饰的盆景根本上是一种图像性的视觉景观，其形式上的基础也源于中国山水画"经营位置、应物象形"的美学原则。清代文人沈复在《浮生六记》中阐明"景"的概念源于绘画，是构图的基本单位。"景"可以在园林和室内装饰之间切换，也可以在一桩微缩的盆景中实现。[8] 图像性的景致也是对器物立体形式的再度遮蔽，立体媒介的物性在视觉图景中被彻底忽视。

媒材的遮蔽作为材料的语言形式，以自身的模糊性和隐蔽性为特征，以"视"与"知"的相互作用为接受模式，创造了新的表达空间。尤其在材料语言未被得到充分的认识和发现时，在材料上涂抹上色彩即是对其物料性的隐藏，而在雕塑上涂抹颜色又几乎是人类文明的共性，这种材料遮蔽性也就是"文"的一种表现。而在造型上和整体形象上对媒材的遮蔽，就像龙枋头和雕饰盆景一样，突破了简单的掩盖手法，进入到了更深层的审美感知体系中。遮蔽实际上也是制造了视觉的幻像，视觉表象与物料实体的矛盾和差异，造成了感知心理上的冲突，凸显了材料语言的张力。

8　[清]沈复：《浮生六记》，张佳玮译，天津人民出版社，2015年，第40页。

第四节 "比德"与"雅趣"的材料象征语言

物质材料是造物者、观者（使用者）之间的核心媒介，不同的材料在表达上的差异不仅仅来自其自然特征，更重要的是来自围绕材料所建立的一整套价值和观念系统。自然界的材料对于人来说，除了满足实际功能上的需求，还满足了心理上的需求。比如猛兽的骨牙，对早期人类来说是强大力量和勇猛精神的象征；晶莹炫彩的贝壳则是光洁美丽与珍贵富有的象征。这种材料特性带来的心理上的抚慰让某些材料从一般性的地位上升到了特殊的地位。伴随着对特殊材料的认识深入到特殊加工工艺的完善，那些材料也就成为了一种具有构建族群共同信仰的特殊物料。

精神、信仰、神权等这些抽象的东西，需要通过具象化的手段表达，巫术仪式、舞蹈表演、艺术表现都是其形式。艺术的表现除了模仿自然创造图像，就是制造特殊物，以物化那些模糊和抽象的理念。精神在物化的同时，材料也被赋予了精神性，潜在的精神性与外在的材料特殊性结合，就形成了具有象征意味的材料属性。这种材料的象征性大多数时候只对有着共同信仰和民族心理的人群有效，而不是一种普遍意义的象征语言。比如青铜传承了玉石作为礼器使用的材料"贵重性"而被认为是"美材"，而用于实用器的石和铁则被视为"恶材"。[1]

在西方的当代艺术中，艺术家深谙这种材料象征性的语言表达之道。最有名的就是博伊斯（Joseph Beuys）用黄油油脂和毛毡所做的各种作品。对他来说

---

[1] ［美］巫鸿：《中国古代艺术与建筑中的纪念碑性》，李清泉、郑岩译，上海人民出版社，2017年，第38页。

图 3.22 骤变，理查德·塞拉，1999 年，长 1590cm，宽 410cm，　图 3.23 玉环，东汉，直径 10cm，孔径
　　　　 耐候钢　　　　　　　　　　　　　　　　　　　　　　　　　　　　 4.7cm，扬州博物馆藏

这两种材料具有非同寻常的意义，是他生命垂危时的救命之物。不管事实真实与否，他以个体经验赋予了材料神圣的外衣，意喻温暖、可塑、能量、黏稠的黄油在他的艺术表达中成为了塑造生命和文明的象征之物。当代雕塑使用的很多材料，本身具有一定的社会性因素，比如理查德·塞拉（Richard Serra）使用的大型耐候钢板，是现代工业社会发展到一定阶段才有的材料（图 3.22）。塞拉用它来分隔空间，阻断人的视线，实现其作品的理念，而材料本身既是现代机器大工业的产物也是现代主义以来人与自然世界被阻隔的象征。自然材料总是指向一种天然的、纯粹的，甚至是本质的物质世界，而工业材料总是带有人工的、机械的、社会性的色彩，指向一种非自然的物质世界。

　　在当代艺术中，材料的象征性可以是艺术家个体赋予的，但在古代，材料的象征性是社会整体赋予的。这种象征性通常也不是出于艺术的目的，而是主流社会的一种文化观念导致的。材料的象征性是由各种因素促成的，同样的材质在不同的文化语境中也具有截然不同的意义。瓷在西方被认为是中国的象征，是遥远东方的神奇之物，在中国则只是一种上层社会使用的且体现贵族趣味的器物材质。材料的象征语言也因语境的差异而有所不同。竹在文人的精神世界中，具有高风亮节、正直素雅的品格，是一种文人精神的象征材料，而在世俗社会中，竹也是编织和制造各种生活器具的普通材料。

一、玉与君子品德

玉对于中国人来说具有极为特殊的意义。玉从广义上是指美石，但凡是美丽的石头都可以说是玉。狭义的玉又分为软玉和硬玉，软玉是指硬度在 6—6.5 之间，比重在 2.96—3.17 之间的透闪石—阳起石材质组成的和田玉石；硬玉则是指硬度在 6.5—7 之间，比重 3.2—3.32 的翡翠。[2] 虽然玉文化深刻地影响了华夏民族的社会生活和文明发展，但直到东汉许慎所著《说文解字》才对玉的概念第一次做了总结："玉，石之美者，有五德：润则以温，仁之方也；鰓理自外，可以知中，义之方也；其声舒扬，专以远闻，智之方也；不挠不折，勇之方也；锐廉而不忮，洁之方也。"[3] 这个总结明确了玉的材料特点以及儒家赋予玉石的道德思想。比德于玉也成为了中国传统文化的重要特征之一。

玉对于中国人的影响是多层次的，原始氏族社会到夏商时期，"灵玉"是最重要的表现形式，西周建立后，"礼玉"逐渐取代"灵玉"获得至高的地位，汉代之后，世俗用玉则成为玉器的重心。红山文化出土的玉猪龙、卷云形器，良渚文化出土的玉琮、玉梳背等都表明玉在当时人们的精神领域具有举足轻重的作用。商代大墓中出土的玉璧、玉琮、玉圭、玉璋等物，都与特定的原始宗教仪式和神鬼思想密不可分，"殷人尊神，率民以事神，先鬼而后礼"[4]，大部分的玉器原型都是从巫觋的道具中演化出来的。西周建立后，周公致力于制礼作乐，玉器也就成为了礼的物质载体之一。但不管是"灵玉"还是"礼玉"，玉的象征性一直都存在于人们的社会生活之中。

正是玉的这种象征性传统与儒家道德思想的结合，才有了比德于玉的观念。将玉的美好与人的高尚道德相提并论，最早见于《管子·水地篇》："夫玉之所贵者，九德出焉，夫玉温润以泽，仁也，邻以理者，知也，贤而不蹙，义也；廉而不刿，行也；鲜而不垢，洁也；折而不挠，勇也；瑕适皆见，精也；茂化光泽，

---

2 张耀：《玉韵：中国古代玉石雕刻艺术研究》，中国文史出版社，2011 年，第 4 页。

3 ［东汉］许慎：《说文解字》，吉林美术出版社，2015 年，第 356 页。

4 《四书五经·礼记·表记》，中国书店，1985 年，第 294 页。

并勇而不相陵，容也；叩之，其音清传彻远，纯而不淆，辞也。是以人主贵之，藏以为室，剖以为符瑞，九德出焉。"⁵文中明确将人的九种行为美德与玉的不同特质对应起来，玉的象征性得到了具体详尽的比附。而真正将传统文化道德思想以玉来比喻的是孔子，《礼记·聘义》载："子贡问于孔子曰：敢问君子贵玉而贱珉者，何也？为玉之寡而珉之多与？孔子曰：非为珉之多，故贱之也，玉之寡，故贵之也。夫昔者，君子比德与玉焉，温润而泽，仁也；缜密以栗，知也；廉而不刿，义也；垂之如队，礼也；叩之其声清越以长终之出然，乐也；瑕不掩瑜，瑜不掩瑕，忠也；孚尹旁达，信也；气如白虹，天也；精神见于山川，地也；圭璋特达，德也；天下莫不贵者，道也。诗云：言念君子，温其如玉。故君子贵之也。"⁶

在这里孔子实际上是在比德于玉，借玉的温润、内敛、厚朴的完美特性对人的道德修养和温、良、恭、俭、让的品德提出了具体明确的要求。玉石在比德观念下，不再是一种普通的自然材料，而成为一个品格与文化的象征符号。玉的坚硬和光润，就像君子的耿直秉性与宽仁品格；玉的纯净通透，就像君子的光明磊落和豁达大度；玉的自然瑕疵，也如君子需慎独自省，不可虚伪造作的德性。总之儒者眼中之玉的自然物性与君子的内修德性，达到了高度的契合与统一。

"君子比德于玉，行则必佩"，这是借用外物来彰显内在修为，"君子无故，玉不去身"也是说玉就像人的道德品行，与君子如影随形。玉也需要通过具体的形式来物化和彰显这种君子德性。

二、瓷与文人雅趣

瓷的三个要素，瓷土、玻璃质的釉、高温，三者达到一定的统一，即是瓷

5　《管子》，李山译注，中华书局，2016年，第212页。

6　《四书五经·礼记·表记》，中国书店，1985年，第338页。

图 3.24　白釉提梁壶，宋，高 15.3cm，口径　　图 3.25　金凤钗，明，通高 22.8cm，1972 年江西省南城县
1.7cm，首都博物馆藏　　　　　　　　　　　　明益王朱祐槟夫妻合葬墓出土，江西省博物馆藏

的诞生。中国人发明瓷器，是历史偶然和技术必然的结果。瓷器用瓷土或称为
高岭土做胎，表里均有一层玻璃质的釉，经过 1200 度的高温烧制，质地坚硬，
敲击声音清越，层薄半透光不透水，碎屑有介壳光泽。[7] 汉代时，原始瓷器已向
早期青瓷过渡，南北朝时青瓷得到了很长足的发展，唐代则出现了"南青北白"
的局面，至宋代时，制瓷业迎来了第一个高峰，汝、官、哥、钧、定之外，还
有景德镇窑影青，建窑黑瓷等，此后，元代的青花，明代的五彩都盛极一时。
瓷器远销世界各地，成为了中国的一个代称。

　　瓷的质地和色泽、光润与彩绘历来都受到人们的喜爱。尤其宋代之后，各
种釉色差别越来越细腻，各个窑址的瓷器也各具特色，统治阶层或者说是知识
精英阶层逐渐形成了对某些瓷器的偏好，这种偏好直接影响了瓷器的制作与发
展。五代后周皇帝柴荣的那句"雨过天青云破处，这般颜色做将来"，可以说

7　孙机：《中国古代物质文化》，中华书局，2014 年，第 281 页。

是对青瓷的一种理想和赞美。青瓷温润似玉，人造之物达到天然美玉的明澈润泽，得到好玉文人的青睐也就不足为奇了。

瓷的技术成熟与文人的社会主体地位几乎是处于同样的进程之中的。文人士大夫真正成为中国社会的统治阶层是在宋代，文人画也兴起于宋，宋代文人士大夫的审美理念渗透到了造物的各个方面。在宋代达到第一个高峰的瓷器自然受到了文人审美精神的影响。虽然瓷器在宋代已有了普及性的发展，但真正使用瓷器的大多数还是以文人为主体的统治阶层和少数附庸文人风雅的商贾阶层。宋代文人一方面受到传统儒家和理学的影响，追求出仕建立功业，讲求哲思和理性精神，一方面也受到禅道思想的影响，崇尚自然平淡、含蓄质朴之美。这种理想也就体现在了瓷的审美品质中。

文人的审美趣味极大影响了瓷的造型与釉色，反过来说，宋瓷也就物化了文人的雅趣，从而进一步凸显了文人的审美理想。宋瓷釉色优美，典雅含蓄，高贵朴实。釉层滋润，介于丝绸光泽与"羊脂"般的美玉质感之间，这些均体现了儒文化所提倡的简洁素雅之美，且意境自然玄淡。[8]宋瓷的釉色并不是单一的审美取向，其窑变釉色，璀璨斑斓，犹如文人的情意恣肆；而青色和黑色，沉静古穆，素雅幽玄，犹如文人的哲思深邃。即便是像哥窑带有缺陷的开片，也在文人看待世界与自身不完美的世界观中。如图这件白釉提梁壶（图3.24），表面的润泽质地和介于浅黄和浅白之间的通透，确有一种卓然于世的清新脱俗之感。

瓷是瓷土在高温下的升华，被认为是水和火的艺术。瓷土的柔韧、素净到瓷的温润、坚实给人以无限的联想。文人也是怀抱着"穷则独善其身，达则兼济天下"个人理想以及"为天地立心，为苍生立命，为往世继绝学，为万世开太平"的宏志，经历世事磨难，终得凤凰涅槃。因此，瓷的秉性也是文人自性的一个观念投射。瓷不仅造型和釉色体现文人的审美，其自身的物性飞跃也象征着文人的出类拔萃、卓尔不群。

---

8 郑宁：《宋瓷的工艺精神》，黑龙江美术出版社，2012年，第287页。

宋代文人士大夫"外以儒行修其身，中以释教冶其心"在齐家治国的儒家入仕精神之外，注重自身心性的陶冶，寄情山水，散淡脱俗，显示出一种娴雅的志趣。瓷成为文人最亲近也最有认同感的物。

三、金与皇家富贵

黄金是全世界都公认的贵重金属，具有通用货币的功能。虽然中国古代的主要货币是白银和铜，但黄金的稀有和珍贵程度是远高于白银的。早在春秋时期，人们对金银矿的特点就有所掌握，《管子·地数》就有记载："上有丹沙者，下有黄金。上有慈石者，下有铜金……山上有铅，其下有白金。"[9]金银开采也一直是掌握在中央政府手中，开采冶炼出来的黄金，都成为了统治阶层的私有财富。可见在古代中国，黄金是帝王贵胄垄断的专属材料。

相比于青铜器和漆器，中国的金器制作成熟得较晚，直到唐朝才迎来一个井喷式的发展。一方面是直接受到了波斯萨珊金银器的影响，工艺有了很大的进步，另一方面是大一统的唐王朝相对稳定和开放的社会环境，高级工匠人才的交流与迁徙十分便利。唐代金属工艺相比于前代有了很大发展，据《唐六典》记载，当时金属加工技术有削金、拍金、镀金、捻金、织金、砑金、披金、泥金、镂金、戗金、圈金、贴金、嵌金、裹金等十四种方法之多，[10]技术之复杂和精湛可以从西安南郊何家村窖藏出土的金器窥见一斑。不管是隋代李静训墓出土的金项链、金手镯、金杯、金戒指等器物，还是陕西扶风法门寺地宫出土的唐代上百件金银器，多是皇室御用之物，其造型之美、工艺之精、规格之高都可以说是达到了前所未有的高度。

金器虽说是皇室贵胄的专享之物，但黄金并没有成为像玉一样具有明确象征性的材质，也没有像瓷一样拥有文人的人格化色彩，更多的时候它还是世俗

---

9 《管子》，李山译注，中华书局，2016年，第345页。

10 金维诺：《中国美术史——魏晋至隋唐》，中国人民大学出版社，2014年，第38页。

财富的代表。皇家偏爱黄金，当然是因为它独特的材料特性，器物金光灿灿显得殿堂金碧辉煌，不朽不腐似有不生不灭的永恒力量。

小结

器物的材料语言实质就是造物者利用材料物性制造器物时所呈现的材料特征与表现力。可以说材料性是物质自身存在的物理属性和文化属性，是一切造物的前置因素。不管是雕塑还是器物都依靠材料的物质性实现其自身。通过上文的分析，可以总结中国人对材料的认识有如下几个特点。第一，中国人对材料的认识是整体有机的。在老木匠的眼中木头的纹理和质地是有脾气的，要想做成一件好的木器，要顺着它的脾气，它才能听从人的意愿，最终成为一件中用之物。要顺着木性，首先就要认识树木产自何处，喜阴向阳还是靠水好湿，其次还要"伺候"它、调理它，让它的干湿均匀，拉扯之劲中和，最后才是试着让木头成型。第二，在材料面前，造物者敢于发挥自己的想象力和创造力，将材料的特性了然于心后，便探索极致的工艺，突破材料的一般限制，以艺术家造物的理想驾驭材料，使得材料在创造力和想象力面前始终处于物质性载体的地位。第三，对材料的认识与理解往往体现在对材料的加工工艺上，不同媒材器物之间的交叉与互动，不同文化间的交流和学习，提升了工匠们驾驭材料的能力也促进了材料语言的创新。第四，中国人对材料的认识是有道德性的，有"美材"也就有"恶材"，"恶材"为器是决然不能进入祭祀之中的。

器物的材料语言所传达的不仅是造物者对材料的理解与控制，也是整个社会对物质材料的文化塑造与认同。自然的物质材料本身也有其独特的形式语言魅力，就像大理石的斑驳花纹，天然质朴又变化万千，所以很多桌屏或是椅背都选用自然天成的大理石作为嵌入材料。太湖石也是从自然界中被发现的，它"枯、漏、瘦"的特点成为文人们审美趣味的集中体现。发现材料自身的语言表现力，不加雕饰是人们对事物本质的一种洞察。另一方面，材料语言的巨大表现力也体现在它的虚拟性上。任何材料都有它与生俱来的物质特性，但所有的物质特性在极端条件下都有转化的可能性，这种转化可以是实质的化学变化，就像泥土变成陶瓷，铁矿变成铁水；也可以是极致工艺条件下的物理性变化，比如石材显示出木材一样的韧性造型，泥塑夯实到如石材一样的坚固等，正是这种形式和质地的模糊性，使得材料语言有了极大的虚拟性和戏剧性。再有就是材料不仅仅成为器物的物质载体，也是政治、经济、文化的物质性媒介，某些特殊材料也就不可避免的带有了一些象征性色彩，这也成为材料语言非常重要的表达内容。

第四章

"真与幻" 中国古代器物的时间语言

　　如果说空间是雕塑显性的语言，那时间就是与空间同时存在的隐性的语言。相比于文学、音乐、戏剧以时间为媒介的艺术形式，雕塑显然更应该归于空间的艺术。传统的雕塑理论也一直是以这样的标准区分雕塑与其他艺术形式的类别。莱辛（Gotthold Ephrain Lessing）在其专著《拉奥孔》中，详细分析了以诗为代表的文学艺术与以绘画为代表的造型艺术的特点，其中时间与空间的差异是其最实质的差别。他认为雕塑是一门关注物体在空间中分布的艺术。[1] 但所有的物体都同时存在于空间与时间之中，即便是以空间语言见长的雕塑也隐含着时间的语言。现代主义雕塑很重要的一个方面就是对雕塑时间性语言的揭示。雕塑家们也都意识到了雕塑是一种存在于静态与动态关系中的艺术形式，时间语言就潜藏在这种形式中。雕塑的静态表现为稳定的造型结构和坚实的物质形态，是凝固了创作者的情感以及完整工艺程序的实体存在。静态只是相对于显而易见的运动来说的，实际上静止的雕塑内部也存在着各种"力"的运动，无时无刻不在"对抗"着重力的影响。雕塑的动态则分为两种类型，一类是真实的运动，在这种运动中时间成为一个可量化的考量因素；另一类是虚拟的运动或是隐含的运动，即是寓动于静的方式，雕塑实际上是静止的，但局部或整体给观者一种运动的幻觉。[2] 这种幻觉中的时间也就难以量化考量，是观者心理的时间感。

1　[美]罗莎琳·克劳斯：《现代雕塑的变迁》，柯乔、吴彦译，中国民族摄影艺术出版社，2017年，第2页。

2　[美]赫伯特·乔治：《雕塑元素》，刘晓可、时昀译，辽宁科学技术出版社，2020年，第142页。

时间作为雕塑的语言，统一了瞬时性和恒久性两方面的矛盾。一方面"时间的承续性与空间的瞬时性的统一，是构成雕塑艺术美的一个重要特征。"[3] 另一方面雕塑的静止状态，通常凝固了事物发展过程中的瞬间形象，但同时这一瞬时的形象又因为其典型性成为了恒久性的象征。就像乌东（Jean-Antoine Houdon）所创作的伏尔泰雕塑，表现的是某一个历史时期、某一个年龄段的人物形象，但这一形象却成为伏尔泰永恒的经典形象，瞬时与永恒也得以统一。

罗莎琳·克劳斯在分析现代主义雕塑的时间性本质时，非常有创见性地提出了雕塑的叙事性时间和分析型时间的观点。叙事性时间强调的是叙事情节的先后次序，以形象的变化模拟时间的流变，以空间的分割模拟时间的秩序；分析型时间则是以理性拆解构建雕塑的形体，以复杂的形体关系回溯分析构型的历程与目的。雕塑时间语言的表现范畴又可以总结为真实的时间和虚幻的时间。真实的时间在雕塑中最为直接的表现方式就是雕塑的真实运动，就像亚历山大·考尔德的雕塑，观看者停留在一个位置，可以看到雕塑运动带来的形式变化，这一变化正是以真实的时间流动为前提的（图4.1）。真实的运动在最近几十年的雕塑发展中，受到越来越多的关注，动态雕塑逐渐成为一个充满科技感与未来感的发展方向。当然真实的时间也包括了雕塑所经历的时间更迭，我们今天看到的几千年前的雕塑，时间赋予它的不只是物理上的变化，青铜表面的锈斑和石雕经历的风沙蚀销痕迹，还有一种历史文化意义的叠加与覆盖。然而这一真实时间又是与观者心理的时间密不可分，文化与观念作用下的心理时间也就出现了某种程度的变形和拉伸，因此也就构成了相对虚幻的时间。虚幻的时间是指雕塑在特定历史时期形成的独特造型风格，在人的心理形成的时间价值维度，可以是以永恒为目的的无限延展的时间维度，也可以是以"扁平感"为目标的极度压缩的时间维度。此外，虚幻的时间也是指创作者在营造特定空间时所间接表达的承续性过程以及观者在雕塑上投射的情感波动变化。

雕塑时间性的孕育和表现往往是通过空间性动势暗示的。形象的动态暗含

3　王朝闻：《雕塑美学》，生活·读书·新知三联书店，2012年，第388页。

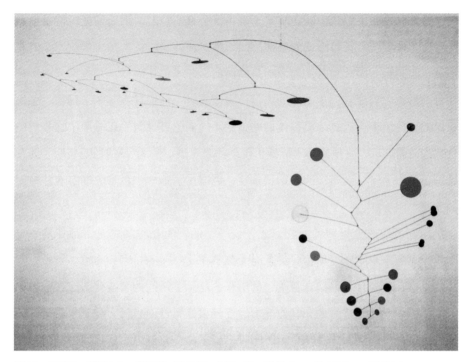

图 4.1 非客观，亚历山大·考尔德，1947 年，金属、漆，高 91.4cm，长 147.3cm，宽 213.4cm

着一连串的动作变化，动势也就充满了时间意味。罗丹对雕塑动态所蕴含的时间语言体会至深。他很少让模特根据他的要求摆出一个特定的姿势，而是让模特一直处在运动之中，他则用心捕捉模特动作前后的身体韵律，他认为："动作是这一个姿态到另一个姿态的过渡。"[4] 显然，罗丹所理解的雕塑动态是有着时间性因素的，他作品中雕塑人物的动态包含了已过去的动作部分，也可以看见将要发生的动作部分。他牢牢抓住动作的连续性特点，将单独的片段组合成为一个新的整体，在空间的状态中孕育出了时间的维度。他对席里柯的《爱普松赛马》的评述，充分表明了他对雕塑动态的时间性表现的深刻理解。《爱普松赛马》中马的动态是艺术家视觉印象经过整合后的样子，是一系列动作的提炼，与照片的瞬间片段的图像完全不一样。照片中的马四足是交替腾空的，马

4 ［法］奥古斯特·罗丹述、葛赛尔记：《罗丹艺术论》，傅雷译，山东画报出版社，2017 年，第 33 页。

的动势看起来并不那么协调，事实上也不符合真实情形。因为马呈现的动态是所有运动片段前后衔接形成的整体感知印象，任何瞬时性的图解都恰恰是对完整动势的割裂。因此罗丹认为照相是错误的，艺术是正确的。"画家或雕塑家在每个形象中表现着一个动作的先后的次序之时，他们并不是用了理智、意识地做的。他们全然天真地表白他们的感觉。他们的心灵与手也是跟了这姿势的自然趋向而活动，故他们是本能地再现动作之发展。"[5]罗丹的话既表明了雕塑有别于摄影关于"真实"的表达正确性，也道出了雕塑中以形象动态表达时间的方法。

时间可以改变世间的万物，或者说一切的物质在时间之流中都在发生着变化。雕塑是由物质材料构成，无时无刻不在受时间的打磨和雕琢。雕塑中的时间语言，也隐含了雕塑自身生长的历程，显示了时间的"造化"。雕塑形体可能成年累月受到重力的影响而变形，受到虫蛀风蚀而残损，受到空气氧化而锈蚀，但也可能因为这种变化给雕塑带来更多的文化魅力。形体在时间的打磨下，少了些精工细作的雕琢匠气，多了几分自然气韵。利用时间给雕塑带来的改变以增加作品的艺术感染力，是很多当代雕塑家所擅长的创作方式。雕塑就像一个有生命的对象，经历着从生长到衰亡的历程，这激发了人们的一种情感共鸣。就像杰夫·昆斯（Jeff Koons）陈列在西班牙古根海姆博物馆门前的作品，用七万多株盛开着五颜六色花朵的植物构建而成的《幼犬》（图4.2），狗的表面随着植物的四季变化而呈现不同的视觉景象。[6]此外博伊斯的社会雕塑《七千棵橡树》，树的生长就是其作品的生长，也构成了雕塑历时性的在场和讨论。另一种时间语言表达的雕塑形式则是用带有明显的时间烙印的材料来创作作品，这种雕塑作品因为材料本身来源于凝结了人们时间记忆之物，因而给人一种历史的折叠感。比如有的雕塑家用旧家具制作的作品或者是使用过的旧衣物制作的作品，就是借用材料自身的时间感赋予作品以丰富的内涵。

5　[法]奥古斯特·罗丹述、葛赛尔记：《罗丹艺术论》，傅雷译，山东画报出版社，2017年，第37页。
6　许正龙：《雕塑·时间》，《雕塑》2013年第2期，第38页。

图 4.2 幼犬，杰夫·昆斯，1992 年，植物，高 472cm，长 197cm，宽 260cm

　　鲁道夫·阿恩海姆认为"所谓的时间艺术与空间艺术，是没有什么本质的区别的。在一幅绘画或是一座雕塑中，物体的永恒的平衡，是由活动的力量建立起来的，这些力量或是互相排斥和吸引，或是向着某一特定的方向推进，但总是要在形状和色彩组成的空间次序中显示自身。"[7]这也说明雕塑的时间语言也是本质的存在，对其时间语言的分析也就必不可少。

　　此外，我们的眼睛在观察对象时只能聚焦到一点，当视点集中于一点时，其他位置的形象就处于模糊之中，因此我们需要不断移动我们的视点，才能获得更充分的信息。这种视线动作的连续即人的眼球运动的基本模式。我们的眼球是用视网膜中感度最高、被称为"中心窝"的微小的一点来捕捉视觉对象的。视点的移动也就构成了一个运动的线性轨迹。[8]由于我们的双眼的这种结构特点，

7　[美]鲁道夫·阿恩海姆：《艺术与视知觉》，滕守尧主编，滕守尧、朱疆源译，四川人民出版社，1998 年，2005 年，第 517 页。

8　[日]杉浦康平：《造型的诞生》，李建华、扬晶译，中国青年出版社，1999 年，第 106 页。

我们对于任何一件需要集中观察力的对象都会伴随时间的承续性行为。叙事型和分析型时间就是建立在这样一个视觉结构之上的语言表达形式。

空间中的一切存在物同时拥有空间和时间，中国古代器物自然也不例外。器物的时间语言，一是指器物包含的时间性主题以及围绕这一主题所进行的造型表达；二是指器物造型所隐含的时间语言形式以及观者对这一形式的时间性感染力；三是指经历了时间积淀的器物脱离原境后，物理化学变化带来的语言变化。以时间为结构方式是指器物以时间与空间次序为构型方式，以时间为媒介是指器物经历了时间洗礼后的审美突变。人们对器物的时间感有深刻的心理感受，一件宋元时期的瓷器，只是当时人们生活中的普通器物，在今天则成为了博物馆的宝物，并不是器物本身的价值增值，而是器物背后的审美文化因时间的累叠而升华。

第一节　循环和序列的叙事时间

西方古典学代表人物简·艾伦·哈里森（Jane Ellen Harrison）认为艺术源于仪式的表演，而从仪式、舞蹈到戏剧再到雕塑，人类迈出了一大步。雕塑以物态的形式将以时间维度展开的仪式活动凝固下来，成为可以不断观看和反复体验的对象，无疑是时间与空间的一次转换。每一个民族都有着自己的造物历史，器物在使用之余，也都或多或少承载了古之先民的思想与情感。我们在马家窑文化遗址出土的舞蹈纹彩陶盆就能看到，舞蹈或者带有舞蹈性质的仪式表演在器物表面固化为图像，将以时间延续为特征的艺术形式变成了以平面或空间延展为特征的艺术图像。虽然对今天的人来说，图像失去了原本舞蹈仪式表演的意义，但对于当时的人们来说，看到这样的图像完全可以将整个舞蹈仪式的内容联想起来，瞬时性的图像也就还原为历时性的表演。在真正的仪式表演中，这些器物或雕塑也可能成为仪式的组成部分。在仪式中出现的抽象的、虚幻的神逐渐转变成具象的物化形象。图像、雕塑以及融合了图像与雕塑的器物将时间为媒介的舞蹈仪式转化为了可以亲近的物像。正如哈里森所说的："神孕育于仪式，后来渐渐地与仪式相脱离，而一旦他从仪式母体中脱胎而出，与仪式分离，获得了独立于仪式的存在，他就迈出了艺术化的第一步，他就会变成一件蕴含在人们心灵中的艺术作品，渐渐地，甚至连最后的一点点微薄的仪式痕迹都从他的身上消退了，他终于变成了一个被实际的艺术创作摹写的范本，被翻刻到了石头上。"[1]可见，雕塑在诞生之初，就具有了时间性的本质特点，

1　[英]简·艾伦·哈里森：《古代艺术与仪式》，生活·读书·新知三联书店，2016年，第169页。

图 4.3 加莱义民，罗丹，1884—1886 图 4.4 空间中展开的瓶子，翁贝托·波丘尼，1912 年，高
年，高 190.5cm，长 239cm，宽   38.1cm
208.5cm，法国加莱市市政厅前

其叙事性和象征性就伴随其发展过程之中。

雕塑的叙事性表达通常以浮雕的形式来表现，不管是云冈石窟中的佛本生故事浮雕，还是中世纪教堂的宗教故事浮雕，都将具体的情节的时间次序转换成空间次序，以此展开前因后果的故事表达。这种叙事性时间有赖于故事本身的逻辑和构图的前后关系。浮雕相比于圆雕展现出的是形式的一目了然与内容的简洁明晰，反过来说，这种明晰性在某种程度上也是将空间转换成为时间的一部分。最为典型的就是美惠三女神的雕塑，正面、侧面、背面的三个形象同时展现在观者面前，圆雕的空间遮蔽展现为一种浮雕的视觉明晰。罗丹的《加莱义民》（图 4.3）通过不同人物的动作和神态，以及人物间的组合关系形成不同情景的空间与时间转换，弥合了浮雕和圆雕的叙事性与主题性的矛盾。"雕塑是通过瞬间所呈现的空间形象与时间长度中包含的若干空间形象的组合来形成的。易言之，大多数情况下，雕塑是通过用空间换时间的方式来表达时间。"[2]叙事性也体现为一种序列的结构，我们的视觉在序列的结构面前也就成为方向和程序导向的印象叠加。不管是从左到右的观看还是从上到下的审视，都随着时间的流逝而展开。

---

2 何力平：《形的仪式——论雕塑本体》，时代文艺出版社，2014 年，第 110 页。

叙事性时间同样有几种类型,一是直接用暗含时间性的视觉形象和符号表达内容;二是以故事发展的时间先后来布局空间的形式;三是通过空间的转换带来时间的更迭变化;四是通过抽象结构的序列性来表示时间的累积与流变。

一、辂车临阙空心画像砖的线性时间

要将事物发展的过程描述出来,对于静止的雕塑或图像来说是一种矛盾和挑战。中国绘画中的手卷就非常好地融合了线性时间叙事和空间的转换表达,既可以像《韩熙载夜宴图》那样的多幕形式,也可以像《清明上河图》那样的全景呈现。其实在一个统一的空间构图中表达出事物的进展,就是一种线性的时间叙事方式。"通过让人物和物体融入到发生在足以令人信以为真的虚幻空间内的看似连贯的各种动作中去,艺术家能够含蓄地表达出一种叙事。"[3]将线性时间状态下发生的事,同时呈现在观者的面前,既是此刻发生的故事,也暗含了事件前后发生的情节。

在一个平面的空间中,通过构图的设计与安排将线性时间发展的事件呈现出来,在汉代的画像砖上多有反映。比如这件东汉时期的辂车临阙空心画像砖(图 4.5),采用浮雕及阳线刻的技法,表现了汉代官吏出行、迎接、宴饮等活动的情景。画像砖四边装饰菱形网格纹,标示出明确的图像表现界域,画面以汉阙建筑分割空间的同时也分割了时间。最左侧上方是两人乘驾马车,马低头止步状,似到达目的地;下方则是一骑士策马前行,像是先行通报;中间画面表现了一个持守武士或迎驾护卫立于双阙门前;最右侧表现了两人于重檐殿堂内相对而坐,宴饮谈笑的画面。画像砖整体构图非常严整,在合理的空间内,将出行、到达、通传、迎接、宴饮等一连串事件,表现得合情合理。从左到右,从上到下的观赏秩序也符合线性时间叙事方式。

---

3 [美]简·罗伯森、克雷格·迈克丹尼尔:《当代艺术的主题——1980 年以后的视觉艺术》,匡骁译,江苏美术出版社,2012 年,第 128 页。

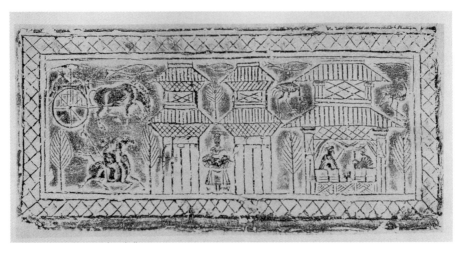

图 4.5　辎车临阙空心画像砖，东汉，高 36cm，长 86cm，河南新野县出土，河南博物院藏

辎车临阙画像砖展示了如何通过造型和空间构图处理线性时间叙事，利用了人们观看视线的先后习惯与事情发展的先后顺序的重合逻辑，在空间的布局上营造事件的线性时间发展进程。这种构图方式在汉代画像石、魏晋佛教石窟的佛本生故事浮雕中广泛应用。而在北魏"孝子棺"表现贤士王琳事迹所采用的"正反构图"对于空间与时间的表现更是极富创造性。

二、纳贡青铜储贝器与八仙上寿寿山石印的循环时间

我们对于时间的感受是线性和循环交织在一起的。人的出生到死亡是一条线性不可逆的时间轴，而日夜交替，四季更迭显然是循环性的。就像是日晷，影子长度和方向的变化总是在一个循环运动中。我们的时间结构也是循环的，天干地支、六十花甲、十二属相依次交替轮换。因此，我们在器物时间语言的表达上也能看到这样一种循环性的特点，只不过器物的时间循环是以空间的循环为表现形式的。

器物的造型总是在处理抽象和具象的内容。或是以具象的形代替了抽象的器，比如象生器，或是抽象的器形表面装饰具象的纹饰，前者过于沉溺于雕塑

图4.6 纳贡储贝器，东汉，残高39.5cm，云南　图4.7 纳贡储贝器局部
　　　省晋宁石寨山出土，中国国家博物馆藏

形象的塑造而可能失去了器物的基本形制，后者具象的纹饰往往容易成为器物的附庸。而古滇国出土的大量青铜储贝器，是器形与雕塑结合让两种性质不同的构型思维得到完美升华的艺术作品。

　　这件青铜纳贡储贝器（图4.6），虽盖有残破，但整体的器形和雕塑造型都基本保存完整。器物与具象雕塑的结合改变了该器物的特性。器物自身形式的完整性和独立性有时候与具象的造型并不兼容，因此大多数情况下，具象雕塑只是作为器物局部的装饰。器物独立占据空间，或许不够有内容和特点，但它的周圈造型与空间也都是自洽的。从这件纳贡储备器我们可以看到，行走于边沿的人和动物既充分保留了器物自身周圈的自洽性，也让器物有了一层时间的语言。我们很容易就会被器盖边沿的一圈排队行走的人和动物所吸引，朝一个方向行进的人，一眼看去就像是贡纳的队伍绵延不绝，或背着货物、或牵着牲口、或驻足张望、或侧身徐行、或面朝观众，从他们的衣着和样貌可以看出，这些人物各有不同的身份（图4.7）。从残破的盖还能依形判断出，原本的盖完全遮挡了器物相对方向的人物。行进中的人群引导观者的目光沿着器物周圈环绕观看，人物是一个方向环绕的，只有一位长须的长者和一旁的佩剑人物正面站立朝向观众，似乎是这一纳贡的领头人又像是纳贡的接受者，终止了前行

图4.8　图拉真纪念柱　图4.9　图拉真纪念柱局部，约公元113—117年，高3800cm，罗马图拉真集议广场

的队伍也终止了观者视线的前行。但随即我们又会依循着队伍开始新一轮的游走。时间永远是接续的，就像圆形的储贝器，周而复始，如果没有那一圈人物环绕一周，储贝器不仅缺少空间语言也没有时间因素，即便器底足上卧有四头牛，增加了空间的方向和节律，但同一造型的牛依旧少了时间介入。只有边沿这一圈人和动物的雕塑才让整个器物有了时间语言的表达，也才有了新的艺术表现维度。

　　作为一种叙事性时间的表现，古罗马的图拉真纪念柱（图4.8）是一种典型的连环画式的表现。27米高的圆柱上，以1米宽的幅度盘旋延展向上23圈，用浅浮雕的方式展现了图拉真在达吉亚之战中从出征到获胜的历程（图4.9）。不过螺旋向上的布局看上去有循环的形式，实际是单向的叙事结构。同样是纪念柱的方式，由中央美院雕塑系创作的卢沟桥事变雕塑群，则是以方体碑用四面空间连贯表达主题内容的形式，将叙事性时间在空间中延伸开来。这种结构类似于传统的玉石雕刻，尤其是印玺的雕刻，方柱形的印章四面雕刻不同的内

 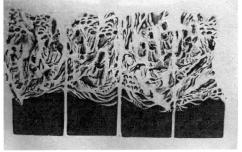

图4.10 八仙上寿寿山石印,清,长(纵)3.5cm, 　图4.11 八仙上寿图寿山石印拓印
　　　横 3.55cm, 高 8.4cm, 上海博物馆藏

容，既突出单一角度的表现也兼顾连续整体的造型，观者可在手上转动观赏，从而在脑中形成一个完整的图像。

以这件清代的八仙上寿寿山石印为例（图 4.10），我们能看到这种造型表现手法在特定器物上的应用，表面上看这是浮雕在不同表面空间的呈现，不过我们的传统思维中，未必有那么明确的浮雕和圆雕的差别，从整体的形式上看，这种造型方式更符合"器像一体"的构型思维。四面雕刻表达的是一个完整的内容，即八仙上寿，由于这四个表面处在一个前后衔接的关系中，因此浮雕的内容也就做了四面的延展连续，每一个面都有各自相对独立的画面。八仙的主题意味着每一个观者在欣赏这件寿山石印玺的时候，都有一个前提性的认识，那就是一定有八位神仙，且每一位神仙都有各自可辨识的形象特征。也正因为这样的主题，我们在观看时会不自觉地转动着印玺或者围绕着它看，空间的接续带来的是时间的承续，器物的转动或人的走动是欣赏这一器物的必然过程。我们仔细观察这件印玺，四个转角都做了连续性的景物设计，使观者的视线能连贯地从一个角度自然过渡到另一个角度而不至出现中断。每一个立面的内容也保持了一定的独立性，不至于让观者在单一角度失去了欣赏的趣味，甚至为了避免每一个面都平均出现两位神仙的单调与乏味，构图上还做了精心的安排，使得这一观赏有了更多的循环意味（图 4.11）。每一次的转动都是前面画面经验的拼合，在图像记忆的拼合中，难免出现疏漏，因此循环观看就成为一种饶有兴味的观赏体验。

循环的时间与循环的空间是统一的，观者从任意一个点就可以进入，也可以在任意一处结束，线性的时间被循环的空间所塑造，因而，空间的连贯与时间的承续在储贝器和印玺这类器物中得到了完美的实现。

三、绿釉陶望楼与八重宝函的序列时间

一只飞行的鸟是在运动中的，一栋房子是不动的，这只是视觉上的认识，如果说世间一切物质形体都在变化中，那房子也不例外，只是房子内部的分子运动我们无法感知而已。因此，运动是与我们的感知息息相关的，同样时间也是如此。时间是衡量变化的尺子，一切的运动变化都会在时间轴上显现出来，但对于人们的感知来说，一段舞蹈不是时间上的过去、现在、未来的动作衔接，而是超然于时间之外的一个整体。鲁道夫·阿恩海姆在分析时间与运动的关系时，认为人们对时间的感知在于"我们能不能看到一种条理清楚的次序——各个阶段是否按照一定的意义在一个次序中先后相继"[4]。一个事件没有条理的、纯粹的连续，在我们的感知中就失去了时间这一重要特征。因为只有秩序才能把时间创造出来或者说体现出来。

从某种意义上说，雕塑就是用体积或者空间的秩序制造一种时间性的感知特征，当需要表达出完整事件的发展变化或者多个单元局部时，创造一种有次序的空间结构，无疑是触发观众时间感知的重要方式。以雕塑的空间来切入时间性的表达，未必是创作者有意为之，但对于观者来说，我们的视线随着空间的变化而转移，也就处在了空间规划的时间序列之中。就像我们看到的这件东汉时期的绿釉陶望楼（图 4.12），将建筑模型、人们的生活场景以及武备设施表现得细致全面。望楼是瞭望守卫、登高远望的阁楼，是汉代豪强地主造之以自保的特殊建筑，兼有武备防御与娱乐游玩的功能。如果说人们在山水画中实

---

4 ［美］鲁道夫·阿恩海姆：《艺术与视知觉》，滕守尧主编，滕守尧、朱疆源译，四川人民出版社，2005 年，第 521 页。

图 4.12 绿釉陶望楼，东汉，高 130cm，
1972 年河南省灵宝张湾三号汉
墓出土，河南博物院藏

现了"卧游"的理想，也即是视线随着山水画的路径进入到想象的空间，畅游
于自然天地之中。而这样的雕塑器物，则给人一种身体入境的空间想象。陶望
楼高度达到 130 厘米，每一层都呈现不一样的情景。最底层是方形水池，池内
有鱼鳖鸭等动物，池边立有吹奏俑、迎宾俑和执弩武士俑，显然是表现迎接客
人入内的一个景象。第一层楼内正面门口端坐一吹奏俑，似是在引导客人亦或
是观者由此进入楼内。二层正面正中立俑作凭眺远方状，两侧分立两吹奏俑和
执弩武士俑，从吹奏表演的情形看，中间立俑更像是在游玩观景。三层同样有
吹奏俑和执弩武士俑，与二层不同的是敞开的大门内有一俑居于楼中，似在小
憩。一层楼一层人物场景，引领着观者进入楼层的序列之中，每一层都有重复
的吹奏俑和武士俑，但又都有不一样的变化，在秩序中见别样。这是一个完整
的迎客、观景、凭眺、小憩的叙事样态，观者可以说是在同一时间感受不同空

图 4.13　八重宝函，唐，最外重长宽高约 30cm，1987 年宝鸡法门寺地宫，宝鸡法门寺博物馆藏

间的情境，也可以是循着空间进入，感受在时间行进中，一楼一景致的风雅。

秩序感呈现的是一个可以理解与归纳的对象，不管对象是空间性还是时间性的，序列则是体现秩序感的方式之一。空间的序列在某种程度上让感知空间的时间也得以序列化。

法门寺地宫出土的八重宝函（图 4.13）将空间与时间的序列融为一体。舍利宝函是安放佛祖舍利的宝匣，也即是为舍利制作的金棺银椁。八重宝函由外向内第一重为银棱盝顶黑漆檀香木宝函。出土时已残破，函面以减地浮雕描金加彩工艺，饰有释迦牟尼佛说法图、阿弥陀佛极乐世界图、礼佛图。其余七重依次为鎏金四天王盝顶银宝函、素面盝顶银宝函、鎏金如来说法盝顶银宝函、六臂观音盝顶纯金宝函、金筐宝钿珍珠装盝顶纯金宝函、金筐宝钿珍珠装珷玞石宝函，最内一层为一座宝珠顶单檐四门纯金塔，塔座银柱上套置一枚佛指舍利。[5] 八重宝函一重套一重，体量依次减小，每一重又都各有不同的内容和形式，材质的差异和变化也构成了人们逐层感受其珍贵与神圣的心理时间支撑。表层的银构木质宝函，虽已残损，但不难想象木质的深沉与厚重，打开后的第二重，银质錾刻鎏金的四天王像，这一重空间的进入带来了时间的积聚与延迟，因为

5　韩生编著：《法门寺文物图饰》，文物出版社，2009，第 149 页。

每一个面都有一个天王像，需要环绕拜望，而天王是佛的护法神，在寺庙中居于山门之后的天王殿，在这样的空间布局中，实则是一种时间的接续与强化，即越往空间深处去越接近那个神圣的中心。再下一重则是素面抛光钣金制作的银函，银的质地清雅素净，让人重新明目清神，迎接第四重的鎏金如来说法盝顶银宝函，在这一重的图像上，正面为如来说法，菩萨弟子金刚分立左右，宝函两侧为文殊普贤，背后也是菩萨弟子环绕的坐佛像。人们在这一重的图像礼拜中，又进入了一重虔诚而崇敬的时间感知阶段。再往里去是纯金制造的第五重函，正面錾一尊六臂观音，两旁分立侍者和童子，另外三面均为坐佛像，这一层主要是在材料上与前面的几重函拉开了质的区别，虽然银鎏金的表面在没有氧化前与纯金差别不像现在看上去那么大，但内在的质的差异让观者在心理深处感受到一种跃迁。再进入一重，会看到四面装饰有用珍珠宝石镶嵌而成的三重花的纯金宝函。第六重和第七重在内容上变得越来越单纯，只是用珍贵的材料营造越来越接近核心的隆重感和越来越高的期待心理，最终一重呈现在人们面前的则是宝珠顶单檐四门纯金塔，这是一个与前面都不同的形式，将这一重又一重的"礼佛之路"在情绪上和精神上都推向了高潮，最终通过塔的四门能瞻仰到神秘又神圣的佛骨舍利。

这是一个精心设计的"礼佛之旅"，每一重宝函的打开，都具有隆重的仪式感，开启后的宝函与等待开启的宝函形成了一个物件的前后并列与连接，时间与空间上的序列。在这个序列的行进中时间并不是匀质的，而是伴随着空间的进入逐渐压缩，最终在宝塔的底层彻底爆发出来。一个接着一个的宝函，在体量上一个小于一个，在精神上却一个重于一个，八重宝函从空间的结构转化为时间的结构，以序列的形式完成了这样的礼佛之旅。

第二节 运动与矛盾的暗示时间

亚里士多德认为，时间是计算前后出现的运动的所计之数。表明了时间与运动的关系，即是说时间支配了运动并可以对此作出测量的解释。同时也有哲学家认为时间只是人的时间，是人对时间的感知。没有人对时间的感知，时间似乎也就没有任何意义。静止不动的雕塑要找到时间语言的表达方式，实际上就是抓住人的心理感知这一关键要素。因此，雕塑最为典型的时间语言是通过具有运动感和冲突感的立体造型暗示时间的前后变化。雕塑的静止与运动都是相对的，都能反映出一种内在的矛盾冲突。在真正运动的雕塑诞生之前，雕塑的动势或动态美都体现在静态的形体之中。雕塑不仅模仿瞬时间的片段图像，也模仿包含了时间过程的连续性动作。在这里，时间性这一概念有两重意义。一是指雕塑所模仿的事件或人物的行为，在时间过程中凸显的前后关系；二是指观者在观察和欣赏眼前这一动态变化中的雕塑的心理变化，也处于时间的进程流变之中。由雕塑形象的运动趋势和矛盾冲突暗示的时间变化，在观者眼中进行了回溯，作者和观者在这样的时间之流中出现了一种内在的交流。

著名的《掷铁饼者》雕塑（图4.14），人物的动作定格在一个固定的瞬间，细细体会就会发现，这是一个艺术处理后的形象，身体打开与双腿的空间扭转错开，高抬抓铁饼的右手显然有所夸张，自然下垂放松的左手置于右腿的外侧，加大了扭转的空间，整个雕塑显得松弛而又富有动感。雕塑的成功就在于将发力的瞬间和身体的韵律甚至是观看的视角都高度统一。看得见的动势暗示了看不见的运动趋势，在观者的心理完成了整个投掷的过程。雕塑家把动态感觉与理性知觉统合起来，将视觉印象中不同时间的动作姿态以知觉的经验重新组织，

图 4.14 掷铁饼者，米隆，公元前 450 年，高 155cm，国立罗马国家博物馆藏

图 4.15 空间的连续的独特形体，翁贝托·波丘尼，1913 年，高 110.5cm，纽约现代艺术博物馆藏

才有了这样的经典之作。再来看翁贝托·波丘尼的《空间的连续的独特形体》（图 4.15），雕塑家仔细研究了运动的视频和照片，将阔步向前的人体虚像整合成了实体的物像。雕塑为了视觉上的运动张力以及运动所隐含的时间形式，牺牲了形象的可辨识度。《掷铁饼者》中的时间暗示在这件作品中变成了明示，时间一晃而过，瞬间的速度感似乎都来不及捕捉具体的形象，这是对时间的直接描述，也是时间可以改变一切稳定存在物的形象写照。时间对于雕塑实体来说是形体在空间中的位移，将这种空间位移用实体表现出来，就构成了波丘尼这件肢体显得支离破碎的雕塑。两件作品都是雕塑中关于运动的典型案例，一件是古典主义以静喻动的经典之作，一件是现代主义以静拟动的前卫之作，可以说都是相距两千多年的雕塑大师在雕塑时间语言表达上的探索与发现。

两件作品都集中在了"势"的表现上，这也是古今中外雕塑家用静止的雕塑表现运动时都要抓住的一个重点，因为"势"暗示了时间的前后动向。势是形态的趋势也是内部力量的牵引与拉拽，是运动的能量走向也是积聚与爆发的形式感。雕塑静止的物质形态，借助"势"的表现，唤起观者未动将动、不动欲动的幻觉。从某种程度上来说，"势"构成了雕塑造型的核心，是将时间流动凝固为特定形象的关键所在。

另一方面，韵律也是雕塑时间语言的一个隐含特点。罗丹反复强调"运动是从这一个姿态到另一个姿态的过渡"，"画家或雕塑家要使人物有动作，要做的便是这一类的变形"[1]。"过渡"与"变形"都是空间性的形体表现时间性特征的手段。借助于姿势的变形和转变，创造具有韵律感的形体，无疑能让观者的视线随着雕塑形体的变化而游移，从而唤起内心的愉悦感。视线随着形体移动，也就调动了雕塑各个部分一起参与到连续性的运动中来。谈到韵律就不得不让人联想到谢赫"六法"中的"气韵生动"，虽然他谈的是绘画艺术的"气韵"，但不可否认，"气"与"韵"都不是静止不变的，而是具有流动性的气息，所谓"生动"就在于这一"生生之气"与"欲动不动的韵味"。好的雕塑自然是"生机勃勃"，充满了活力。雕塑表现时间的"无能为力"，既是它的缺点也是它的特点之一。雕塑家只能通过一系列的艺术手段营造一种心理和幻觉的时间感。因而，创造形体的韵律感，也就是在追寻运动轨迹物化的时间。

矛盾也是酝酿动感的关键要素，这一矛盾既可以是内容上的冲突，也可以是形式上角力。王朝闻认为：没有矛盾就无所谓动势，好的雕塑在把握运动感和时间感时，"接近解决而尚未解决的矛盾状态"最有意味。[2] 在矛盾中达到一种平衡，是雕塑家所追求的目标。中国古代的器物和雕塑，对于矛盾所蕴含的时间性特征可以说是早有发现。不管是北方草原民族狼噬鹿、虎猎野猪之类主题的青铜扣饰，还是古滇国的虎牛相搏储贝器，都非常准确地抓住了矛盾双方制造的紧张刺激感。

在静止不动的雕塑中探索时间语言的表达方式，是很多雕塑家都面临的挑战。通过形体的势、形式的韵、内容和结构的冲突来暗示时间是雕塑家们所作出的种种努力，这种努力尽管在中国古代的器物制造中不是直接表现出来，但

---

1 ［法］奥古斯特·罗丹述、葛赛尔记：《罗丹艺术论》，傅雷译，山东画报出版社，2017年，第33页。

2 王朝闻：《雕塑美学》，生活·读书·新知三联书店，2012年，第336页。

留下来的那些精彩作品，无疑给了我们一个挖掘与探讨的空间。即便器物的制造者不是为了创造一种时间表达的语言，我们也丝毫不怀疑这些艺术作品的创造实实在在地触发了我们对于时间的心理感知。

一、陶水鸟壶与青铜鹅尊的"势"

汉代蔡邕在其书法理论著作《笔论》中说："为书之体，须入其形。若坐若行，若飞若动，若往若来，若卧若起，若愁若喜，若虫食木叶，若利剑长戈，若强弓硬矢，若水火，若云雾，若日月。纵横有可象者，方得谓之书矣。"[3] 可见作者认为书法的运笔、线条的走势都不是凭空而发，而要有其"象"，有其"象"得其"势"，有"势"所以才有"若飞若动，若往若来"种种变化。这一论述也可以借用到古代雕塑动势之美的探讨之中，与强烈的动态不一样，"势"所强调的是一种具有抽象意味的内在冲动。蠢蠢欲动之势之所以能引起人们对于时间的感知，就在于它包含了未动和已动的两个时间段的形体变化，是未动和已动的承续性动作的凝固。这里所说的"势"不是罗丹所说的"一个姿态到另一个姿态的过渡"。这容易引起人的误解，认为"势"是一个运动中间状态。实际上它侧重的是造型上引发人们关注和联想的微妙变化。如果说古希腊雕塑对人物动态的表现是生动不失典雅，巴洛克雕塑对动态的表现是激烈而浪漫，那中国人对于雕塑中的运动则显然更为持重和含蓄。"势"也就更符合中国古代雕塑的审美品格。正如乔讯在《魅感的表面——明清的好玩之物》一书中所说，对于中国古代器物来说，每一件非平面的装饰品都是"空间中的一种有体积的存在，是一种动势的具象化"[4]。"势"作为器物的一个基本特征，是在一种运动的可能态中体现出时间的密度和质感。

这种对动势的理解和表现在新石器时代的陶器制作中就可以看到。龙山文

---

3 华东师范大学古籍整理研究室：《历代书法论文选》，上海书画出版社，2014 年。

4 ［美］乔讯：《魅感的表面——明清的好玩之物》，刘芝华、方慧译，中央编译出版社，2017 年，第 63 页。

图 4.16　陶水鸟壶，新石器时代，良渚文化，高 11.7cm，长 32.4cm，1960 年江苏吴江县出土，南京博物院藏

化出土的这件陶鬶（图 4.17），鸟喙形长流口，滚圆沿，长弧直颈，三袋足饱满挺立，整个造型显得挺拔而耸立。器物看上去并没有特别多的仿生细节，但体现出一种昂扬之势，让人联想到引吭高歌的雄鸡。器物的形严整内收，唯有长颈突出而坚挺，鸟喙形长流略有弧线，非常概括地表达出一种动势。正是这种不肖之似和"势"的提炼，让这一抽象的器型给人以连贯的动态想象。在这种想象中，时间作为一种潜在的语言，参与到了观者对器物的审美感知活动中。

　　我们再来看这件属于良渚文化的陶水鸟壶（图 4.16），整体呈长袋形，浑圆简洁，有水族动物溜滑、肥腻之感。器物只一端略作雕琢，嘴、眼和头羽寥作刻画，尾部壶口略上翘，使整个器型有一种前探之势。水鸟颌下微微凸起，像是饱饮后未及吞咽的样子，而眼却警惕地环伺周围。水鸟的重心前倾，在前伸微探和饱饮扬身的动态之间，保持了一个"矜持"之势。作者抓住了水鸟处于变化之中的形体特征，缺少细节刻画的整体形，也有利于观者对器物整体态势的感受，同时因为造型上的概括或者说是器型的抽象性，更契合人们在捕捉动态对象时的那种形象的不具体性。抓住"势"就是抓住了造型艺术中的重要

图 4.17 陶鬶，新石器时代，龙山文化，高 29.3cm，山东省潍坊市姚官庄遗址出土　图 4.18 鹅尊，战国，高 19cm，长 24cm，美国明尼阿波利斯艺术博物馆藏

关系，让观者有了反复观看、反复揣摩的无穷意味，这也是王朝闻所说的"耐看"。"雕塑耐看即所谓艺术的永久魅力，在审美心态中都是有时间的承续性的。不论这样的承续的时间多么短暂，审美判断自身的时间过程岂能抹煞。所以，雕塑耐看不耐看的矛盾，往往是在时间的承续过程中显示出来的。"[5]耐看的雕塑一定是激发了观者更多的想象，"势"相比一个鲜明的动态有更多的变化可能性，也就更能让观者的想象参与到作品审美意象的生成中来。

一个静止不动的对象通常很难让人产生对时间的感知，虽然恒定也是时间的一种属性，但运动或者说运动带来的可察觉的变化显然蕴含了更多的时间性感知因素。雕塑一般来说不能直接表现出变化，只能通过某种形体特征去揭示运动和变化，当然典型的动态本身也是包含着前后运动的"势"。我们来看这件战国时期的青铜鹅尊（图 4.18）可以充分了解到强烈动势的时间性语言特点。鹅尊体形并不大，非常符合一件艺术品摆件的体量大小，也让作为实用器的尊，

5　王朝闻：《雕塑美学》，生活·读书·新知三联书店，2012 年，第 151 页。

便于置桌几上使用和观赏。初看鹅的造型动势非常强烈，鹅伸长脖子，张开嘴巴，呈现进攻啄击的姿态。但稍细品就会发现鹅的姿态并不是真实运动中的形态，首先为了增强尊的稳定性，鹅的两条腿叉的较开，腿脚非常壮实，鹅蹼大而张开，有效增加了鹅的支撑面积，不像有些鸭尊利用尾部作为三角支撑，因为鹅的动态，尾部要略微上抬，以增加鹅的动势。如果是真实的动态，鹅的脖颈应在鹅的胸前伸直，反观鹅尊的脖颈是在胸背部的地方先是朝上的一个势然后转折成与身体平行的水平方向的动势。应该说这并不完全是出于动势的考虑，更多是对器物使用的一个考量。鹅尊后背有口和盖，鹅的脖颈相当于器物的流，如果脖颈太低，像真实攻击状态的鹅的造型一样，那尊既装不了多少酒水，也不便倒出，平衡感也会有所欠缺。正是这样的造型考虑使这件鹅尊体现出了一种结合了真实与想象，静态与动态的"势"，甚至可以说是有一丝别扭劲的奇怪之"势"。鹅尊的羽翼与片状羽毛以及爪蹼的关节塑造非常具体真实，鹅头部和上喙有可以活动的合页，使鹅嘴可以灵活的张开或闭合。[6]整个器物可以和前文提到的鸭尊作一下对比就会发现二者的差别，鸭尊庄重而鹅尊活泼，鸭尊有富贵之气而鹅尊更具野逸之趣，更为不同的是时间性语言在鹅尊上体现得更突出。我们看着有些别扭的动势就是调动我们的感知系统去想象和重构它的关系，实际上已进入类似于罗莎琳·克劳斯所说的分析型时间。"势"所引发的不只是观者对于动作前后的时间关注，还有一种将对象拆解与重构，从视觉到心理的"造型"过程体验。

　　"势"的时间性语言，一部分来自客观对象的动态暗示，一部分则是观看主体的心理暗示。

二、双人舞盘鎏金铜扣饰与白陶舞马的韵律

　　运动是让时间具体可感的方式之一，因此关注运动本身就是对时间性的一

6　莫阳：《藏器——青铜器的文化与收藏》，人民美术出版社，2019年，第145页。

种体察与认识。运动让形体有了更丰富的变化和更强烈的表现力。众所周知，运动是物体的位移，从而在空间中形成一种线性的轨迹。追寻这种轨迹我们就能发现运动是有规律的，就像是海浪的此起彼伏，动物奔跑的四肢交叉运动，总是呈现出有规律的变化。威廉·荷加斯（William Hogartn）认为："一旦我们看到一切运动都是线条的运动，那就不难理解，动作的优美取决于造成形体优美的同一些规则。"[7] 也就是说运动的美就是蛇形线的优美，当雕塑的形体找到了运动的抽象韵律即是蛇形线的组织和运用时，时间性语言也就潜藏在雕塑之中了。

乔讯在《魅感的表面》一书中指出李渔在谈论"位置"与装饰品之间的关系时，时间和空间的统合，"中国作家没有明确区分时间和空间，而是将这两者统合，视为一种有着空和时两极的单一的连续体，整体的规则，就借助于韵律的变化"[8]。这种运动的韵律在舞蹈之中比比皆是，甚至可以说舞蹈的美就是制造动感的韵律美。这件双人舞盘鎏金铜扣饰（图 4.19）在雕塑形体的节奏和变化上都可以说是极为精彩的一件艺术品。铜扣饰出土于云南晋宁石寨山，是西汉时期具有西南民族风格的一件器物。首先这件器物在构图上就非常有特点，两个人物，基本处于同一个空间，从足下的蜿蜒盘曲的蛇连接四足就能感觉到空间在一定程度上被压缩了，但看上去又有明确的前后关系，这种关系依靠前面人物手和脚的遮挡以及一高一矮的人物构图来实现的。我们重点来看人物的舞蹈动作，能非常明显地感受到极有魅力的韵律感。两个人物的舞蹈动作并不是一样的，前面人物一手高扬一手略微向下反转托盘，两条胳膊形成了一条波浪的曲线，与后面人物高抬的腿形成了一道延长的波浪线，也即是荷加斯所说的蛇形线。后面的人物双肩打开，双手都略上举，手托盘的角度也有一个空间的变化，同样两条胳膊也构成了一道蛇形线。两人头部的一正一转也增强了作品的空间感和情绪的意味，甚至是足下伸缩扭曲变化的蛇也非常有节奏感。在

7 ［英］威廉·荷加斯：《美的分析》，杨成寅译，佟景韩校，广西师范大学出版社，2005 年，第 125 页。

8 ［美］乔讯：《魅感的表面——明清的好玩之物》，刘芝华、方慧译，中央编译出版社，2017 年，第 314 页。

图 4.19 双人舞盘鎏金铜扣饰，西汉，高 12cm，宽 18.5cm，云南晋宁石山寨山出土，云南省博物馆藏

图 4.20 白陶舞马，唐，高 46.5cm，身长 54cm，1972 年陕西省礼泉县张士贵墓出土，昭陵博物馆藏

这件作品中，两人的佩剑构成的两道平行线是唯一出现的直线，直线的倾斜给两人的舞蹈增添了动感和丰富性。可见这件器物是一件雕塑语言非常成熟的作品，没有拘泥太多细节的刻画，神态的把握与运动肢体的拿捏精准而生动。两个人物在同样的舞蹈节奏中，实现了统一的韵律感又不失各自的差异与特点。

造型的气韵可以让形体显得有生气，从而具备一种生命特质，这种生命特质就是在时间中显露出的变化性，所以韵律感有助于时间语言的表达。不过这种联系显然过于抽象和概念，在实际的器物中，我们更容易在有韵律的动态形象中感受到时间的表达。就像王羲之能在鹅的脖颈运动中悟到书法的运笔与线条的形式美感一样，韵律的产生首先是生命体自身运动的节奏和规律。书法虽说是平面的视觉艺术，但书法的书写一定是时间性的艺术，这也就不难理解为什么说书法是和音乐最接近的艺术形式。书法是身体在空间中的运动产生的线条，与肢体的运动形成对仗，"文字是循其轨迹，通过人体的跃动表现出来的生命体"[9]，身体、运动、线条既是原始舞蹈也是原始书写的表现力所在。

音乐和舞蹈的韵律是最具有感染力的，相比之下，雕塑的韵律还是要依靠形体和形象的表达，通过形与像的气韵暗示时间的存在与流逝。汉代的说唱俑

9　[日]杉浦康平：《造型的诞生》，李建华、杨晶译，中国青年出版社，1999 年，第 98 页。

和南朝的舞俑都是非常典型的作品，当然不是因为有了音乐和舞蹈的内容，雕塑就具备了韵律感，而是在表现这种本身带有音律感的主题时，好的雕塑其形体的韵律与主题的内容能达到完美的结合，从而暗示出时间语言的特殊魅力。

唐代的张士贵墓出土的这件白陶舞马（图 4.20），是一件精彩绝伦的作品，作为陪葬的明器，显然不是独一无二的艺术品，而是当时有固定模式的器物。不过即便如此，这件白陶马还是体现了制造者非同一般的雕塑塑造能力。陶马通体皆白，肌肉健硕，体态优雅，身体匀称修长；三足立于平板之上，右前腿抬起，蹄向内折，引颈低头，头微侧、张嘴露齿；鬃毛边沿修理得整齐利落，呈波浪状披于脖颈左侧，尾巴束结上翘。雕塑的每一处形体细节都与整体的节奏感高度吻合，不管是马鬃的波浪形，还是背部到臀部的曲线，面部的肌肉线条与胸前的肌肉隆起都呈现出翩翩起舞之态。即便是对舞马毫无了解的人，也能从它的动态中感受到音乐般的韵律感。舞马是中国古代宫廷的文化娱乐活动之一，属于驯马戏的一种，主要就是训练马随着音律表演各种动作，或欢腾跳跃，或昂颈扬尾，体现出力与柔、形与韵的美感。今天的观者离舞马的情境已经有太大的距离，但仍能感受到马随鼓点与音律变化的飒爽舞姿，想必当时的人在看到这一器物时，在脑海中能浮现出舞马表演的全过程。雕塑的韵律给了观者进入想象的心理时间，这也是为什么有韵律动感的马比僵立的马更有吸引力的原因之一，因为它多了一层潜在的时间性语言的介入，从而丰富了人们的审美感受。

韵律感呈现的是一种关系，关系不会只是一个孤立的元素或部分，而是与其他的元素和部分共同作用。器物在表现运动的韵律感时一定是要涉及到前后的动作部分，时间作为一种相关元素也就自然而然融入进来。如何让这种时间感流入器物之中，就是器物的时间语言表达的重点所在。

三、虎牛搏斗储贝器与倒流壶的矛盾冲突

矛盾与冲突是凸显动感的有效手段，运动感又是暗示时间的一种方式。利

图 4.21 虎牛搏斗储贝器，西汉，高 42.8cm，盖径 20.5cm，云南晋宁石山寨山出土，云南省博物馆藏

图 4.22 耀州窑青釉剔花，北宋，高 19cm，腹径 14.5cm，1968 年陕西彬县出土，陕西历史博物馆藏

用或者制造矛盾与内在冲突可以让人的注意力集中到事物的发展变化之中来，理解了变化也就触动了时间感知的本质。

这件虎牛斗储贝器（图 4.21），充满了戏剧性的色彩。器身为束腰圆筒形，腰部两侧有对称的虎形耳，虎口怒张咆哮，呈纵跃之势；器盖之上，两牛斗一虎，其中一牛牛角戳穿虎的后腿，虎的双腿已离地而起，就像牛用全身之力将老虎拱翻。两头牛体形健硕，牛角锐利，将虎围合于中间，相比之下，虎则显得略瘦削，完全处于下风。器盖的空间基本上被牛和虎完全占据，牛紧贴着器盖边沿，将虎死死围于中间。器盖中间有一树，树枝分上下两层，上层分两杈枝，各立一猴，一猴紧坐枝端，向外探出身体，表现出惶恐之态，另一猴前爪按住枝头，作环伺状。下层也有两枝，各立一飞鸟。树枝上的紧张气氛丝毫不比器盖上之景状弱。似乎是高处的动物已发现储贝器两侧还有两只猛虎在伺机而动，随时要加入到两牛一虎的战局，而两牛似乎也已无计可施，退无可退。树顶上的鸟欲展翅逃离，而两猴却无处逃离，只能心焦慌张。这件作品中，冲突不仅仅是牛和虎之间的势均力敌或是虎对牛的猎杀，而是颇具匠心地表现出多重矛盾，器盖之上，牛虎斗紧张刺激，牛似乎已占得上风，而器物下方两虎的蠢蠢欲动更是让器盖上的牛陷入了更大的危机。冲突最让人紧张的地方不是双方已爆发的矛盾，而是在酝酿中的危险一步步的逼近。第三重的矛盾则是由器盖直接冲突带来的猴与鸟的动向，鸟可以展翅逃离，而猴即便不被虎所猎杀，也是这场血腥屠杀的目击者，仓皇失措而又无处逃遁。猴与鸟似乎也就形成了一种逃离与在场的内在冲突。

人们对于时间的感知往往发生在知道某一个时刻一定会到来而未到的时候。在这之间，每一分每一秒的抽象时间就变得具体化，意识到时间的存在才会对时间有具体而确切的感知。这件虎牛搏斗的储贝器，巧妙地处理了几重矛盾关系，也让紧张的时间从一个瞬间性的事件发生转变，成了连续性时间酝酿的矛盾冲突之中。

矛盾不只是体现在器物的雕塑内容和主题上，还包括了自身结构和人们使用经验上的冲突。倒流壶和公道杯就是这一类具有代表性的器物。作为我国陶瓷艺术精巧之作的代表之一——倒流壶，也叫倒装壶，是极具观赏把玩之趣的器物。如图这件藏于陕西省历史博物馆，北宋耀州窑青釉剔花倒流壶（图4.22），釉色细腻呈淡青灰白色，壶身圆滚饱满，剔刻缠枝牡丹，颇具层次感和立体感。壶顶有双层柿蒂纹，如同一个壶盖，但却与肩上的提梁连接，提梁设计成长尾凤凰伏卧前驱之势，与翘首斜望，探头张口的母狮形壶流形成顾盼呼应的趣味。壶盖一圈有凸点纹和锯齿纹，并与壶身有一道明显的交界，形成盖与身的结构标记，但斜倚在器盖和器身的母狮流阻断了盖与身的分界，盖顶部的柿蒂纹也与提梁连接无法开启，似乎整体只有一个流口，让人看了心生疑虑。实际壶底有一孔，注水时要将壶倒置，直至水从母狮口中流出，壶即装满，可再放正，滴水不漏，稍作倾斜，水就从狮口中流出，颇有玄机。这是因为壶的底部注水口是一根空心管，利用了"连通器液面等高"的物理学原理，才制作出这么巧妙的器物。

倒流壶将注水口设计在了器底，是打破了人们习惯性的认知经验，水不应该是从顶部注入吗？底不应该是密封的吗？正是这样的矛盾造成了人们面对这件器物时，不由得进入了心理感知时间。疑惑不解带来的种种思虑与判断都构成了这一时间性表达的丰富语意。有盖形却打不开，是人们首先意识到的矛盾，无盖却有流，流可出水，是第二层的矛盾，而周身都没有其他的注水孔，难道要从流中注水进入？于是不由得思考它的结构，倒过来便可发现底上的孔洞，不是解开了疑惑，而是又增加了矛盾与冲突，底有洞为什么不漏水呢？我们在清楚了它的结构和原理后，或许觉得不过如此，但未及了解真相的人，一定会在反复揣摩和端详，由此大大增加了器物耐人寻味的吸引力和表现力，也就凸显了一种矛盾冲突的时间语言。

这类器物的创造性构思与设计非常符合中国人的思辨思维，正和反、虚与实都是可以相互转化的。公道杯也是此类器物，根据物理学的虹吸原理制作而成，盛酒浅平时，酒不漏出，一旦过满，酒即全部漏光，一滴不剩，同样引起人的好奇心，对眼前之物思忖再三。对于人们习以为常的事物，我们不会对此留意留心，时间也就不在这种经验过程中留有痕迹，而一旦眼前所见与我们的日常经验相悖，就会出现一个时间的裂缝，把我们的注意和思考带入一个心理考量的维度。"日常"原本也是一个对时间性状的描述，反常就是在这一波澜不惊的时间性状中，撕开一道缺口，让思虑的洪潮汹涌而出。

第三节　赏与用的经验时间

在准确的计时器发明以前，人们需要通过许多具体情境和参照物的度量来感知时间。度量的结果也会因人而异，正如古罗马哲学家奥古斯丁（Augustine）所说："时间存在于我们心中，别处找不到。"[1]康德也对时间有过独到的论述：取消了时间自在存在者的地位，使之成为人的内在感性形式，时间只是人的时间。[2]中国古人对时间的感知则更多依赖于自身的生活情境与经验。比如"一炷香的时间""日上三竿"等的表述，都显示出相对模糊的时间观念，而"逝者如斯夫，不舍昼夜""一寸光阴一寸金"则带有更多的文学修辞。中国人对于时间的感知和表述始终带有朦胧的意象色彩。

真实时间在没有计时器的时候，也是借由自然变化的物像做参照物，比如太阳的位置，影子的位置，逐渐发展到制造特殊的器物来计量时间，比如水漏、沙漏等，更复杂的机械计时器物也发明创造了出来。到了清朝，西洋钟表的传入使得钟作为一件奢华的陈设器物出现在宫廷各殿阁之中。很多钟的结构造型都如一件珍贵的艺术品，不仅精巧华丽，而且与室内陈设的格调相得益彰。尤其是清造办处制作的重檐阁楼式嵌珐琅钟，更是将建筑空间形式与时间标示功能融合在一起，时间的真实与空间的虚拟形成了一种有趣的呼应。这些结构精巧、造型复杂的西洋钟或自鸣钟是既表现时间又使时间具体化的混合体。

对于时间感知的模糊经验也意味着器物中的时间语言是杂糅性的，亦即是

1　[古罗马]奥古斯丁：《忏悔录》，周士良译，商务印书馆，1981年，第247页。

2　郭福祥：《时间的历史映像》，故宫出版社，2013年，第9页。

同时存在着真实物理时间和虚幻心理时间。虚幻心理时间是指它的时间形式是以观者在面对器物时心理的波动变化带来的时间感知，可能是上千年的震颤，也可能是刹那间的感悟。虽然虚幻心理时间也是以真实物理时间为基础的，但在不同观者的心理反映是千差万别的，这种差别性就是其虚幻感或虚拟感所在。一件纯粹意义上的实用器物只有在其使用过程中的真实物理时间内才成为其绝对的存在，而它的造型与雕饰都是心理时间的表达语言。这两种时间在一部分器物中是同时存在的，器物在使用的同时也不影响它作为审美对象被人欣赏和感知。而在有些器物中是分离的，器物使用时，完全破坏了它作为可感知形象的完整性。

器物因为其功能属性，决定了它在使用时一定是在真实时间内实现其功能价值。器物的叙事时间与暗示时间都与观者的心理时间密不可分，因为在审美感知活动中，时间语言总是潜在于空间、形体、材料这些显性的表达语言之下，受到感知主体自身差异的影响，呈现出不尽相同的性状。而实际的使用必然是在物理真实的时间之中发挥作用的。

真实空间中的物理运动作为雕塑时间语言的表达方式直到 20 世纪才真正被发现。这并不是说在这以前就没有运动的雕塑，只是没有将真实运动纳入到雕塑自觉的语言表达系统中。雕塑家执迷于在静止的雕塑中制造运动的错觉，表达时间的承续，为了制造心理上的时间感知而拒绝了物理运动带来的真实时间感知。亚历山大·考尔德在刚开始利用风力创作出平衡感和运动感的雕塑时，也有人认为是对雕塑寓动于静审美体系的一种破坏，尽管在今天看来，雕塑物理上的运动并不一定代表雕塑的发展方向，但确实给雕塑带来了新的表达语言。尤其随着电子科技的进步，除了风力、水力，机械动力与电磁力的应用，给动态雕塑带来了更多的可能性。比如让·丁格利（Jean Tinguely）的机械动态雕塑（图 4.23），让运动不在一个匀质的时间中展开，而是像戏剧一样有节奏和张力的变化。在众多雕塑家的努力和探索下，动态雕塑成为了雕塑的一个流派和类型。

罗莎琳·克劳斯在分析杜尚和布朗库西的作品时认为他们的物体具有异乎

图 4.23 参与自动机器，让·丁格利，1959 年，巴塞尔丁格利博物馆藏

寻常的完整性和不透明性，可以理解为真实的时间或是经验的时间。"这就好比我们所经历的时间，在遇到一道谜语时，经历它的拐弯抹角、迂回曲折，经历它对'谜底'的抗拒。换句话说，这是对于形式的体验，因为它的表现随着时间和场所的变换而变化——形态的偶然性正是这种体验的作用。"[3] 这里所强调的经验时间，实际是一种对理性分析时间的拒绝，相反寻求真实空间情境中的一种关系和状态。

真实情境是器物在赏与用的关系中建立的空间与时间结构。器物诉诸于真实的运动亦即是将其放在身处的外部世界之中，与这个真实世界共享一种时间

---

3 ［美］罗莎琳·克劳斯：《现代雕塑的变迁》，柯乔、吴彦译，中国民族摄影艺术出版社，2017 年，第 108 页。

状态。通过使用或观赏器物的真实运动建立其真实时间感知，成为我们对器物的经验时间。

一、铜羊灯与兽形砚盒的间断时间

器物在大多数的情况下是以实用性作为第一考虑要素的，如果说实用性是一个普遍性的问题的话，特殊性就是器物拥有者所要彰显的特权，因此观赏性和唯一性几乎是所有器物的"高阶"形式。一件精巧的极具观赏性的器物就算它具有实用性，在大多数的时间内它都不在实际使用的语境中，而处在艺术欣赏的语境中。使用是器物在物理时间中实现其功能性，观赏则是器物在观者心理时间内实现其审美性。

象形灯是战国到两汉非常流行的实用性与审美性高度契合的器物。象形灯是只有在夜间的固定时间段使用的器物，其他时候它就是一件实实在在的雕塑摆件，出现在人们的生活之中，成为了纯粹的审美对象。因此我们今天看到的很多青铜灯都是工匠们煞费苦心的精心设计之作。这件西汉中期的铜羊灯（图4.24）就是设计非常简洁的象形灯。羊跪卧伏地，身体匀称敦实，后背可以整个掀盖，掀起来的后盖正好置于羊的头顶之上，用于盛油放灯芯点灯熬油。而在白天，背盖回复到羊的身体后背，就是完整的一件青铜羊的雕塑。白天和夜间，青铜器的实用功能和审美特性得到了分隔和统一。这件器物的巧妙之处就在于灯的隐藏，与前面提到的人形灯将灯或灯盘置于手中的形式不同，也与鸭衔鱼灯和牛缸灯等灯结构外置不同，铜羊灯非常巧妙地让灯隐于羊的身体结构之内，开合也就区隔了赏与用的时间。灯本身是一件与时间息息相关的器物，正是它自身的时间区隔造就了器物的这种结构。白天羊灯成为一件不折不扣的陈设摆件，供主人或观者赏玩，它的功能隐蔽性进一步加剧了这种观赏的艺术张力。夜间灯的使用，无疑让灯处在了真实的时间之中，灯油的消耗、灯芯的变化都是在物理时间中可以检验到的，然而这并不意味着夜间的羊灯就完全失去了审美的特性，结构虽然破坏了羊自身的完整性，但灯光的介入，凭添了几分赏玩

图4.24 铜羊灯,西汉,高18.6cm,长23cm,1968年满城陵山中山靖王刘胜墓出土,河北博物院藏

之趣。油灯的灯光不会太亮,且忽明忽暗的闪烁不仅增添了雕塑的朦胧美感,甚至增添了几分动感。了解雕塑的人都知道,光影的变化是可以制造运动错觉的。尽管这一灯光的闪烁较为微小,但足以产生与白天不一样的视觉效果。我们可以从这件器物上感受到时间的差异与变化带来的不同表现力,白天所呈现的是一种心理感知的虚幻时间,而夜间则是两种时间的交叠,灯油燃烧和羊的观赏交替或者同时作用于使用者或观者的感知。

由于今天吸引我们眼球和注意力的事物实在太多,我们对于细微且单调的事物感受力大大降低了,而羊灯等象形灯盛行的汉代,人们对于变化缓慢,差别细微的事物更有耐心和观察力。与我们习惯用精确时间切割事物的连贯性不一样,古代的人们更习惯于在整体连贯的时间内感知差异,因此古人们对于时间的感受性也就越强,不同造型的灯在夜间呈现的形态是能让观者反复品味和赏玩的。

图 4.25　鎏金镶嵌兽形砚盒，东汉，长 25cm，宽 14.8cm，高 10.2cm，1970 年江苏徐州东汉墓出土，南京博物院藏

　　另一件东汉中期的鎏金镶嵌兽形砚盒（图 4.25）也是一件异常精美的器物。砚盒整体上看是一造型别致、装饰奢华、作蹲伏状的兽形，兽角顾长，隆鼻阔嘴，周身镶嵌红、绿、蓝各色宝石。沿兽嘴至兽身分开盖与盒两部分，盒内放置砚石。整个器物形似蟾蜍，有双角和羽翼，非常奇异。"《太平御览》引《关中记》载：'蟾蜍头生角，得为食之，寿千岁，又能食山精。'有角的蟾蜍，被视作能驱赶凶邪，可助长寿的吉祥之物。"[4] 器物盒盖打开时，蟾蜍之形被一分为二，可供观赏的形象不复存在，这种形式和很多仿像青铜器的形式很接近，只不过很多器物比如犀尊、象尊等器物，即便是打开盖，器物的整体象形还基本保持不变，但这件兽形砚盒，几乎从器物的中间分开，开盖后器物的兽形也被一分为二。砚台进入使用时间，作为奢华之器的观赏时间就暂时关闭了。一件器物通过对其实际功能和审美特性的切割形成了不一样的时间经验。想必器物主人打开器

4　曾维华：《秦汉器物文化拾英》，上海人民出版社，2014 年，第 172 页。

盖，磨墨书写也非简单的日常书写，很可能是具有重要性和仪式性的书写才需要用这件珍宝盒装的砚。不开盖的器物是在一个观赏的时间感知中，而开盖后的器物也并非处在一个日常的时间之中，它触发了仪式的或者说精神上的时间体验。可见这件器物所呈现出的时间性具有多么丰富的内涵。

二、刖人守囿青铜挽车与金镶玉步摇的真实时间

我们在考量中国古代器物时，具有仿像特征、能够运动的器物并不少见，不仅有很多利用水力、风力运动的器物，甚至有利用机械动力的新奇之物。传说中的木牛流马，就是具有雕塑形态且能够利用机械动力运动的特殊发明。像用木头制作的木鸢，春秋时的墨翟曾"费时三年，以木制木鸢，飞升天空……"木鸢应是木头所制造的风筝，具有鸟的造型，能在天空中飞翔。像木牛流马、木鸢之类的器物今已不见原物，也就无法对此作出更多的分析与判断，但不难想象古人们对于器物运动所带来的感知变化的体验有多么强烈。

让人在器物的运动中感受其不一样的审美特点，虽然不一定是古代匠人的造物目的，但也一定离不开匠人们的想象与创造发挥。这件西周刖人守囿青铜挽车（图 4.26），整个器物体量不大，甚至置于手掌之上亦可单手承托，这也决定了这件器物所具有的赏玩性特点。器物的主体部分是方盒形车厢，前面有门，门上铸一遭受刖刑的裸人，拄杖扶门栓，门可开启。车厢四隅和车壁上铸有伏兽；顶部有厢盖，盖也可以打开，中间蹲立一猴子以为盖纽，前后有四只能够灵活转动的鸟，鸟身内部设有一个可以转动的顶针装置，只要用嘴一吹，小鸟就能轻盈地旋转起来，非常奇妙。车厢下有两只伏虎，虎前后足各挟一个小车轮，与车厢后端的两个大车轮，形成了一个平衡与运动的装置。全器装饰有虎、猴、鸟十四个动物形象，设计了十五处可以活动的部位，构思奇特、制作精巧可见一斑。我们从图像上很难充分理解这件器物的精妙，可以设想这件器物呈现在眼前时，不仅能挽环牵引，还能用手推着往前移动，同时车盖之上的鸟儿还能曼妙转动，是怎样一种引人入胜的景象。这件小小的器物没有通过

图 4.26　刖人守囿青铜挽车，西周，高 9.1cm，长 13.7cm，宽 11.3cm，1989 年山西闻喜出土，山西省考古研究所藏

一些雕塑的动态和结构的矛盾制造心理感知时间的变化，而是通过具体的运动以及运动中所蕴含的物理时间的变化，来彰显其独特的艺术感染力。门的开合，盖的启闭只是车厢厢体结构上的正常活动形式，鸟的旋转和车轮的运动则赋予了整个器物截然不同的审美体验。滚动、旋转、开关不同的运动方式，让整个器物在空间中呈现出时间性的语言张力。轮子的滚动，让我们的双眼追随器物运动的轨迹；门的开合，引领我们的视线从器物外部进入到内部；旋转的小鸟则让我们的视线停留在一点，就能循着对象的转动看到全貌。在整个观赏过程中，我们的视线都是在器物物理运动的真实时间展开的，但同时这种真实时间最终也转变成观者心理的虚拟时间。因为这种复杂的机械系统联动机制使其自身成为了一种生命幻象，对人产生了强烈的吸引力。[5] 正是这种生命幻象构成了

5　郑岩：《机械之变——论秦始皇陵铜车马》，《文艺研究》2021 年第 3 期。

观者感知的虚幻时间。

春秋晚期的双兽三轮盘也是一件可以推行滚动的器物，由盘、三轮和双兽组成，头有冠饰的双兽与前轮轴的两端连接，回望盘内，作为盘的盘鋬，可以掌握盘的运动，似乎是双兽驱车一般。物理运动给器物带来了别样的审美体验。

步摇是中国古代贵族妇女的重要头饰，在不同的历史时期有不同的形制，根据《续汉书·舆服志》记载，东汉皇后步摇的形制应是在金博山状的基座上安装缭绕的桂枝，枝上串有白珠，并饰以鸟雀和花朵，熊虎等六兽。枝上缀有花朵，配以叶片也属正常，花和叶子能够随着人的行动而轻轻摇动，即所谓的"步则动摇"或"垂珠步摇"。[6] 不管步摇在形制和规格上有何差异，有一点是明确的，它是头上的一种华美的装饰，并与一定的礼仪秩序相关，其活动部分会随着人的移动和头部的运动而呈现出轻轻摇曳晃动的变化。

与一般性的首饰和冠饰不同，步摇的真实运动构成了它独特的审美个性。它在人的头顶之上，却反映身体的所有行动，它要求贵族妇女的一举一动，一颦一笑都秉持着含蓄而又平稳的仪态。但过于克制与平缓的动态也会让人双眼不容易找到焦点，步摇的轻晃正是将这种似乎是神经末梢的反应变成一种强烈的感知信息，让人注意到它的典雅华贵之美。步摇不是有意识制造出来让人感受时间中的形式之美的动，相反，它的动是以少动或轻动为参照的，只不过晃动带来的真实的时间感知，使得唐代的步摇趋于一种更为流行和普遍的装饰物。放在博物馆中的步摇和在真实空间与时间中的步摇具有截然不同的性质，博物馆的步摇只是一件物质形态的器物，而在人头顶上的步摇，是在真实时间中蔓延开来的独特审美形式，与人的仪态形成一个整体。

这件合肥南唐墓出土的金镶玉步摇（图4.27），是一件能窥见南唐气象的器物。器型较大，长度有28厘米，装饰以纤细的金线编成，上端有一对镶嵌着玉片的翅翼，玉的匀润与金线的细密通透形成了对比，演变成似舞非舞的彩蝶，玉片周圈饰金线编织的梅菊，下垂嵌着珠玉的穗状串饰。正如温庭筠诗："翠

---

6 孙机：《仰观集——古文物的欣赏与鉴别》，文物出版社，2012年，第236页。

图 4.27　刖人守囿金镶玉步摇，南唐，长 28cm，
合肥西郊南唐墓出土，安徽博物院藏

钗金作股，钗上蝶双舞"。[7]金镶玉步摇工艺精湛，繁丽纤巧，伴随贵妇人的一
举一动构成一道独特的视觉景观。诚如庾信诗中所写："步摇钗梁动，红轮被
角斜。"而白居易《长恨歌》中极为浓艳的名句"云鬓花颜金步摇，芙蓉帐暖
度春宵"更是让人浮想联翩。

　　刖人守囿青铜挽车和金镶玉步摇都是以真实的时间为感知媒介，是经验的
实时状态，尽管器物的真实运动不是纯粹以艺术感知为目的，但不可否认器物
的这种真实物理运动赋予人们真切的、实时的感知体验，从来没有远离艺术的
审美体验。

7　扬之水：《中国古代金银首饰》，故宫出版社，2014 年，第 94 页。

三、漆器的叠加时间

可以说所有的器物制造都需要在一定的时间内才能完成，时间参与了器物的生成，不过并不是所有器物都具有时间性特质。只有制造过程中，时间作为明确且特殊的参与条件的器物才可能具备时间语言特质。比如漆器的制造就是最为突出的案例。我们知道一件漆器的完成需要很多工序，从生漆的提取、到器物胎的制作，然后涂灰上灰，再到上漆髹涂，最后的雕刻装饰无不需要大量的时间和劳动。而我们要说的叠加时间主要是指上漆髹涂的过程。在很多雕漆器物中，我们能看到一层黑一层红的颜色分层，就是一遍黑漆一遍红漆的髹漆工艺的效果。通常要形成一定的厚度才能进行雕刻，至少需要 5 层以上的黑色、5 层以上的红色，而每一个色层都需要经过数十遍的上漆涂刷才能将底层的漆完全覆盖，不仅要求漆的厚度一致，还需要在上漆的过程中保持恒温恒湿，每涂抹一遍都需要经过 24 小时的氧化，可以说，每一件雕刻或者说是剔犀的漆器，都需要经历上百遍的髹漆，历时好几个月才能完成。这还只是其中的一个工艺程序，也是最具有时间性特质的程序。一遍髹漆本身并不需要太长的时间和太精湛的技术控制，但两遍髹漆中间需要一定的时间间隔，髹涂第二道漆不能等上一道漆完全干透，否则漆层容易缺脱，这是材料所固有的特性，也是它的魅力所在。它让原本线性的时间，呈现出明显的秩序和规律，当一个单元本身并不具备阐释意义时，我们就脱离了它的内容，进入到了它的结构形式，正是这样的重复的秩序感，得以强化时间性语言特质。

一件木雕或象牙雕刻艺术品，或许需要更长的时间才能完成，但时间却不是这些作品中显而易见的语言形式，就是因为它无法让时间呈现出它的秩序和结构。如果髹漆不是通过剔犀的手法，让那一层又一层的关系呈现在观者面前，累加在器物上的时间依旧是隐秘的。器物的叠加时间不是看是否具有时间品质，而是让叠加的时间以何种方式呈现出来，重复的秩序无疑是构成这一语言表达的基础。贡布里希说："寻求秩序的倾向能使我们很快抓住冗余度，但是会失

图 4.28　剔犀如意云纹花觚，清早期，高 44cm，　　图 4.29　时间的形状，隋建国，2006 年，油漆
　　　　口径 21.5cm，故宫博物院藏

去意义。"[8]一遍又一遍的重复髹漆本身也呈现出无意义的虚无感，覆盖、叠加、间隔，最终通过剔犀，让时间的意义得以回归。厚度和层次构成了器物时间语言的形式。我们看到"剔红"或者"剔黑"的漆器雕刻的内容和主题更为丰富，而"剔犀"工艺的漆器，所雕的纹饰通常更为单一和抽象，以古朴的云纹为主，也正是因为在这种较为抽象的形式下，更能体现颜色的层次和层次背后的时间语言（图 4.28）。

　　这让人联想到雕塑家隋建国的作品《时间的形状》（图 4.29），一根铁签每天在漆桶中蘸一下，一层一层的漆以天为单位的叠加，最后成为一个大球，

8　［英］E.H. 贡布里希：《秩序感——装饰艺术的心理学研究》，杨思梁、徐一维、范景中译，广西美术出版社，2015 年，第 170 页。

而这个球的体积与艺术家生命的天数形成一个正向关系，虽然看不到层次，但我们在知觉上理解了漆球的体量与时间，秩序与意义的关系。

四、青铜器与瓷器的累积时间

商周青铜器在宋代已经多有出土，很多器物成为了当时文人收藏赏玩的艺术珍品，以至于很多瓷器与玉器都仿照商周青铜器的造型样式制作，可见尚古之风日盛。器物中所谓的"古意"就是时间洗涤下的沧桑与距离感。器物的造型风格是一个时代审美品格和文化心理的反映，在时间的长河中也就建立了不同时代的造型风格历史坐标。对"古代"器物造型的模仿不仅仅是一种趣味上的"拟古"，更是因为那些与特定历史时代有着紧密关联的器物，有一种能唤起人们对时间进行反思与回忆的力量。

我们都知道青铜器今天看起来青黑浑浊，绿锈斑驳是由于经过历史漫长岁月的地下埋藏，受地底下或地上各种物质，如土壤中的无机盐、空气中的氧气、二氧化硫、水等腐蚀形成的效果，与原本的色彩和光晕相距甚远，但很多人已经习惯并接受这样的一种视觉语言，反倒认为是一种历史的痕迹，没有了这些侵蚀痕迹，它们就变得毫无价值。今天人们所看到的损锈之迹代表着当下与早已逝去的久远年代相隔的距离，这种时间的距离感赋予了器物新的审美品质。光滑细腻有光泽的物体对人具有特殊的吸引力，就像是河流中被流水长时间冲刷浸润的鹅卵石通常总是比普通的石头更有魅力。人们也在玉石的琢磨中体会到了长时间打磨与器物表面光润的正向联系，因此在青铜器制作之初，表面泛着金属的光泽一定是器物最重要的审美特质，因为它很好地整合了劳作时间与材料质地的关系。然而经过上千年的掩埋，青铜器的表面变得污浊泛绿，不复当年之状时，反倒有了更厚重的审美价值，这就是时间所具有的魅力。

"物品能提供一种与遥远的上古非常直接的联系……夏、商和周统称为'三代'或'上古'，在相当程度上被视为政治、文化、社会的楷模……在有着强大魅力的宋代，其文化受到复兴的、系统化了的儒家思想的推动，古青铜器被提升到受人尊崇的顶峰，从此地位再也不曾下降。"⁹从这一段表述中我们可以看出青铜器之所以在宋代推崇备至不只是时间的距离感，重要的是对那个遥远时代理想化的观念再造。对青铜器上的斑驳锈迹的欣赏也就不只是审美风尚的改变，而是将其作为那个受尊崇的朝代的实物见证穿越时间长河所应该具有的特质之一加以强化。时间的累积是以物质表面形式的变化为依据的，虽然这种痕迹并一定反映真实准确的时间（腐蚀痕迹的变化受空气水分的影响很大，而不一定是时间），但却是人们可以在视觉上感知到的首要变化。

　　崇尚"古意"实际上也是崇尚一种时间的集聚效应。清代的李渔在《闲情偶寄·骨董篇》中说："夫今人之重古物，非重其物，重其年久不坏；见古人所制与古人所用者，如对古人之足乐也。"¹⁰由此可见，人们对古物的偏好，正是时间带来的价值。这种时间赋予器物的变化也不单是物理上和化学上的变化，还渗透着一种观念上的"崇古"迷信。在文震亨的《长物志·器具卷》"花瓶"一条载："古铜入土年久，受土气深，以之养花，花色鲜明，不特古色可玩而已。铜器可插花者，曰尊，曰罍，曰觚，曰壶，随花大小用之。"¹¹这段文字表明明代文人用出土的古代青铜器作为花瓶之用，不仅有"古香古色"，还因地气深厚，能使花色鲜亮，另外，原本青铜器的功能已然偏废，而成为了一种陈设之物。"入土年久"隐含了时间赋予青铜器犹为特殊的品质，具有了使花色鲜亮的特殊功能，显然这是明代文人"崇古"思想的迷信与臆想。不过用作花瓶的上古青铜器确实由于时代的变迁，而衍生出了与古代大相径庭的功能，这种巨大差异构成了青铜器时间语言的丰富与多样。

　　所谓的"古意"在很大程度上是被修饰和理想化的特定时期的风尚。仿古与模古也就是将当代的文化经验复刻在理想时代的框架中，也是将器物表现为累积时间形式的一种途径。这种仿古在瓷器领域更为普遍。瓷器的模古仿造历

9　［英］柯律格：《长物：早期现代中国的物质文化与社会状况》，高昕丹、陈恒译，生活·读书·新知三联书店，2019年，第88页。

10　［清］李渔：《闲情偶寄》，江巨荣、卢寿荣校注，上海古籍出版社，2000年，第242页。

11　［明］文震亨：《长物志》，陈剑点校，浙江人民美术出版社，2011年，第111页。

朝历代都有，这成了收藏鉴定的难题之一。前文说到瓷器是水与火的艺术，高温是瓷器的重要条件。有经验的鉴定家常说的一句话就是新的仿古瓷器有"火气"，没有经过时间的"冷却"，因此即便形制仿古很到位，也可轻松断其为新物而非古董。从有"火气"到"冷却"当然不是指物理上的温度，而是指瓷器在长时间的使用磨损、氧化所带来的微妙的变化。瓷器相比于青铜器其物理性质更为稳定，不易受空气水分影响而变化，尤其是有釉质的保护，即便过去上百年也还能光彩如新。不过正是釉面这种细微的，不易察觉的变化增添了瓷器的魅力，仿古做旧的瓷器表面不自然的光泽，很难有古瓷那种年深日久、自然时间累积的"酥光"现象。

　　对古代器物的尊崇，是将当下的时空与古代的时空进行连接。对于不同时代、不同造型风格的器物的拥有和展示，是人们获得自我时间追溯与延续的方式。

第四节　象征与隐喻的虚拟时间

器物中的时间表现是多种多样的，通过一定的图像去象征时间的轮回是最为常见的方式，比如雕饰四季花的雕漆花瓶，同时将四个季节中绽放的花（牡丹、荷花、菊花、梅花）雕刻于一件花瓶之上，形成一种圆满、完整的具有时间象征性的器物表现形式。正如王朝闻所说："观赏者在意象中所创造的虚幻时间的承续性显示着艺术假中见真的创造性和优越性。时间幻象不只可能引起主体的愉快而且无形地丰富着并深化着形象的内涵。"[1] 这是一个相互作用的过程，器物图像在表现时间性特征时，时间也赋予了物像更为集中的精神性价值。

我们说器物表现了时间或者说具有了时间性语言，通常的情况是器物通过象征的过程指涉了超越自身以外的主体。就像四神象征了空间上的四方，某些特定的图示和标志也象征了特定的时间。凌家滩的长方形玉版的"四隅四木"，大圆内的"八圭"，学者多以为代表天象的"四时八节"。[2] 即便这种说法并不一定准确，但用某种符号或图像象征时间的方式也是有一定依据和合理性的。

虚拟的时间既是指精神上的时间维度也是指心理上的时间感知。宽泛的说，人的审美感知活动都具有虚拟性时间特征。器物通过具有时间指涉的事物和形象来象征和隐喻时间的存在，使之成为具有普遍民族文化心理的造型形式。

1　王朝闻：《雕塑美学》，生活·读书·新知三联书店，2012 年，第 383 页。

2　范景中、郑岩、孔令伟：《考古与艺术史的交汇——中国美术学院国际学术研讨会论文集》，中国美术学院出版社，2009 年，第 143 页。

一、盠驹尊与碑墨的隐喻时间

追求时间的永恒感是人们意识到自己终将死亡带来的挥之不去的恐惧心理的反映。人们在与自然世界的交互过程中，也逐渐认识到生命的易逝与易朽，如何在血脉的存续中保留一种过往与未来的信息连接或是"文明化"记忆，就成为了原始先民的一种朴素的愿望。同时，人们也认识到自然界中有一些物质是具有不朽不腐的特质，利用这些材料制造的器物也就有了更为恒久的可能性。因此，当青铜器的工艺发展成熟后，它自然成为人们倾注永恒想象的器物。

很多青铜器的铸造其目的是用于先人的祭祀活动，且往往通过器物的铭文来表现。比如一件铸刻有"古父己"三字的青铜卣，"古"是氏族的名称，也即是卣的拥有者的氏称；"父己"是被祭祀人的"庙号"。这三个字就表明这件卣是古氏为其亡父己所作的祭器。[3] 铭文不仅刻录器物为谁而造，在周代也记录和宣扬统治阶层的功德与权威，此外，铭文也把祭祀祖先，铭记祖先功德与佑荫后代子孙联系起来，因此，很多青铜器铭文具有"慎终追远"的含义。在西周和春秋时期的青铜器上可见"乃后孙勿忘""世世子孙，永以为宝""子子孙孙、万年无疆""其万年孙孙子子永宝用享"等铭文，可见很多青铜器不仅是一种祭祀先人之器，也是庇佑后人的历史象征之物。铸器和祭祀是贵族们对血脉代际绵延的一种企盼，也是对其统治特权可以延续的愿景。人们意识到在时间长河中个体的生命是必然要陨灭的，但作为祖孙父子的血脉传递在宗法社会中可以实现另一种意义的永恒。

古代先民对已逝的追念与对后生之辈的寄盼除了用铭文来表达，也通过具有象征意味的器物造型和礼仪活动表达出来。陕西省郿县李村出土，西周恭王时期的盠驹尊是一件造型较为写实的象生器（图4.30）。器物没有过多的装饰，通体作马驹形，头部比例较大，动态略显拘谨，似有几分青涩乖巧之感，后背有盖，可以灌取酒水。与很多造型纹饰或瑰丽繁复，或可怖奇诡的形象不同，

---

3 马承源：《中国古代青铜器》，上海人民出版社，2016年，第24页。

图 4.30　盠驹尊，西周，高 32.4cm，长 34cm，1955 年陕　图 4.31　角茶轩勘碑墨，清，长 9.2cm，私人
　　　　西眉县李村出土，中国国家博物馆藏　　　　　　　　　　收藏

这件器物通体素雅，只有腹部饰涡纹，胸前一篇铭文九行共九十四字，记述了
周王在十二月甲申这天，初次在此地举行"执驹"典礼，王赏赐盠两匹驹子，
于是盠向王磕头，说王没有忘记他这个旧宗小子，特作驹尊祭祀亡父大仲以作
纪念。"执驹"典礼是指小驹长大，加上马衔，使之牵离母马，教它学会驾车。[4]
幼马升为服马举行典礼也就如古人的成人礼一般，具有标志性的意义。结合铭
文的意思，可以看到驹尊不仅仅是一件从形象到内容都具有纪念性的器物，或
许还隐喻了一种权力与财富的更替交接。马驹作为成长或者也是接任者的一种
象征，出现在盠对亡父的祭祀之中，除了以示王的恩宠外，也隐喻了自己的成
长与成熟。驹尊成为了告慰先人和勉励后人的形象之物。在这种"接任、成长"
的语境中，实现了自我意愿在时间的流转变化中的"恒久"。

　　碑通常是将文字雕刻于石头之上，用以铭记重大历史事件或颂扬功德的一
种载体与形式。石碑从诞生伊始就与时间有着不可分割的关系，石头是自然界
中最坚实、最普遍，通常也是最不容易侵蚀变形的材料，具有一定的永恒性质。

4　马承源：《中国古代青铜器》，上海人民出版社，2016 年，第 94—95 页。

而石碑上纪事述德的文字也是企盼像石头一样具有不朽性，能在时间的长河中，为后世所知晓、所传颂。"流芳百世""万古不朽"的宏愿通过碑的物质载体与形式得到了实现。原本碑的造型形式与它的物质材料是一个内洽的整体关系，但在历史的演变中，其他的物质材料也借用碑的造型形式，获得对某个人物事件的纪念以及碑的永恒性属性。文人用墨，逐渐衍生出收藏、珍赏、纪念等特性，用墨制成碑的形状就是为了让这种时间性的表达得到具体形式的实现。

我们来看这件"角茶轩勘碑墨"（图 4.31），碑的造型非常明晰，由碑额、碑穿、碑阳、碑阴、碑侧构成。碑额以形似一重拱门的纹饰和三道与拱门形近的弧形凸起雕刻而成，在碑穿的位置则是以圆形的阴文内部填金以标示，在碑阳处，则有黄士陵篆书阴文"角茶轩勘碑墨"六字，并填以金色。碑侧一边为"顶烟"，一边为"徽州休城胡开文制"字样，皆是凸起的阳文。碑阴则是阳文黄氏隶书"光绪甲辰年造"。碑阳阴文与碑阴阳文形成了一种阴阳对应关系，二者的对比与呼应是造物者了然于心的造物经验。碑和墨是古代文人最为熟悉的东西，书法常以临碑为基础，而碑文的书写是以墨为媒材，墨文转变成碑文，碑形又转变成墨形，不只是媒材上的转变，而是一种关于时间表达的观念在不同媒介上的转换，从而形成了特殊的语言。墨是文字不朽的媒介，"碑"是观念不朽的形式，墨与碑的结合凸显了一种从材料到观念的时间隐喻。

隐喻是器物时间语言表达的特殊方式，借助特定的表现主题以及相关的礼仪形式，使器物具有时间的暗示性，是古代造物者在实践中自然萌发的表达方式。而有意识地利用具有时间性指涉的物质媒介制造出具有时间隐喻的器物，则是造物制器者对物料及观念转换的一种洞察与创造。

二、千秋镜与春水秋山玉的象征时间

在原始人类的生活和情感表达中对于寒来暑往的时间更迭不可能无动于衷，这种对时间流逝的原始恐惧一定在人们的心理上留下了深深的印记。器物中的时间表达不只是关注四时变化，昼夜交替，还在于对节日和特定日子的风

图 4.32　千秋万春盘龙镜，唐，直径 24.3cm，厚 0.6cm　图 4.33　双鹊盘龙月宫镜，唐，直径 15.2cm，1983 年西安文物商店移交，陕西历史博物馆藏

俗仪式的表达与呈现。

　　千秋节是农历八月五日，是唐玄宗的生日。开元十七年起，将这一天定为大节，放假三天，群臣向皇上献万寿酒，王公贵戚进金镜绶带，百姓齐欢歌载舞。作为特定喜庆节日，玄宗特赐群臣千秋之镜，据《旧唐书·玄宗纪》载："以千秋节百官献贺，赐四品以上金镜。"我们今天能看到铸有"千秋"铭文的盘龙镜（图 4.32）、对凤镜应是当年为千秋节所铸之物。还有一类是群臣进献给皇帝的祝寿镜，这一类的镜形制不一，有的可能出现了月轮之形。唐张汇的《千秋镜赋》写道"刻以为龙，铸以成鹊"，"鹊飞向月，龙盘似映池"，这一描述与上海博物馆所藏"双鹊盘龙月宫镜"（图 4.33）颇为一致。[5] 此镜虽未铸"千秋"铭文，但盘龙出水，祥云袅袅，展翅凌空的长尾鹊口衔绶带，于中间镜钮两侧，朝上方的月轮飞去。月轮之内，隐隐绰绰能见捣药玉兔、蟾蜍和月桂树，一片祥和之景。月宫镜也就是千秋镜的一种变体或可理解为广义上的千秋镜。千秋镜作为特定节日仪式所铸之镜，逐渐成为一种风尚，月宫镜就是受这种风尚影响而广为流传。

5　孙机：《仰观集——古文物的欣赏与鉴别》，文物出版社，2012 年，第 377—380 页。

千秋镜在今天看来只是一个铸有特定图案或铭文的器物，但在当时人眼中，这是与特定节日、特定仪式息息相关的物件，皇帝的赐镜与王公祝寿献镜构成了一来一往礼仪活动的一部分。除了图案自身吉祥美好寓意之外，它还体现了人们一定的时空观念。月的阴晴圆缺，人的悲欢离合在时代车轮之下引发人们的种种遐思，玄宗之后的王朝衰落，原本的千秋节有多繁盛，之后的感怀就有多神伤。千秋镜不复，月宫镜或许遥寄了人们对于美好时光一去不返的种种怅然。对于在器物中融入时间的感悟，更多的是用一种象征的手法。玄宗、千秋、中秋、月宫、人、时间、景在浪漫的想象中完成了串联。《太平广记》有玄宗中秋望夜，于月宫游玩的记载。圆月秋思、鹊衔绶带、盘龙出海所营造的是人们心中对于时境的铭记与向往。

千秋镜在后来的文学作品中有历史之镜的引申义，即指一种典范可供世世代代借鉴之事物。原本具体的器物也完成了象征意的转换，千秋镜的实物虽只在一个特定历史时期内出现过，但它的概念似乎得到了永恒的时间意义。值得一提的是镜本身的功能也与时间关联紧密，人们照镜，在镜中看到自己随着时间流逝逐渐衰老的容颜，不由发出"高堂明镜悲白发，朝如青丝暮成雪"的感叹。正所谓"颜衰讶镜明"，镜所映射的人物镜像在岁月蹉跎中的丝丝变化都引起人们对于时间逝去的感伤。可以说千秋镜这样的铜镜以及由此引申的"千秋万岁"的时间永恒感，与正面的镜像世界形成了一种内在的呼应与冲突。

人们对于时间的感知与自身的生活地域，生活方式以及由此形成的民族文化心理密切相关。大陆的农耕民族和草原的游牧民族对时间的感知肯定是不一样的。农耕民族因为种植庄稼的需要，更注重二十四节气的微妙变化，草原民族则更关心旱季与雨季的交替，因为逐水草而居的习性让他们对季节变化更为敏感。由此形成的文化心理在一定程度上也反映在器物的主题表达中。比如具有契丹游牧狩猎文化特点的"春水""秋山"玉就是典型的有别于汉文化传统题材的玉饰。隋唐的大一统使得北方游牧民族和中原农耕民族的文化交流变得更为频繁和密切，文化间的相互影响也变得更深入。唐代之后，由契丹和女真两个民族建立的辽和金，受到中原崇玉文化的影响，创造了独具民族风格的玉

图 4.34　白玉鹘攫天鹅饰件，金，长 5.9cm，宽　　图 4.35　青玉透雕秋山饰件，金，长 8.8cm，宽
　　　　厚 1cm，故宫博物院藏　　　　　　　　　　　　　　6.7cm，厚 2cm，故宫博物院藏

器艺术。"春水玉"、"秋山玉"就是表现北方草原密林春秋时节，禽鸟翱翔、
山兽驰骋的景象，带有强烈的北国情调与意趣的饰玉。游牧民族随着季节变化
游徙狩猎，形成了所谓的"春水""夏凉""秋山""坐冬"的四时捺钵制度，
"秋冬违寒，春夏避暑，随水草就畋渔，岁以为常，四时各有行在之所，谓之'捺
钵'。"[6]"春水秋山"后来也代指女真皇帝春秋两季出巡狩猎。"春山玉""秋
水玉"就是表现春秋之际的鸟兽之景的玉饰。

　　"春水玉"通常是以表现鹘攫天鹅为主题的玉器，鹘是一种小而健的鹰类
猛禽，也称为海东青，能擒天鹅。这件故宫博物院所藏金代的白玉鹘攫天鹅饰
件（图 4.34），将这一搏斗的激烈景象刻画得入木三分。鹅体肥硕，脖颈伏弯，
头仰起冲上，双翅扑腾呈挣扎状，飞鹘啄鹅头，在头颈之间形成了一个视觉中
心点。"春水"不是我们想象的春天万物复苏，雪水融化，滋养万物这样的美
好景象，反倒是表现这种有些血腥的内容，反映了游牧民族对于时间所蕴含的
自然生命之力的理解。"秋山玉"则是以林间野兽为主题的器物，尤以表现虎、
鹿为主。比如这件青玉透雕秋山饰件（图 4.35），两只小鹿一前一后穿行于丛
林之中，透雕的形式增强了空间的通透感和丛林的掩映之趣，尤其是保留了褐
红色的玉皮雕琢为红色的树叶以表现秋山的一片生机与景致。虽然这类玉器表
现的是禽鸟走兽的动态和场景，但它所唤起人们的心理感知情绪是特定时间段

6　脱脱等撰：《辽史》卷三十二·志第二·营卫志中，中华书局。

的特定活动，以及由这些活动暗示的时空变迁。这也就是此类玉器被称为"春水玉""秋山玉"的原因所在。

不管是千秋镜还是春水秋山玉，都是通过具有象征意味的图示来表达人们对于时间以及时间中的活动的感受。这种带有特定时期和文化烙印的器物往往也因为时过境迁而逐渐退出历史舞台。

三、博山炉的信仰时间

时间的维度是相对的。在不同的思想观念下和在不同的信仰系统中，人们对时间的理解是截然不同的。佛教中的"一刹那"与"劫"就是时间极短与极长的单位，"无量劫"虽是指向了永恒，但却不是抽象的，而是可以通过"小劫"到"大劫"的换算类推达到的一种久远时间感。宗教的信仰总是把人从眼前的时间带到一个宏大深邃，遥不可及的时间场域中，以此获得精神上的超越。不管是佛教的"往生极乐"还是道教的"羽化升仙"，在彼岸世界获得"永生"是无数人信仰的根源。这种对此在时间的超越思想在很多器物中犹有表现，博山炉就是汉代甚为流行且渗透着这种时间超越思想的典型器物。

博山炉是古代熏炉的一种造型类别。熏炉是古人熏香的器具，熏香在古代主要用于驱虫祛污，净化空气，祭祀神灵等。熏炉在汉代时开始广泛流行，造型样式也各具特点，河北满城中山靖王刘胜墓出土的错金云纹博山炉（图4.36），就是一件极为精美的艺术珍品。该炉由炉身、盖、柄及底座组成。炉盖雕刻层峦叠嶂的群山，圆锥形的山形有一种上升之势，山间雕有野兽灵猴，炉身为半圆形，满饰错金云气纹，炉身下接短柄及喇叭形镂空器座。烟孔隐匿在山峦之间，熏香时烟气可以从山林间袅袅升起，隐隐飘出。巫鸿认为俗称"博山炉"的西汉香炉所表现的应该是大海中的仙山，炉身的云气纹或应是描绘大海中的波涛。[7] 有一些博山炉底座带承盘，承盘既是为了盛水润气和保持燃烧香料的清

---

7 ［美］巫鸿：《全球景观中的中国古代艺术》，上海人民出版社，2017年，第217页。

图 4.36　错金云纹博山炉，西汉，高 26cm，腹径
15.5cm，1968 年河北满城陵山中山靖王刘
胜墓出土，河北博物院藏

洁，同时也有象征仙山所在的茫茫大海之意。

　　可以想象当熏香在炉中点燃时，烟气从仙山峰峦中弥散开来，犹如仙气缭
绕的景象。汉代是神仙信仰较为流行的时代，海上仙山的主题不仅有博山炉，
博山尊、博山豆也不少见。人们之所以热衷于在器物上表现一个仙山之境，就
是希望能时常在现实中瞭望到生命的彼岸。仙山不仅是神仙所居之地，也是人
们死后灵魂的归宿。博山炉在汉代与其说是神仙信仰的体现，不如说是人们希
望死后能羽化升仙，得以永生的观念表达。砂子塘墓外棺、马王堆一号墓朱地
彩绘棺所绘图像，都表明墓主人昆仑升仙或死后升仙是当时社会的普遍信仰。
博山的造型与熏香功能的结合，让这种信仰有了具体可感的时间和空间。熏香
是一个从燃到灭的过程，是一个时间段发生的事，就像人们常说的一炷香的时

间，一盏茶的功夫，它是一个有时间性、功能性和仪式感的活动，烟气和香味随着熏香的时间长短而有所不同。从一缕青烟到满屋弥散的香气，人们在烟气与气韵的萦绕下，更容易进入一种亦真亦幻的状态。虽然博山尊或者博山豆之类的器物都出现了"博山"的仙山造型，但只有博山炉最具有时间语言特征。这种时间感由此时的虚无与永久的真实交汇在一起，也是此刻的真实与永久的虚无之间的转换。烟气的变化意味着时间的流逝，而博山炉的意象又强化了生命的永恒。

所谓的信仰时间，其实也是一种时间模糊的表述，在模糊的时间感知中，体验一种永恒的状态，不生不灭的时间静止也就是永恒的形式。信仰时间是心理的也是观念的，或者是通过心理时间的静止达到观念时间的永恒。而对时间永恒的表达，有时候恰恰是通过一些有明确时间效用特征的器物来揭示。油灯就是这样的器物，点灯熬油、油尽灯枯是时间不可逆的准确表达。由此也引申出它具有特殊意义的器物形式，就是墓室中的"万年灯""长明灯"，在明神宗万历皇帝的定陵就出土过三件用作"万年灯"的青龙缸。不管多大的缸装多少油，总归是有熬尽的那一天，但正是这种可以寂灭的器物形式在人们的信仰中才有可能具有永恒的意象。

四、梅瓶的心理时间

无论时间体现为何种形式，是线性发展的，还是循环接续的，甚至是断裂的，时间自身的行进总是充满了微妙变化。感知主体的情感感受与其对时间的意识直接相关。"每当我们把对一段时间的体验同我们的情感意识联系起来时，我们会觉得时间具有一种情感特质。"[8]情感活动亦即是感知主体的心理活动会随着时间的流逝而产生戏剧性的变化。就比如一个人内心厌恶冬天的寒冷与萧

---

8 ［美］简·罗伯森、克雷格·迈克丹尼尔：《当代艺术的主题——1980年以后的视觉艺术》，匡骁译，江苏美术出版社，2012年，第140页。

瑟，就会觉得冬天的时间无比漫长，又或者人们对过往充满怀旧或悔恨，就会将这种心理情绪带入到当下的时间感知体验中。我们会自然感觉到快乐的时光总是很短暂，而悲伤的时间总是难熬的，用"熬"这个字就可以想见其漫长感。

很多器物的使用与具体的时间密切相关，《长物志·位置》置瓶："随瓶制置大小倭几之上，春冬用铜，秋夏用磁……"[9]不同时节，配选不同材质的器物，就像文人插花、挂画之类，根据季节景致的变化，变换室内器物和视觉的风景。

梅瓶是古代器物中具有时间隐喻的器物之一。关于梅瓶的形制和用途说法不一，有学者认为其为酒瓶，也有人认为可能是陈设之物，还有人认为可能是随葬品，具有"风水瓶"的用意。关于其定名也有多种说法，或说是经瓶，或说是长瓶。本书在这里讨论的是"梅瓶"作为一种陈设插花之用的器物，隐含了一种对时间的观照和体验。宋代有关梅瓶的诗文明确反映出这种有关时间的审美意象。比如南宋诗人韩仲止的诗《雪后如春》："雪消春意动，楼外已东风。兰佩新输绿，梅瓶久荐红。"许纶的诗句"摩挲玉梅瓶，冻合西湖水"[10]。文人提到梅瓶，虽没有具体说到梅瓶的形制，但可以了解到梅瓶应该是瓶中插入梅枝或梅花。梅花是寒冬盛开的植物，文人将其插入瓶中，置于居室之内，既是对器物与植物所构成的形式之美的彰显，也是文人雅士品格的诗意寄托。韩诗中"雪消"后兰草"新输绿"，"梅瓶"指"瓶中梅"绽放已久。许诗"玉瓶梅"与"冻"相关联，也可以看到时间的意蕴。虽然诗文并没有具体谈及瓶的形制，不过从后来的梅瓶形制大致可以推断，符合文人审美趣味，适宜插梅花的瓶逐渐明确了下来，特指小口、短颈、丰肩，至足胫部稍狭的一种瓶，甚至在后来很可能演变成为一种专用的陈设之物。梅瓶因与梅花的时间性审美意象相关，也就多了一层时间性的表达语言。不管有没有插梅花，梅瓶在人的心理上都形成了一种时间指涉。甚至有些时候，梅瓶上的花纹，比如缠枝牡丹、

9　[明]文震亨：《长物志》，陈剑点校，浙江人民美术出版社，2011年，第137页。

10　陆军：《中国梅瓶研究》，广西美术出版社，2014年，第46页。

图 4.37　景德镇窑珐华釉青地浅彩莲塘纹梅瓶，
　　　　明中期，高 36.8cm，美国纽约大都会博
　　　　物馆藏

图 4.38　白地黑花梅瓶，南宋，高 25.3cm，口径 6.3cm，
　　　　足径 6.4cm，河南博物院藏

莲花等也暗含了时间的主题。通过器物的名称与形制以及花纹的呼应，梅瓶被
宋代之后的文人所推崇，成为了与文人心理时间相关的特殊器物，与冰冷、傲雪、
孤寂、清逸等审美意象联系在了一起。

小结

　　器物或雕塑的时间语言，有别于文学和诗歌依赖于时间媒介的艺术类型，
它的表现形式更为多元和模糊。"一般说来，赋予时间以具体形式有三种基本
方法：本身能移动的艺术品，采用能营造出运动错觉的媒介的作品，以及第三
种艺术品，即其创造过程远比最终成品更有意义，作品的生成过程中，其创作

材料和形式被有意地置于流变状态中。"[11] 三种方式概括起来就是真实的运动、虚拟的错觉运动、作品生成可揭示的时间要素。应该说这三方面的内容在古代的器物中都有涵盖。

相比于雕塑，器物因自身功能形制的差异，其时间语言特点更为突出。从上文的分析中我们可以总结出以下的几个特征：首先，器物在时间表达上总是在真实与虚幻的双重时间维度上展开。器物的实用功能是以真实时间为基础的，包括器物的真实空间中的真实运动，而它的审美特质则是以观者心理变化的虚拟时间展开为依据，通过一系列的表现手段来启发观者的心理时间感知。这种真实与虚拟的时间交叠构成了人们的经验时间。其次，器物随着时代与技术的变革发展，自身造型的演变也显示出时间性的流变特质，这种特质随着时间的累积而变得更有价值，唐三彩、宋青瓷、元青花等具有时代特征的器物，自然与背后的时代文化相统一而成为特定时期的代表物。再次，器物的时间语言体现了更为复杂的多样性。器物综合了实用、审美、叙述、纪念、象征、信仰等多重属性，这些属性随着时代的变化也出现了相互的转变，使用属性可能转变为审美属性等，原本的时间语言特质也就出现了语义的转换。最后，器物利用其各种造型样式承载了人们对时间的关注、理解与表达，尽管这种表达绝大数情况下都是通过隐喻和象征的方式来实现，但依旧为我们理解古人的时间观念提供了非常有价值的实物例证。

器的时间语言可以从创作者的角度切入，主要探讨的是器物时间语言的表现形式，比如叙事和暗示的时间，也可以从观者的角度切入，主要探讨的是时间语言的性质，比如真实时间与虚拟时间，还可以从时间表达的具体手段来分析，比如象征和隐喻等。我们从器物时间语言的分析中，可以看到它是器物造型语言的有机组成部分，与空间、形体、材质一样具有不可或缺性。

---

11 ［美］简·罗伯森、克雷格·迈克丹尼尔：《当代艺术的主题——1980 年以后的视觉艺术》，匡骁译，江苏美术出版社，2012 年，第 134 页。

第五章

"器与像"器物雕塑语言体系的建构

中国古代并没有如今天所理解的雕塑这一概念，与雕塑接近的造物与造像活动实际上都在一个整体手工匠作系统中。不过要明确一点的是，不管器物与雕塑在产生之初有多少共性，在发展过程中又有多少交叠，在当代艺术语境中又有多么近似，器物与雕塑严格说来还是两个概念。但概念的区分不等同于实际事物的区分，器物与雕塑在古代和当代都有高度重合的经验。在人类的造物之始，造型的意识就根植于人的内心，从具有实用性的石斧石钺，到具有装饰性的石珠石环，对称的形式、孔洞的空间、光滑的表面就已然成为人们最朴素的造型语言。制器与造像在这一阶段并没有本质区别，都是用自然材料制造特殊之物，用于生产和生活。即便是在后来的文明发展过程中，二者有了很大的差异，但无论是从整体还是个人，制器与造像在手工时代大多时候都秉承着几乎一样的造型原则。只不过在重视器物传统的中国古代，雕塑或者说雕塑的概念既不那么明晰，也不那么重要。雕"像"、塑"像"、造"像"、捏"像"、做"像"等一系列与雕塑有关的活动都离不开"像"这样一个称谓。何为"像"？《周易·系辞下》："象也者，像此者也。"[1] 联系上下文可知，"象"是八卦之象，"像"是模拟、仿效之意，也有法式与样式之说。而将像与器联系在一起的是"象生器"，"象生"是指模仿天然动植物的工艺制品，"象生器"则是指模仿了动植物形象的器物。古代的"象"与"像"的区分并不像现代汉语那么明确。"像"一词与现代雕塑概念更为接近的是明代宋应星所著《天工开物》。

---

1 《四书五经·周易·系辞下》，朱熹注，中国书店，1985年，第64页。

"像：凡铸仙佛铜像，塑法与朝钟同。"[2] 可见宋著所说"像"是特指仙佛人物雕塑像，且与器物的做法相同。

何为"器"？在中国上古典籍中有大量的记载。《易·系辞上》说"形而上者为之道，形而下者谓之器"[3]，强调了"器"作为一种可以触摸感知的"物"的形式存在，与"道"的相互依存关系。"备物致用，立功成器，以为天下利，莫大乎圣人。"[4] 则是表明"成器"是将原本的自然之物改造成可利用之物，这种改变就是"创物"原则。《老子》一书对"器"也多有论及，如"埏埴以为器""什伯之器"等说的是日用器物。《说文解字》释"器"为"皿也，象器之口，犬所以守之"。段玉裁补充道："皿，饭食之用器也，然则皿专谓食器。器乃凡器统称……有所盛曰器，无所盛曰械。"[5] 可见，古代对于器的理解与解释也有很多，概括说来，器是具体的形象之物，被赋予了功能和意义的人工制造物或天然之物。

如果说"器"在哲学上与"道"相对应，那在关系上就是与"物"相呼应。中国古代思想家对"器"与"物"的认识与理解耐人寻味。《周易·序卦传》所说"盈天地间者唯万物"[6]，万物乃是充盈在天地之间的各种物象。了解万物之特性方能制器造物，如《中庸》所言"能尽物之性，则可以赞天地之化育；可以赞天地之化育，则可以与天地参矣"[7]。深入认识物之本性，理解和处理也就没有不当之处，可以助天地化育，与天地并立同在。具体来说，儒家的"物"和"器"又是包含在"礼"的系统中，就像前文谈到的君子所挂玉组佩，器物只是整个礼仪秩序系统中的一个物质载体。道家则是持"重己役物"的态度，"物物而不物于物"，反对人沉溺于物的巧思精技之中。[8] "器"与"物"在知识精

2 [明]宋应星：《天工开物》，潘吉星译注，上海古籍出版社，2016 年，第 180 页。

3 《四书五经·周易·系辞上》，朱熹注，中国书店，1985 年，第 63 页。

4 同上，第 62 页。

5 [东汉]许慎著、段玉裁注：《说文解字》，上海古籍出版社，2003 年，第 86 页。

6 《四书五经·周易·系辞上》，朱熹注，中国书店，1985 年，第 73 页。

7 《四书五经·中庸》，朱熹注，中国书店，1985 年，第 11 页。

8 杭间：《中国工艺美学史》，人民美术出版社，2018 年，第 181 页。

英的眼中，都缺乏独立的品格和地位。所谓"格物致知"，"物"只是所"格"的对象，而"致知"才是根本目的。因此，在"重道抑器"的思想影响下，器物的造型审美传统在某种程度上被忽略也就不难理解。对于器物雕塑语言的分析与探讨就是在重新梳理乃至于建构这样的造型传统。

"器像"是在中国传统器物造型系统中提炼出的表述方式。这不仅仅是表明器物和雕塑高度重合的关系，更是强调两者的共生性和造型体系的整体性。器物与雕塑的结合也并不是中国文化的特例，其他民族的文明中，也大量可见器物上雕刻有各种各样的纹饰。比如古希腊的很多金杯、双耳杯，器物与雕塑结合得自然而生动，但从"器与像"上升到哲学的高度，恐怕不是所有民族都具有的。"器与像"的上层逻辑是"制器尚象""观象制器"的造物理念。"《易》有圣人之道四焉：以言者尚其辞，以动者尚其变，以制器者尚其象，以卜筮者尚其占。"[9]这里说的"制器者尚其象"是指指导制作器物的原则是尊尚卦爻象征。"象"不是简单的物象，而是指抽象的根本原则和规律以及具有象征这类规律的事物形貌。"见乃谓之象，形乃谓之器，制而用之谓之法，利用出入，民咸用之谓之神。"[10]说的就是"把有形之器与卦象一样作为一种抽象符号，通过对自然事物的模拟，类比和象征，以体现形而上的'道'"[11]。需要说明的是文中的"象"与本书所说的"像"并不一样，"象"是指"像"的抽象概念，类似"马"与"白马"的关系。本书论述的器物"雕塑语言"是建立在具体可感知的器物基础之上，所以"器与像"是"象"的具体形式，是物质媒材遵循"象"的原理达到的"理想形态"。其下层的逻辑就是造型的意识与造型的手段，雕塑的语言也就是物质形体在时间与空间中的造型语言，体现了制作者造型意识与造型手段的表达方式。

对器物雕塑语言的分析实则是对器物的制"像"造型经验与尚"象"造物观念的逆向回溯。在不同时代、不同类型、不同物料的器物造型中，我们可以

---

9 《四书五经·周易·系辞上》，朱熹注，中国书店，1985年，第61页。

10 同上，第62页。

11 高丰：《艺术设计历史与理论文集》，北京工艺美术出版社，2004年，第177页。

看到器物雕塑语言的丰富与充实。一方面我们可以更深刻地理解古代制器者的造物思想与造型技艺，另一方面我们也可以在古代的造物经验中获得启示，在当代的艺术创作中，让语言表达更具开放性与自由度。

中国古代器物的造型传统包含了创物思想，造型的雕塑表达语言，材料技术的发现与发明等方面。也包括了同一类型器物的造型演变与发展，还包括了手艺人匠作体系的传承与变革。分析器物的雕塑语言主要是探讨其在"器像"的整体思维框架中的构型方式和语言形式，并在不同时代和物质媒介的器物类型中，总结出具有共通性与普遍性的造型经验，并试图梳理出具有传承性和建构性的造型体系。

第一节　器物雕塑语言的特征

器物的雕塑语言与雕塑的雕塑语言有什么差别呢？尽管二者的共性远大于其各自的特征，但器物自身所具有的特殊性使得它在制作、审美、使用、技艺传承等各个方面都有一些不同于雕塑的特点。我们知道器物很少有创作者纯粹为了满足自己的审美表达欲望而制作的案例。或者说器物在承载人的精神诉求方面与以审美为导向的雕塑相比，多少缺乏一些独立的品格特征。这是我们对工艺美术与纯艺术之间的基本认识，不过在语言表达的范畴内，器物的雕塑语言未必比纯艺术概念中的雕塑的语言偏狭，相反它甚至有更为多元的表达语义。一件珍贵器物的诞生，是各个方面综合的结果，制器者首先面对的不是自己的创造表达问题，而是大的器物制造传统，即器物的基本定式和整体的实用审美关系，然后是器物定制者，或者说消费者、拥有者、使用者对该器物的特殊偏好，这三者有时候是重合的，有时又是分离的。最后才是匠作系统内部的关系，工与料的算计，程式的应用与变化等。可以说器物制作者在这一匠作体系中，并不太容易以创作者的身份完成一件个性十足的器物。器物的制造在很多时候也是整个社会生产体系的反映，而不是个体创作经验的直接表现。正是由于器物的这种复杂性特征，其雕塑语言也就彰显了一定的特殊性。

一、实用与审美的契合

审美与功能是造物最重要的一对关系。纯粹为了实用功能而不考虑人对器物的感官态度以及使用的舒适体验的造物实践是很难传承下来的。所以说创物制器并不是单一的功能导向的制造活动，而是包含着审美表达与观念物化的创造性活动。工艺美术史学者王琥在《设计史鉴中国传统设计审美研究》一书中指出，建立在"实用功能"之上的"文化功能"主要有三个层次：第一层次，是满足使用者的舒适功能所进行的设计；第二层次，是满足使用者的愉悦功能所进行的设计；第三层次，是满足使用者的审美功能所进行的设计。[1]作者把"审美"定义为"文化功能"的最高层次，需要明确的是"审美"本身是超越各种功能之上的精神层面的享受。它的实现也并不是单一的，而是多元复杂且多层次的，和谐的形式、丰富的肌理、精巧的结构、诱人的形象都是"审美"的有机组成部分。

器物实用与审美功能相互制约与契合的关系贯穿于器物的雕塑语言表达中，因此也成为器物雕塑语言的重要特征之一。虽然说器物的内在逻辑总是要平衡实用功能和审美属性的关系，但从雕塑的角度来看，恰恰是很多审美与实用不那么契合的器物反倒在今天看来凸显出更为强烈的雕塑语言。雕塑语言严格来说传达出来的更多的是审美体验与感受，这也就不难理解为什么很多器物在发展过程中，由于实用功能的替代与转移，逐渐转变成更具有"审美"性的雕塑物了。比如前文提到的曾侯乙墓出土的曾侯尊盘，其华丽繁复的装饰让这一器物基本上丧失了实用的可能性，只是作为一件供人欣赏与赞叹的珍奇之物。正是这种实用功能向漆器的部分转移与被替代，以及青铜材质本身的普及与日用化，迫使贵族们在工艺和投入的时间上累加成倍的成本，才能彰显其特殊性意义。器物的雕塑及材料语言也才得以实现质的飞跃。此外，宋明以来，用玉和瓷模仿古代青铜器的造型样式制作的器物，也正是因为其实用功能的退出，才有了一种"古意"之美。

器物的实用与审美这种"一体两面"的关系，也要求制器者不断追求器物内在的"尽善尽美"的契合。孔子在《论语》中就有"尽美矣，又尽善也"[2]的

1　王琥：《设计史鉴中国传统设计审美研究》，江苏美术出版社，2010年，第24—26页。
2　《四书五经·论语·八佾》，朱熹注，中国书店，1985年，第13页。

记载，就是表达内容和形式相统一的思想。虽然这里的善有道德教化之意，但引申到造物的思想中，也不乏物尽其用的意思。把握"美"与"善"的尺度也是古代匠人所追求的至高造物原则，始以"观象制器"之原则，终以"器以载道"之思想，在器物中实现心与物、形与神、材与艺、用与美的和谐统一。从万事万物的各种形态中，发现一种根本的抽象的造型规律或是造物原则，在具体的器物制作中实现这样的形式意义和功能目的，成为能承载天然造物之道的器物，也就实现了从具体事物到抽象观念，再到制造实物，又到抽象理念的逻辑闭合。从"像—象"到"象—器"，再到"器"与"像"，最后到"像—象"，我们可以从大量的器物中看到造物制器的一般规律与特殊形式，也能从中看到这种意匠的巧思与创造。

器物的雕塑语言就是器物造型的一条线索，形体与材料，空间与时间的关系体现出了器物造型在感官审美愉悦与社会文化功能上的交融统一，也体现出"巧而得体，精而合宜"的造物宗旨。比如汉代极具时代特征的青铜灯具，造型审美与实用功能达到了高度的契合。不管是前文提到的跪羊灯，还是人们熟知的雁鱼灯、牛缸灯等各种类型的青铜灯，都将外在的空间形式与内在的烟道设计，造型的形体与灯的结构结合得自然巧妙。长信宫灯（图 5.1）就是其中最经典的代表，掌灯仕女跽地持灯，右臂上举，使袖口下垂成灯罩，右臂与烟道相通，灯烛燃烧后的烟灰，通过她的右袖和右臂，被吸纳于仕女体腔内。灯盘侧旁有转动的手柄，可调节灯光的方向和亮度。灯座、灯盘、屏板、灯罩及宫女头部都可以拆开，便于清除烟灰。制作者在不断加强外在形象的表现力时，巧妙地将实用性潜藏于审美功能之内，使器物在整体上呈现出浑然一体的器像美感。

在器物的设计思想上，墨家强调的"致用"以"利人"的观念影响很大，墨子提出的"非乐""非美""节用"等观点，反映在具体的造物实践中就是对器物功能的重视，对于器物"审美""礼乐"精神的摒弃。不过过分强调其"实用功能"的器物，也并不一定是对雕塑语言的抑制，在某种程度上也让器物的雕塑语言有了更单纯的形式表达。我们知道器物的雕塑语言并不完全是制

图 5.1　长信宫灯，西汉，高 48cm，长 34.6cm，宽 17.8cm，
1968 年河北满城中山靖王刘胜之妻窦绾墓出土，河
北博物院藏

作者有意识地将对象雕塑化而表现出来的语言形式，而是基于器物的审美与功
用的目的所做的造型设计。当制作者明确强调器物的实用功能时，一些附加的
出于装饰和审美意图所做的设计制作就被舍弃掉，但这并不意味着在这种实用
功能满足的过程中，器物的雕塑语言也被舍弃了。因为只要是人造的立体的物
质形态，就很难脱离雕塑的基本语言，只是要看这种语言的特点是否足够突出。
比如一些专为巡狩征行活动准备的，通常两侧有便于穿绳的双耳扁壶，虽是出
于对骑马携带的功能考虑，但其造型扁中带圆，曲中带方，形体和样式的与众
不同都给人以丰富的想象，体现出颇为独特的造型风格。

　　对于器物的雕塑语言来说，审美和实用不只是一对矛盾关系，它还体现为
一种动态的变化和张力，在这样的张力中，器物的雕塑语言也就更为丰满。

二、惜料与惜工的适配

　　器物的雕塑语言背后是整个匠作体系在起作用。虽然我们能看到权贵阶层为了彰显其权力和财富，不惜材料和人力制造出奢华精美的器物，但是在更多的器物制作过程中，体现得更为充分的是惜料与惜工的特点。这里所说的"惜料"是对物质材料的珍视，比如玉石的加工，通常会通过精心设计，尽可能减少原料的"剔除量"，既是对玉石材料最大限度的保留，也是对雕刻人力时间最大程度的节约。玉石雕行业中俗话说的"工不抵料"或者"料不抵工"就是指"工"与"料"的一种相适关系。如果稀松普通的材料要加工成一件上乘的作品，是配不上精巧的工艺和长时间的用工消耗的，即所谓的"料不抵工"，又或者说原本珍贵有价值的材料，要想其价值进一步提升，一定是要用最好的工匠手艺去加持这样的原料，否则就会出现"工不抵料"的情况。

　　在有限的预算下，要做到工与料的协调搭配，并非是钱的多少直接决定工的多少或是工艺的粗或精，而是在制作者心里有那么一个匠作体系的内在衡量标准。张伟总结道："中国传统匠作系统的标准特别，由于有更重要的造型原则的作用，钱少也不能显粗糙，钱多也不能只管精细。工匠就会发挥聪明才智在材料和工艺上做调整。"[3]这也就是指出匠人在制作器物时，往往通过巧妙的造型与构思去完成工与料最大程度的契合。工匠对材料的珍视与爱惜也会转化成自己所付出的人工成本的珍视与爱惜，在面对好的材料时，工匠一定不会急于下手，而是会反复斟酌，精心谋划，以使自己每一份付出的劳动都为最终的作品带来价值上的增值。

　　这种工与料的适配机制是在制作过程中自然产生的，体现在器物的雕塑语言中，表现为一种"经济"的语言模式。一种高度凝练的造型手法，直接而爽利的表现形式，内敛而纯粹的风格。比如明式家具强调线条流畅与形体饱满的造型语言就是这种"经济"型语言模式的代表。明式家具的制造匠人深知硬木

3　张伟：《型与器——中国传统雕塑语言体系的重构》，中央美术学院博士论文，2015年，第61—62页。

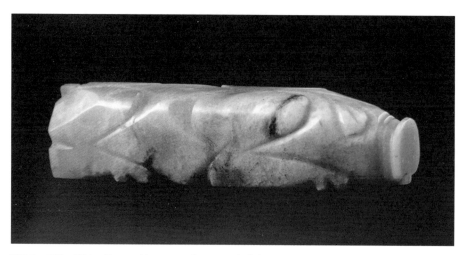

图 5.2　玉猪，西汉，高 2cm，长 10.5cm，宽 2.4cm，安徽亳州董园一号墓出土，安徽亳州博物馆藏

材料坚实质密的特性，因而没有像清代家具那样执着于雕花，希望用更多的"工"来增加器物的附加值。明式家具因为"惜工"而显露出"料"自身独特的价值，清代的匠人们因为"不惜工"，却在一定程度上造成了"料"的珍贵特性被遮蔽，不仅没有起到"增值"的效应，相比于明式家具倒落入了下品。"经济"型雕塑语言，并不是吝啬造型上的深化和时间投入，而是对造型与材料关系的一种精准控制。对这种精准控制起决定作用的恰恰不是"经济"，而是对艺术审美的理解与把握，正所谓"少即是多"，核心的关键不是"少"，而是"少"了如何成为"多"。

　　工与料的算计对雕塑造型语言的影响，在玉石雕刻中更为常见，最为典型的就是以"汉八刀"为代表的玉蝉、玉猪的配饰雕刻。因为汉代对玉石雕刻的需求量大，玉石工匠在追求省工省料的同时，对表达对象的形体做了高度的概括，在形体细节的雕琢刻画上极为精炼，虽是简单的寥寥几刀，却非常精准地表达出对象的形体特征。[4] 比如这件亳州董园一号墓出土的汉代玉猪（图 5.2），整体上基本保持玉棒状形，抓住猪鼻的平直特点，爽利干脆的数刀，卧猪之形

4　张伟：《型与器——中国传统雕塑语言体系的重构》，中央美术学院博士论文，2015 年，第 50 页。

就呼之欲出。正是对工与料的珍惜带来了对造型的高度提炼与概括，同时汉代的厚葬之风对玉饰量的需求，刺激了制器者在造型上实现效率的提高。

因为对好料的珍惜，很多边角料也会被保留下来，根据料子的大小形状特点再加工成小的装饰器物，有一些破损的材料也会被再次利用。我们知道的很多玉器造型就与这种破损再利用有关，比如有的玉璜就是玉璧断裂后重新加工而成，三块或两块同样的玉璜就可以组成一个玉璧的整圆。而对于边角料的加工，锻炼了工匠们依料造型的创造思维，产生了与"循石造像"如出一辙的造型表现手法。

惜工与惜料和不惜工不惜料在器物的雕塑语言表达上都有各自的特点。对于器物自身的商品属性来说，惜工与惜料是更具有普遍性的制器心理，因而也更能体现一般器物的雕塑语言特征。而那些不惜工也不惜料的器物，虽然同样具有十分震撼的视觉表现力，就像故宫所藏号称耗时最长，花费最昂，雕琢最精，器形最巨的《大禹治水》玉雕，可以说恢弘气势无出其右者，但真正艺术上的感染力未必比"汉八刀"之属的玉器高太多。惜工惜料带来的是器物雕塑语言的反复锤炼，因而是一种艺术表达上的"浓缩"，而不惜工不惜料带来的却有可能是工艺技巧上的繁复与堆砌，给艺术表现带来的反而是精神上的"稀释"。

三、生产与消费的共谋

我们所讨论的大量器物的生产和消费绝大多数情况下，分属于不同的阶层、不同的群体。负责生产的匠人多是地位较低的手艺人，即便到了专为皇家服务的造办处这样的机构内任职，工匠的地位也远低于士大夫阶层。而器物的消费者，除了权贵阶层，也应该是地主、富户和商贾，以及附庸于富户权贵阶层的文人阶层。因此，器物的生产者虽然掌握了器物制造的工艺技术，但通常不具备独立自主创制器物的权利和发展变革工艺的条件。而器物的拥有者和消费者，在器物的占有和使用过程中，往往拥有对器物形制和样式的决定权。

生产和消费总是处在矛盾的动态关系之中。生产者希望用最小的生产成本实现利益最大化。这个利益既包括经济效益，也包括它的实用功能与审美特性的整合。消费者同样希望在获得最大的收益时，付出最小的消费成本。这种关系一直处在拉锯的平衡中，一方面，生产者秉承着既有的生产模式，既不会一厢情愿地为了赢得消费者的青睐而轻易加大器物的精工细作程度，也不会为了商品的大规模量产而随意降低器物的制造工艺，而是会在这个趋于平衡的关系中，找到恰到好处的设计与表现手段，在不改变使用性能和降低审美特性品质的前提下，实现器物整体上的优化。

器物的雕塑语言是反映出制器者的创造性表达，还是体现了消费者的意愿和趣味呢？不难想象，它一定是两个阶层群体在相对稳定关系基础上互动的产物。器物的雕塑语言也就体现出这种生产与消费的共生性关系。不过很多器物的生产除了一般意义上的商品生产，还有特殊的"专供"形式。从商周时期被特权阶层垄断的青铜器，到中古时期生产瓷器的官窑，再到清朝专为皇家用度设置的造办处，可以看到器物的生产和消费一方面具有市场化的商品属性，另一方面又有悖离生产和消费相互制约的关系。皇家往往不惜成本和代价，追求器物与众不同的独特个性，以体现皇权贵族的权势与富奢。在这样的关系中，显然器物的占有和使用者具有更大的发言权。商周青铜器的制造规范、形制、纹饰都不太可能是造物者随意改变的，一定是要遵循相应的仪制和样式规范。虽然这些样式也是人们在实际生产生活中提炼与总结的形式，但赋予这些仪制、样式以特殊意义的一定是消费和使用的上层阶级。

很多具有独特雕塑语言的器物，是制作者高超技艺、创造思维与消费者风雅趣味、审美品格相契合的产物，也是制作者在深刻理解消费者的文化修养和品味后，结合自身的创作经验的创造。这样的器物往往具有较为突出的个性特征。当有品味、有影响力的消费者介入到器物生产过程中后，必然引起人们的效仿，从而成为一种风尚，砚台的制作就是典型的案例。文人对笔墨纸砚的偏爱不难想象，但什么样的砚台才最合文人心意，不可能是制砚者闭门造车可以创造出来的，一定是得到文人直接或间接的指示和建议才成形成器的。

另一方面，很多器物成为了古董或者装饰陈列品之后，已然离开生产端而

图 5.3　佛手状水盂，清，长 11.6cm，Simon Kwan 藏　图 5.4　莲花瓶，清，长 33cm，伦敦维多利亚与
艾尔伯特博物馆藏

成为了消费者审美与意趣的投射和改造对象。给器物配上合适的底座、底托或盒子，是最为直接的方式。这种配对，不是简单的给原本的器物增加一个托座，而是要彰显主人的高雅品味，使其成为独一无二的艺术珍品。比如这件清代的佛手状水盂（图 5.3），带斑点的象牙材质表现佛手的造型，树根的衬托自然而生动，木制的器座，将水盂适形安放，材质、色泽和叶子的造型一起强化了这件器物的自然感。象牙做的佛手和木制的器座，不只是反映出生产者和消费者审美上的互动性，还体现出不同媒介造物者对于器物美学内涵的一致追求。甚至在一些特例中，底座的材料工艺都可能超过了原本的器物。此外，就是在消费者使用过程中，增加器物的质感和"时间感"，不管是反复摩挲使其包浆，还是长期使用，让其具有渍迹垢污的"养护"，器物都不可避免地浸染着消费者和使用者对其审美品质的影响与改变。[5]

四、因袭与传承的程式

任何一种从古流传至今的艺术形式都离不开程式化的语言模式。需要说

5　［美］乔讯：《魅感的表面——明清的好玩之物》，刘芝华、方慧译，中央编译出版社，2017 年，
　　第 260 页。

明的是程式与程式化并不完全等同，程式是语言表达过程中形成的一种具有抽离性和概括性的方式；程式化则是在已经形成的程式垂范下，用一种不加思考与辨析的态度因袭表达。程式所强调的是从变化的对象中找到一种不易变化的规律，从而获得一种"以不变应万变"的模式，作为艺术表达的基础，这种程式的发明一方面可能来源于一定的文本规制，一方面源于造物者实践经验的总结，因而程式本身是具有创造性和传承性的。程式化是程式在造型传承过程中，形成的僵化风格，是程式所具有的表达优越性的一种悖反，甚至可以说是程式在传承过程中不可避免的结果。越是经典的程式越容易带来僵化的风格，一个不那么完美的程式一定会在匠人们的承袭过程中被发现其不完美之处，从而被历来的匠人们不断优化，直至成为最经典的程式，从而走向固化不变，继而逐渐脱离具体的时代语境与对象。

著名的俄国雕塑家薇拉·穆希娜在论装饰雕刻时谈到了雕塑程式化的问题。她认为如果没有程式，那就根本不可能在艺术中体现抽象的概念，并总结了程式化的三种类型：一是雕刻材料所决定的程式化，二是建筑学的程式化，三是历史性的程式化。[6] 材料决定的程式是指不同的材料特性会迫使雕塑家采用最适宜的造型方式来驾驭材料，而这"最适宜"就是雕塑家们在长期的实践中找到的一种最佳造型表现手段，因而也就具有了一定的程式。建筑学上的程式化则是指在建筑上的浮雕遵从空间墙面的制约而采用一种形体压缩模式的表现手法。历史性的程式则是指在造型传承中形成的典型性形象和形式。可以说穆希娜针对纪念碑雕塑中的程式问题的总结非常全面，肯定了程式对于雕塑表现的正向价值。当然程式的价值并不只是体现在雕塑形象的具体表现上，还存在于雕塑方法和形式语言的传承和传播上。对于鲜有文字记录传承的中国传统雕塑和匠作体系来说，"口口相传"的师徒传承关系，为了保证在传承的过程中不走样，最大限度地保留前人创造留下的宝贵经验，一定会形成易于牢记与学习的程式。或是文字口诀对应的造型定式，或是概括性术语等。匠人在因袭程式

---

6 ［俄］薇拉·穆希娜：《穆希娜论艺术》，奚静之译，中国文联出版社，2013年，第88页。

图 5.5　龙纹觥，商，高 19cm，长 44cm，1959 年山西石楼花庄出土，山西博物院藏

亦或是传承手艺的过程中，也会经历从模仿到理解再到创造的过程。可以说这是中国人学习艺术最重视的经验，不管是书法的临帖习碑，还是山水画的"摹古"，都强调在重复性的实践中理解创造的本质。这与西方艺术强调"变"的传统不一样，我们的经验更重视"化"，即是将前人的经验掌握并消化使之成为自己的一部分。对待雕塑的程式也同样如此，只有在传承程式的过程中理解了程式创造的规律才算掌握了艺术创作表达的语言。

　　既然任何艺术形式都离不开程式，那么中国古代器物雕塑语言的这种程式化又有何特殊之处呢？张伟认为："程式化是作为器物造型语言里面最重要最基础的东西。程式化的后期往往是阻碍创作的，但是在程式化的前期和程式化的过程中，恰恰是器物造型最重要的时期，他的缘起和目标就是程式化。"[7] 由此可见，器物雕塑语言的程式化特征首先就表现为高度概括的抽象形式和具体

7　张伟：《型与器——中国传统雕塑语言体系的重构》，中央美术学院博士论文，2015 年，第 47 页。

实践的经验法则。其次，这种程式化还体现为器物造型的可重复性。器物作为可以量产的商品，必然需要在制造与生产过程中形成可以系统化和规模化制作的流程范式。程式化的造型可以说是器物量化生产的前提，比如青铜器的制造，除了器型上的类别程式，装饰块面的可置换性也是程式化的特点之一。[8]器物装饰母题在不同器形上的演变以及重复性的器物组合发展的程式化，无不形成了更具表现力和风格化的语言。再次，程式化往往为各种器物造型提供了经典样式，也提供了破除样式的参照系。器物的程式化与反程式化使得雕塑语言具有更为强烈的表现张力。就像我们熟知的青铜觥的造型成为了一种定式后，当看到一改这一程式的龙形觥，就立即被其独特的雕塑造型与形式所吸引。

器物雕塑语言的程式与程式化特征其实也是一直处在动态变化之中。建立程式到程式化再到打破程式化，又开始新一轮的循环变化，可以说这是造型艺术的规律之一。正是在程式的破立过程中，艺术创作与表达才建立起自己的传统。

五、匠作与创作的共生

我们知道器物的传统就是匠作的传统。与绘画、书法不同，器物制造或者说雕塑的制作一直以来都处在较为边缘的地位。尽管器物本身在我们的文化体系中占有极为重要的地位，但制造这些器物的工匠却不被重视，这与我们以儒家文化为核心的思想传统有关，匠人历来没有得到上层社会足够的尊重和重视。雕刻更是如此，尽管捏塑或雕刻的匠人自古都有，《考工记》就有记载"雕人"，只可惜内文已缺失，留存下来的纯粹雕塑作品也并不多见。所谓的"雕人"应负责不同材料的雕刻，或者说在不同的器物造型中，专门负责雕刻部分的内容。

《考工记》有关轮人、玉人、陶人、车人等各种制器专业人士的分类记述表明不同地域的人形成了不同的手工制作优势，近水的人擅做舟，近山的人擅

---

8 ［德］雷德侯：《万物》，张总等译，生活·读书·新知三联书店，2005年，第51页。

图 5.6 吕大临《考古图》中著录的博山炉，（《考古图》卷十，十五）　图 5.7 鎏金竹节铜熏炉，西汉，高 58cm，底径 13.3cm，陕西历史博物馆藏　图 5.8 窦绾墓出土镂空博山炉，西汉，高 32.3cm，底径 22.3cm，河北博物院藏　图 5.9 错金银博山炉，汉，高 17.9cm，宽 10cm，弗利尔美术馆藏

做甲治皮，器物的生产制作在区域优势的长时间积淀中越趋专业化和规模化。随着社会发展到一定阶段后，器物的生产也就不再是个体性劳动所能完成的，而是出现了复杂的社会分工和协作，由此也逐渐形成了完整的匠作体系。正是这种匠作体系的完善，像后母戊鼎这种需要上百人的分工协作完成的重器才有可能出现。从山西侯马铸铜遗址中发现的上万件铜器和陶范残片可以了解到春秋时期青铜器生产的规模之盛。

《考工记》载："知者创物，巧者述之，守之世，谓之工。百工之事，皆圣人之作也。"[9]意思是说有才智的人创制器物，工巧的人加以传承，工匠世代遵循，百工之事，都是圣人的创造发明。我们可以从中看出早在战国，这种匠作体系就已形成，不过记载将"创物"和"述之"分开，认为"圣人"创造的器物样式，而制作的"百工"无非是小心传承，显然这并不符合事实。创作和匠作并不是截然分开的，而是在器物制造实践中共生的。器物形制的诞生也不会是个体"圣人"的发明，而是工匠们在实践中逐渐形成的改变与创制。孔子

9 《考工记》，闻人军译注，上海古籍出版社，2021 年，第 1 页。

主张"述而不作，信而好古"[10]，强调因袭古人之制，继承历史遗产与经验，而不妄作，与《考工记》"智者创物，巧者述之"有共通之处。墨子则主张述而且作，"古之善者则述之，今之善者则作之，欲善之益多也"[11]。可见古人对匠作与创作也并非执一种态度。匠作当然也包括创作的内涵，创作也离不开匠作的经验积累。

匠作与创作的关系是相互交融的。秦兵马俑的制作可以说是规模化生产和艺术创作相结合的典型代表。在秦以前几乎看不到造型如此写实的人物雕塑，也看不到体量数量如此庞大的陶俑生产。而在秦短短的几十年间，哪里来的这么多雕塑创作者和陶俑制作者？从一些铭文中可以发现一些踪迹，宫廷作坊专为宫室造管道的陶工师傅常把自己的名字戳印在砖瓦上，有些名字在秦俑身上也有发现，说明兵马俑大军的制造者并非都是雕塑创作者，更多的是生产陶制建筑部件的陶工。[12] 从出土的圆形下水管道尺寸与结构关系与秦俑腿部的形体结构对比关系，可以发现二者的联系。匠作体系是创作的基础与保证，创作是匠作的发展和升华。

器物的雕塑语言在一定程度上也体现了这种匠作与创作的关系。比如汉代流行的博山炉，不仅有造型别致的青铜器还有形式各异的陶器。陶器和青铜器虽然在物料类型上不一样，但匠人的造物体系是一样的，刘胜墓出土的错金博山炉、窦绾墓出土的镂空博山炉，还有鎏金竹节博山炉等各种造型样式的博山炉，都有相似之处。圆锥形的山体炉盖和半球形的炉身是器物创制的基本形，是匠作体系中的程式，而匠人依据基本形式又各自发挥了自己的创造性表现手法。从这些同一类型的器物中，我们可以看到匠作的精益求精与创作的出类拔萃。

---

10 《四书五经·论语·述而》，朱熹注，中国书店，1985年，第27页。

11 《墨子·耕柱》，[清]毕沅注，吴旭民校点，上海古籍出版社，2014年，第224页。

12 [德]雷德侯：《万物》，张总等译，生活·读书·新知三联书店，2005年，第98页。

第二节　器物雕塑语言的修辞

空间、形体、材料、时间这些雕塑语言的基本内涵在器物中均有不同程度的体现和表达。器物和我们通常理解的雕塑在其语言的表达上并不完全一样，器物的雕塑语言显得更为综合，很多时候并不依赖于单一的语言表达形式。我们在西方的雕塑发展史中可以看到一条以语言为线索的发展脉络，而在我们的器物传统中，这种语言表达是分散在不同时代、不同类型、不同物料的器物中。抛开宗教雕塑和陵墓雕塑，中国古代世俗社会，不管是公共空间还是私人空间都并没有给雕塑留下太多的位置，器物在一定程度上弥补了公共空间中雕塑缺失的空白。这也是为什么器物的雕塑语言会如此丰富，所采用的修辞手法会如此灵活多样且具有创造性。

器物雕塑语言的丰富性一方面在于它表达的综合性和灵活性，另一方面则是利用各种修辞手段，增加雕塑语言的表现力。器物的制作在大多数情况下都是以一定的标准和模式为前提，在实用性之外，往往还承载了社会上层阶级的思想观念和审美理想。因此器物也就有了不同的属性，礼器、明器和一般的日用器之间的差异很大，日用器中权贵阶层和普通民众使用的器物也是迥然不同的。这种差异是器物承载的文化功能的差异所决定的。不同的青铜爵在使用功能上可能并无差别，但其形制和装饰在文化意义上是有所差别的，它的形制有可能关系到礼制在具体活动中的实现，而它的装饰有可能体现等级的差异。巫鸿就从二里头青铜爵的结构和空间关系分析了它作为礼仪用具的展示性功能以及由器物延伸到饮酒者动作和姿势的界定。[1]可见，器物在具体的文化语境之中，其造型语言的表达需要有不同的语言形式、语法结构以及修辞手法，其目的是为了其文化功能的实现。

张伟在概括雕塑语言的语法特点时总结出了"表述性"的特征，非常具有针对性与启发性。"作为造型，表述性的特点是能够完整的表达客观事物的运行方式。而需要创作者对于事物的发展成因，内在构成有着清晰的了解。然后在再现事物的过程中，把连同对于事物的内在运行的方式也呈现出来，也就是说表述性的造型不仅能够反映客观的现实，也能够加入创作者本人对于现实的理解。"[2]"表述"综合了"表"和"述"两种语言表达方式，既反映客观现实，又反映说话人的主观意识。"表述"的意思是表达个人对事物实际特征的观察结果，可以是忠实于客观对象的"表达陈述"也可以是强调说话主体个人观点的"表达论述"。因此，"表述性"语言是一种从外在表象进入内在规律，同时包含个人理解的表达方式。在这种表达中同样还可以运用各种修辞手法。

中国古代诗歌强调"状物言志"，其中"状物"就是对客观事物的一种描述，"言志"则是诗人需要抒发的主观情绪和志趣。器物具有的"表述性"特征就是在"状物"和"言志"向度内的一种语言表达方式。这里说的器物"表述性"语言并不是针对所有器物的造型，而是一类器物在实现其文化功能属性时所用的一种语言表达手段。这些器物的造型通过丝丝入微的局部形象描述，组合成具有形式美感的整体图像，表达出具有深刻理性结构又有表象视觉冲击力的整体意象。"表述性"的语言最大的特点是清晰与明确，就像人物造像雕塑，从来不是对客观对象的模仿，而是理解了人物身份、地位、精神气质后的一种"刻画"，甚至结合了面相学的一些原则，使得雕塑具有了说明性、形象性、普遍性的特征。细节的形体可能不符合真实的人体结构，但一定表现得肯定明确，让人信服。

---

1 ［美］巫鸿：《"空间"的美术史》，钱文逸译，上海人民出版社，2018年，第97页。

2 张伟：《型与器——中国传统雕塑语言体系的重构》，中央美术学院博士论文，2015年，第45页。

正是这种融合了对象特征和主观创造以及形制规范的语言表达，使得器物造型拥有了更广阔的阐释空间，同时各种修辞手法的运用，也让器物的造型阐释具有了艺术表达的典范性意义。雕塑语言的修辞手法与文学语言的修辞有共通之处，修辞本意是修饰文辞，也指利用多种语言手段达到更好的语言表达效果的方式。总体说来，雕塑语言的修辞手法有对比与反衬、夸张与谐音、复迭与象征、通感与移情等，这些修辞使得雕塑语言的表达更为生动、准确有感染力。

一、对比与反衬

器物雕塑语言需要通过各种修辞手法，以使语言表达得更为准确和生动。对比可以说是无处不在的一种方式。繁与简的对比、粗与细的对比、直与曲的对比、虚与实的对比、松与紧的对比、具象与抽象的对比、浮雕与圆雕的对比、不同材料与不同质地的对比等等。前文提到的大部分器物都或多或少地用到了这些对比手法。这些对比方式中，"阴"与"阳"的对比可以说最为重要的一组对比关系，意象最广博且形式也最为多样，而在艺术表现上就主要体现为"虚"与"实"的对比。

"阴"与"阳"的对立统一是中国哲学辩证思维的具体体现。《易传·系辞上传》载："在天成象，在地成形，变化见矣……刚柔相推而生变化。"[3] 指出天地万物的变化规律在于对立统一的关系和二者的相互作用，总结出"一阴一阳之谓道"的核心主题，这也成为中国美学的基础。明末的王夫之在《周易外传》中指出："制器尚象非徒上古之圣作为然，凡天下后世所制之器，亦皆暗合阴阳刚柔虚实错综之象。其不合于象者，虽一时之俗尚，必不利于用而速敝，人特未之察尔。"[4] 这里明确说到"尚象"是指暗合了阴阳、刚柔、虚实之理，这是器物背后的基本原则，也是万事万物的根本。器物在"理"上是"阴

---

3 《四书五经·周易·系辞上传》，朱熹注，中国书店，1985年，第56页。

4 ［明］王夫之：《周易外传校注》，谷继明校注，中国社会科学出版社，2021年。

图 5.10 龙凤纹重环玉佩，西汉，直径 10.6cm，
厚 0.5cm，1983 年广州南越王墓出
土，广州西汉南越王博物馆藏

图 5.11 天然木炉、瓶、盒，清，最高 21cm，故宫博物院藏

阳"渗透协调，在"像"的表现上是"虚实"对比统一。器物中构型上的"阴阳"有如玉璧的"肉"与"好"，通过实体与虚空来表现，在图像上则以龙凤、日月、鸟和鱼蛙为符号象征。在中国传统器物中，这种阴阳对比关系可谓是比比皆是。

具象与抽象的对比在器物中得到了充分的体现。从器物的性质来说，几何抽象的造型是其最基本的形式，不过我们知道很多器物都由具象的图形和雕塑装饰而成。具象造型与抽象形式的对比构成了器物自身语言形式的张力，比如前文讨论过的鸟兽纹觥，多种具象的动物形象组合成具有抽象性的器物型制，在这种对比中，器像具有了耐看的持久魅力。

相比于器物中无处不在的对比，反衬的手法显得更耐人寻味。反衬通常是指利用与主要形象相反或相异的次要形象衬托主要表达对象。比如这组天然木炉、瓶、盒器物（图 5.11），是以木胎粘贴桦木樱皮装饰而成。天然的树皮肌理，让原本规则的，线条结构清晰的器物，犹如天然而成。器物的整体充满自然之趣，与我们经验中的人造器物形成了一种戏剧性的冲突，同时炉盖又保留了人造器物的规整形式，与炉身形成了直接的反衬关系。器物的反衬手法用的最多的是在器物的配座上，给器物增加一个底托，如同绘画的外框，雕塑的底台，本身就是反衬的需要。反衬是将器物与它的寻常空间隔绝开来，同时也是对其形与质的凸显。这种配座在文房器物中尤为普遍，比如观赏石的底座通常是较为规整的硬木座，用以反衬石的"漏透瘦"特点。底座的反衬从造型到质地，从色泽到肌理都可以给器物带来别样的雅趣。

二、夸张与谐音

器物雕塑语言用的最多的修辞手法，也许就是夸张，这是强调艺术表现力和感染力最为有效的方式。夸张的前提是对客观事物特征具有较为深入的理解和感受，能够抓住事物的典型性特征从而对其进行一定程度的夸大。夸张强调了创作者主观上的创造性，这种主观性既有可能是个体的创造表现，也可能是基于特定群体的文化心理。

中国传统的艺术思维和表达习惯决定了中国人对于再现客观对象缺乏足够的热情和兴趣。即便中国人有这样的造型能力，也极少将这种能力视为艺术表现的高下标准，秦兵马俑的写实技巧也就不会被认为是需要传承和发展的造型经验。相反，充满想象力的夸张手法，因为能从中看到创作者的才思与情感而被视为重要的表现手段。器物因为其实用物的自身局限，或者说是"形而下"的实质，要实现其"形而上"的思想也更为倾向能凸显制器者才情的夸张手法，夸张所体现的审美性和精神性正是器物从"形而下"跃迁至"形而上"的可靠途径。

夸张手法在器物中可谓比比皆是，最有代表性的就是前文提到的三星堆出土的青铜面具，制作者在形象特征与体量空间上都极具想象力。这种夸张的表现或许是与特定的宗教信仰密切相关。汉代很多造型别具风格的陶俑，比如说唱俑，夸张的动态和神情传达出工匠艺人对"以形写神"的深刻理解。从我们今天的观察角度来看，这些俑的夸张似乎有如神来之笔，那是因为我们对于写实的、客观的造物经验有了所谓合理的造型参照所以才会觉得那样的夸张显得不可思议。如果从当时制作匠人的角度去思考，可能就直接很多，甚至他们不需要刻意去寻找夸张的特征，因为这些器物是他们反复制作的东西，在不追求客观真实的再现前提下，制作者自然会凭自己的感受与想象，在反复实践中找到最具有感染力的形态。

器物可以通过夸张的形象实现审美和观念维度的升华，使得器物具有"载道"的文化意义。当然更为简单的一种方式则是通过谐音的方式使具体形象的名称与所要表达的思想和意义建立连接。谐音可以说是中国传统器物屡试不爽的修辞手法，直到今天也仍是普遍使用的方式。

谐音是通过具体的图像内容表达抽象的概念，而这种概念往往是美好的祝愿或是期盼。在这样的文化系统内部，图像在不同的材料和器物类型中反复出现，形成了一个个独立的文化母题，甚至具有了符号性特征。比如羊的形象在很多器物中出现，商代的双羊尊、春秋的羊首鼎、西汉的跪羊灯等，许慎《说文解字》说："羊，祥也。"制器者用羊的形象表达吉祥之意。最为典型的就是用三羊比喻"三阳"，"三阳开泰"阳气盛极，形容诸事吉祥如意。还有诸如"金玉（鱼）满堂""马上封（蜂）侯（猴）""福（蝠）寿（兽）连绵"等各种借动物的名称谐音表达美好愿望的例子。这种谐音的方法也会根据不同的场合应用在不同的器物上，发挥更贴切的表达功效。比如在一些宗祠的梁上雕刻荷花、啼鸟、青蛙等纹饰，借图像的谐音"金榜题（啼）名（鸣），三子连（莲）科（蝌）"，用具体雕饰的形象表达宗族子孙可以科举高中、光耀门楣的愿景。这些雕饰在装饰建筑的同时也通过精湛的手艺，将美好的寓意隐藏在了富有层次和细节的图像之中，不可谓不巧妙。

夸张让器物雕塑语言具有了一种鲜活感和力量感，谐音则让器物多了一层从实景到意义的想象空间。夸张是在形体上加以改变，谐音则是在内容上增加维度，两者是截然不同的语言修辞，但都给器物带来了艺术表达上的层次感。

三、复迭与象征

复迭是指修辞上的重复和重叠，也是器物雕塑语言的一种常见手法，在器物的纹饰上，重复是一种具体的构图造型方式，在器物的组合中，重复是一种制式的体现与观念的延伸。在不同类型和不同语境中的器物，重复的形式也不

图 5.12 鸮卣，商代，高 19.7cm，口长径 12cm，短 径 8.6cm，宽 13.4cm，1956 年山西省石楼 县二郎坡村出土，山西博物院

图 5.13 雁足灯，西汉，高 13.5cm，盘外径 11.4cm， 故宫博物院藏

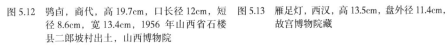

尽相同。比如"同形反复"是一种最显而易见的方式，即器物中的一种图像符号或是雕塑形象反复出现在器物的不同位置。我们熟知的四羊方尊就是这样的一种重复形式，隅角的造型重复四次，构成了一个完整的器型。这种重复从某种意义上来说，也是雕塑空间和时间的语言表达形式之一。因为重复性，它将眼睛从一个角度上看到的图像变成了全视觉获得的感知形象，从而将空间与时间拉平。对称和对偶也是"同形反复"的一种形式，我们看到的很多青铜鸮卣（图 5.12）就是这种轴对称的重复形式，使得器物看上去具有器型样式的整体圆满性（对称感），又具有器物造型的形象生动性。

复制对于雕塑来说有着技术的便利性，因为模印技术的应用，可以用最快的速度进行局部装饰的复制粘贴。除了形式和内容上的重选，还有结构上的重复。联瓶就是这种形式的典型器物，从双联瓶到五联瓶，结构上的复选形式让器物具有了从单元到整体的错觉感知。而另一种单元形式的堆叠复制，则是通过双数制造更为复杂多样的结构，比如曾侯乙墓出土的建鼓座，由八对大龙和数十条纠结盘绕的小龙组成，龙身蜿蜒盘曲缠绕，关系错综复杂，这样的重复显然不是单一形象的复制粘连，而是意象的重叠与交错。正是这种手法上的重叠堆砌，造就了飞舞的形体、跃动的形象，给人以亦真亦幻的奇特感受。还有一种复迭的形式是器物自身的重复排列，形成一种序列和矩阵。从"对壶"到"五供"，到"九鼎八簋"等器物组合形制，可以看到这种复迭的形式如何体现出一种空间场域的礼仪规格与秩序。

象征的手法在器物雕塑语言中同样有多种形式，在前文中，我们已经分析了器物空间、材料、时间的象征性语言，在此我们对象征的手法做一个总结。象征是指用具体事物或具体形象表现抽象的概念和意义，简单的说就是用具象表征抽象。"器以载道"从宏观角度来说也是一种象征手法的应用与体现，即用具体的、可感知的形体与形式象征具有普遍意义的抽象理念。在实际象征手法的应用上，则更为多样，其一是用有形象征无形，比如出现在汉瓦当中的四象象征空间的方位。其二是用局部代整体的象征，比如在一些器物中出现的莲花座，就是象征佛陀的在场。汉代常见的雁足灯（图5.13），也是用局部雁足象征吉祥，汉代婚事礼仪中，雁的使用贯穿始终，《仪礼·士昏礼》就有载"纳吉用雁，如纳彩礼"[5]，而"鸿雁传书"也代表了对亲友的思念。正如王僧儒的诗"尺素在鱼肠，寸心凭雁足"，以雁足为造型就是寄托对亲人的思念。[6]其三是用抽象的器型象征更为抽象的观念，相对于观念来说，再抽象的器物也是具象的，但对于自然物可辨识的形象来说，器型又是几何或抽象的。从青铜鼎象征至高无上的权力，到列鼎制度的产生与完善，可以说是象征最为突出的案例。其四利用事物自身的特性象征具有此类意义的概念。如器物中出现的蛙的造型有子孙绵延的象征之意，松与鹤的造型则是象征长寿延年。

象征是基于人们共同的文化心理和精神信仰，具有鲜明的民族文化特点。比如玉作为中国文化中具有特殊象征性的器物，不仅用"六瑞"象征权力等级，

---

5 《仪礼》，彭林译注，中华书局，2012年，第41页。

6 陈璐：《论汉代雁足灯——以方座雁足铜灯为例》，《设计》2018年第3期，第89页。

也象征天地四方，这种象征只有在华夏文明中才具有意义。从空间、时间到形体、材料，象征作为最具有典范性的语言修辞在器物传统中，有着不同寻常的意义。

四、通感与移情

不管是使用性器物还是观赏性器物，人们只有通过具体的感知媒介，才能建立起对对象的认知与理解。而在感知活动中，各种感官会自觉不自觉地被调用来感知对象。艺术创造对象就是巧妙地利用感觉的交叉融合，制造通感的语言修辞来加强艺术的感染力。通感是指用形象生动的语言将人的视觉、触觉、嗅觉、味觉、听觉彼此挪移转换。人的感官知觉对客体的感知是有显著差异的，不同的感觉所带给人的心理感受也有所不同。视觉最为敏锐，但也容易覆盖遗忘变形，触觉最为直接，但感知有明确的范围限制，听觉最富有层次感，嗅觉最为受限，但记忆最为持久，味觉最为细腻丰富也最能唤起人的通感意识，很多词语都源于味觉的通感，比如"甜蜜""辛苦""尖酸"等。可以说正是由于不同感觉的差异和互补，通感才成为一种非常有表现力的语言修辞方式。

器物或者雕塑基本上是以视觉与触觉为感知前提，因此视觉与触觉的通感是比较容易建立起来的。前文已经讲到，器物的触觉可以通过触觉化的视觉表面唤起人们的触感记忆，比如有荆刺纹表面的青铜器，人们看到尖刺的时候就能隐隐感受到被刺的痛感。同样表面被打磨得细腻顺滑的桌几案台，不仅视觉上给人以愉悦感，也在心理上给人一种触摸的舒适感。视觉和听觉的通感在器物雕塑语言的表达中也并不少见。比如这件铜四人博戏俑（图 5.14），或者说博戏俑铜镇，四个人物形像极为传神，或说或辩或听或思，举手投足间神韵毕现，似乎把观众带到了那个博戏的现场，听闻他们的高谈阔论和口若悬河的言语。当然最为典型的可能要数编钟了，"赢者""羽者""鳞者"三类适于簨虡上的装饰，就是通过动物形象联想到动物的声音再对应编钟的声音，建立起视觉到听觉的通感。第二章已详细论述，在此不多做赘述了。如果说视觉和触觉、视觉和听觉的通感在器物雕塑语言中还是比较常见的，那视觉和嗅觉的通感就

图5.14　铜四人博戏俑，西汉，高7.9—9.2cm，1974年甘肃灵台县傅家沟，一号西汉墓出土，灵台县文化馆藏

显得较为特殊。其实很多器物都具有特殊的气味，这种气味常常与器物品质联系在一起。比如墨的香味，就将墨的物质品质延伸到书法绘画的品格之中，"墨香四溢"也就不再只是器物本身的特点，同时也成了书画的艺术水准的代名词。与气味关系最为密切的器物要数香筒和香炉了，前文谈到的博山炉正是将视觉同嗅觉融合到了一起。香筒也叫香插或香笼，多用黄杨木、檀木雕刻而成。精巧的雕刻与清雅的主题使视觉与嗅觉相贯通，玲珑剔透的雕饰之间弥散着缕缕清香。

　　器物在人们的生活中无处不在，一定程度上弥补了雕塑在生活空间中的缺席。以书房为例，我们能看到几乎一切器物都具有独立的审美品格，器物雕塑语言也同样无处不在。桌案的装饰，砚台与砚床的雕琢，砚滴与水盂的造型，镇尺的形式，笔架与笔山的物像，笔筒、臂搁、印玺的雕刻、墨块和墨床的组合，香薰和桌屏的搭配，诸如此类，点点滴滴极尽所有可能，营造出一种特殊的文人雅趣之境，这一物境既是空间的也是时间的。器物之间的造型联系与器物使用时的功能特点，使得同一空间语境中的不同器物成为一个整体。文人墨客在这样的整体环境中，也会将自我的情感融入到这些器物之中，使得人与物构建起独特的艺术"意境"。"意境"简单理解就是情景交融，也就是"移情"的审美感知。

这里说的"移情"更多是强调雕塑语言表达的一种修辞手法。是指感知主体将自我的情绪转移到感知客体之中，使之具有了某种主体情绪，这种情绪又反射回感知主体，以此衬托主体的情绪。李泽厚在总结华夏文艺极力追求的情景交融、物我同一的"移情"时，认为"其中有给予形式以生命的所谓'统觉移情'……其二是所谓'经验移情'和'氛围移情'……总之，是以享受（或创造）的自我与观赏（或创造）的对象的交融，即对象的形态或活动唤起人的情感活动和意向，又消失在全神贯注的观照或创造中，而为对象的形态或活动所代替，亦即自身情感与对象形式合而为一"[7]。"统觉移情"是人根据对象的形式特点，建立起形式同构感的感觉移情，比如陶鬶，其造型形式让人联想到引吭高歌的雄鸡，从而让器物具有了一种生命体的感觉形式。"经验移情"是指人们依据物像的性质，赋予其情感和人格，比如文人对砚台的喜爱常将其比作"石君""石友"，或刻石为山，称为砚山，或磨石凹陷，称为墨海，"砚山墨海"是文人畅游山水的情感转移到"以文为业"的砚台之中的结果。砚也就成为了自我情感和理想的观照。

通感和移情都是器物造型语言表达较为综合的修辞手法，让感知主体能获得更为充盈的审美感体验。

7　李泽厚：《华夏美学》，广西师范大学出版社，2001 年，第 190 页。

第三节　器物雕塑语言的延展

　　器物和雕塑不管在外延和内涵上有多大差异，造型始终是一个本质性的问题。如果说器物和雕塑都有一个"形而上"的"道"，那这个"道"体现在具体的物质形体中就是造型的精神性。器物在实现其造型的精神性表达时，离不开雕塑语言的应用与延展。所有的物都有形，但不是所有的物都有造型，也不是所有有造型的物都具有同样的精神浓度。造型是特指人对自然万物形象与形式的再造，是造物者认识世界并积极参与建构改造世界的一种方式。在这样的造型活动中，雕塑语言就成为了造物者最为倚赖的表达方式。

　　前文我们详细分析了器物雕塑语言的多元与多样，也总结了它的修辞手法与语言特征，可以从中领会到它的无限可能性，这种可能性源于中国器物造型传统的特殊性。张伟将其总结为"三个阶段"："由制'器'入手；再到见'型'；最后成'器'。"[1]这很符合中国人观察事物的逻辑，从"见山是山"到"见山不是山"最后回归"见山是山"，虽然第一阶段和第三阶段，表述上是一样的，但本质是截然不同的。我们将制器这样的活动具体化就可以看出这种进阶是如何完成的。在第一个阶段，制器是实现物用的原则，造型的目的和语言形式都以物的适用性为前提，虽然功能导向对"型"构成了一种遮蔽，但制器的过程就是在反复体验器形与器用的关系，从中发现"型"的价值。到了第二个阶段，制器者已然觉察到这种造物的行为和器物的造型中蕴含了一种形式的价值，不管是对称的结构还是光滑的表面都满足了人们内心对"美"的事

1　张伟：《型与器——中国传统雕塑语言体系的重构》，中央美术学院博士论文，2015年，第89页。

物的渴求，因此，造物者主动在制器的过程中，从装饰到结构都尽可能完善一种"美"的表达，雕塑的语言也在这样的完善过程中得到了广泛运用。第三个阶段是回到了造物的本质理解中，即造型的精神性表达。器物是"器"也是"像"，更是背后的"道"，是形式和内容的自足，是物与人的精神合一。在这一层面的"器"是高度凝练的审美表达，是具有生命活力的物像，是思想与观念的凝结物。由此，雕塑语言也在第三个阶段得到了更深层次的延展。

西方雕塑在建筑和宗教领域有着广阔的应用空间，同时作为艺术表现形式之一，也出现在人们的生活空间中，但无论在什么空间领域，雕塑都更容易被视为审美的对象。相比于西方雕塑的这种相对独立的审美领域，器物广阔的空间场域为雕塑语言的延展提供了有利条件。我们知道器物在原始宗教信仰中的作用，通过一系列的仪式来实现；在世俗权威方面，又通过一系列的礼仪制度，实现了观念的物化；在墓葬系统中，器物实现了时间与空间的转换，在日常生活中，器物赋予了人们审美的体验，建构了文化的空间。正是由于器物广阔的文化语境，它的造型才具有丰富的魅力，雕塑语言才具有延展性。

一、生命的活力

西方雕塑在很长的历史时期，拘泥于人体肌肉、骨骼、动态的真实塑造，从而陷入到了僵化的语言表达之中。直到19世纪中后期与20世纪初，在现代艺术洪流的冲击下，雕塑才重新焕发出它原有的活力。形体从人体的桎梏中解放出来，充满了自由与跃动的能量。亨利·摩尔就是这种"活力论"的坚定践行者。他指出："一件作品首先必须有属于自己的活力，我不是指对生活活力的反映，或者是对运动、肢体活动、跳跃、舞蹈形象等活力的反映，而是指作品有内在的被抑制的能量，有属于自己的强烈的生命力，不受它所表现的对象的左右。"[2]这种活力论给西方雕塑的语言表达带来新的可能，我们在布朗库西

2　[英]赫伯特·里德：《现代雕塑简史》，曾四凯、王仙锦译，广西美术出版社，2015年，第167页。

和让·阿尔普（Jean Arp）的作品中都也能看到这种充满生机与活力的特点，那是一种从内而外积聚变化的生长力量。正如英国雕塑家芭芭拉·赫普沃斯（Barbara Hepworth)见到阿尔普作品所形容的"活力不是雕塑的物质、有机属性——它是具有灵魂的内在生命"[3]西方雕塑从具象到抽象的转变，逐渐发现了形体不依附于具体形象，其自身就蕴含着的内在力量，以及这种力量与人的生命力具有一种内在的关联。

生命活力感不是"栩栩如生"之类的修辞，而是造物制器的过程中领悟到的生命的真谛从而赋予物质以自然世界中有机物的形式和能量。与之相对应的是中国传统美学中"气"的概念。"气韵生动"作为谢赫"六法"中的第一条，具有核心要义的地位和作用。"气"与"气韵"也一直是中国美学研究领域探讨的重要课题。而在传统雕塑领域，"气"同样是一个绕不开的问题，只是历史上鲜有文字的记载。钱绍武的《浅谈"气"——学习"民族形式"的笔记》是现代雕塑发展以来较有代表性的文字，文中指出"在艺术领域中，这'气'似乎都是指一种总的精神状态。它是笼统的、概括的、整体的、模糊的、却又是确切的、肯定的、可以界定的"[4]作为雕塑家的钱绍武对"气"的体会和总结抓住了问题的实质——"总体精神状态"，是"一股不可遏止的动力"。

具体到器物雕塑语言来说，这种生命的活力或者也可以说是"气"，就如钱绍武所说"既模糊又确切"。模糊在于它不是某一种形式，某一种手法，确切的是它一定存在于器物造型之中，且具有重要的美学意义。亨利·摩尔和让·阿尔普的雕塑将具象的人体转化成非具象或抽象的形体，从而觉察到形体自身所蕴含的活力，并将这种活力视为雕塑的重要价值。我们无法从一件具体的器物中直接讨论"气韵"是如何通过形体空间的关系塑造出来的，但可以从具象到抽象的思维转换中侧面窥探到"气"的无处不在。中国的语言系统和文字结构都决定了我们的思维体系是具象与抽象相结合的。汉字是以"象形"与"指事"

---

3 ［美］罗莎琳·克劳斯：《现代雕塑的变迁》，柯乔、吴彦译，中国民族摄影艺术出版社，2017年，第143—144页。

4 殷双喜：《回望沧海——20世纪中国雕塑文选》，河北美术出版社，2008年，第484页。

为本源，以线条为结体形式，具有从形象到抽象的转化和情感意兴的表现。从甲骨文的创制到书法艺术的形成，就是人们对"有意味的形式"的觉察，是对流动的、富有韵律的生命感和力量感的审美体悟。书写运笔的轻重、疾涩、凝重、轻转、顿挫等一系列的动作都构成了这种行云流水、骨力追风、刚柔并济的审美意象。这种深刻的审美体验来自视觉的愉悦、身体的介入、生命意象的感怀以及生命体自身的自由与活力。对于生命意象的审美觉察也自然影响到他各个领域，器物的制造以及器像所追求的审美，就是要在具体造型上领悟到超越具体形象的抽象美学精神。因而，器物的雕塑语言不仅仅是对具体形象的造型刻画，更是对抽象形体的组织和创造。或许也正是因为我们对形式的高度领悟力源于汉字的文化积淀，才让我们对"器"的造型有着本质性的理解与表现。

回到之前我们说的"制器尚象"，具体的"象"是八卦之"象"，抽象的"象"是"阴阳之气理"，"像"此"象"者，就是模仿形象背后的万物之理。而回到美学的角度，就是探索和表达生命体自身的活力，以及彰显这种活力的形式。所以，器物的雕塑语言所表达的最终含义，就是蕴藏在具体形式中的生命意象。

二、仪式的现场

当代雕塑中，仪式包括了两层含义。一是以极简主义为代表的"剧场性"，二是以"行为艺术"为代表的现场性。剧场性是极简主义雕塑将物体纳入到感知主体切入的具体场域中。虽然极简主义的"剧场性"并不一定有人的直接在场，但所有的物体构成和排布都被设计成"去形式化"的依次排列，或是直接放置，从这个角度来说，也可以看作是一种物的仪式，物的"剧场"，是将艺术家主体抽离，以物的自我呈现和观者的介入为意义生成的前提。而行为艺术的仪式更为直接，这个仪式是将日常行为与艺术行为分离的手段，也是其意义生成不可或缺的部分。行为艺术仪式感的建立也有很多方式，比如吉尔伯特和乔治（Gilbert & George）的表演，常需要一个高台，并且将脸涂成金色等。再比如阿布拉莫维奇（Marina Abramovic）的表演需要一个特定的艺术现场，并且观众的在场等。仪式是将日常提炼出意义的一种方式，是物质、观念、行为在具体时空中的交互。

与器物相关的仪式也可以从两个角度去分析，一是为器物的生产、使用所举行的仪式。二是选用或制造的器物参与到特殊过程中。前者是以物为中心的仪式，后者是以人为中心的仪式。不管是在哪一种仪式中，器物的造型和雕塑语言都在一定程度上得到了延展。

为器物施行的仪式，我们可以从四个方面去理解，首先就是制器过程中的仪式。古代的器物制作，尤其是特殊器物的制作总是散发着一种神秘主义的色彩。比如我们所熟知的"血祭"的传说，干将、莫邪的师父欧冶子夫妇投炉，遂铸成宝剑。这种将人的精神血气融入到器物之中，以人的牺牲换得宝器生成的传说，在民间的烧窑制瓷的行业中也不少见，均窑名为"嫣红"的女子入火，与《龙缸记》所述童宾投火皆是这类故事，反映出一种极端的殉祭仪式。不过铸器开窑存在特定的祭祀仪式应该是真实的，《孟子》就有铸钟时杀牛羊以衅祭的记载。[5] 其次就是器物在特定仪式中的使用。器物既是仪式中的道具，也是仪式内容本身，不管是祭祖还是拜神，器物都有其特殊的规格和意义。所谓的"藏礼于器"也即是将礼的仪式和权威物化于器，使人们见器思礼，礼的上层是理想与秩序，下层就是仪式与规范。此外，一些器物在使用过程中也伴随着一些仪式，尤其是第一次使用时，比如"开壶""开刃"等都不是简单的直接使用，而是会辅助一些仪式感的活动。第三个层面则是通过一定的仪式来体现对器物物权转移及其器物背后的观念系统的尊崇。比如蔺相如敬送和氏璧时要求秦王斋戒三天才能敬受。周灭商后，武王将商都城中的九鼎运到周的本部，需要通过一系列的礼仪活动，将这种物质上的抢占与夺取变成合法性的转移，"定鼎"就是这种仪式的实质反映。第四个层面就是器物因其历史、造型、文化意义的仪式化展示。从青铜器在宋明博古架的摆设到瓷器在多宝阁上的呈现，以及在今天博物馆中的陈列，都是一种带有仪式感的现场展示方式。灯光、位置、角

---

5 郑岩：《龙缸与乌盆：器物中的灵与肉》，《文艺研究》2018 年第 10 期。

图 5.15 铜错金镶松石合卺杯，西汉，高 11.2cm，1968 年河北满城中山靖王刘胜之妻窦绾墓出土，中国社会科学考古研究所藏

图 5.16 子乍弄鸟尊，春秋晚期，高 26.5cm，宽 22.8cm，传山西太原金胜村出土，美国弗利尔美术馆藏

度都以有差异性的文化价值为依据，进行排列展出，从而构建了一个新的仪式现场。

仪式是一套完整的观念活动和思想行为过程，这一过程有明确的时间与空间的限制，现场也就成为仪式最重要的部分。祭天、拜祖、祈神，都需要组织一系列的活动，舞蹈、施法、降神、拜祭等行为在集体的参与中实现仪式的目的。仪式结束，人们就又恢复到日常的状态中，唯一能标示仪式和现场的就是仪式中的器物，这些器物也就成为了现场的替代，从而具备特殊的意义，不再退回到日常用器的环境中。当然也有一些器物本身就是仪式中才用到的特殊之物，它的造型和样式或是图形一开始就带有仪式的特点。比如在婚礼仪式中使用的鸳鸯盒、合卺杯等，最有特点的就是中山靖王刘胜墓出土的铜错金镶松石合卺杯（图 5.15），两高足杯由鸟兽联结，鸟足立于兽背上，双翅展开，昂首衔环；杯腹外壁及高足上镶嵌大小圆形和心形绿松石十三颗，装饰极为华贵，结构对称和谐，具有幸福美满和合吉祥的美好寓意。合卺杯作为在古代婚礼仪式中，新人喝交杯酒专用器物，造型与装饰都与其仪式内容相辅相成。

在古人的日常生活中，也有很多具有仪式性的活动，比如文人的所谓"雅集"就是这类仪式活动的泛指。焚香插花、吟诗作对、观物赏景、识器议理、品茗听琴，无不风雅。在这些活动中，各种器物可以说贯穿于活动的始终，造型也就逐渐远离了它原本的实用属性，而向其文化功能转移。我们也就不难理解，但凡文人所用的器物，无不讲求雅致和意趣。文震亨在《长物志》中常有这样的言语"俱俗制也""俱俗，竟废不用""俱不入品"等，就是对器物审美品格的一种品评。

仪式不只是影响了器物的造型和形制，也强化了它的文化功能，甚至改变了器物的属性。

三、技术的审美

这里所说的技术是具体层面的器物制造工艺，也是一种广泛意义的方法与手段。庄子所说的"以技入道"就是看到了技术精进后，主体的自我与客体的它者融为一体，从而领悟到宇宙的真理。是将外在的技术在无数次的重复实践中，内化为身体的肌肉记忆，从而将意识从行为指令中抽离出来，达到"无意识"的行为与自由精神的合二为一。"以神遇而不以目视，官知止而神欲行"，极大的消除了心与手的对立，主体与客体的冲突。

技术的审美是指技术在激发人的审美体验和审美快感过程中所具有的效能和意义。器物制作的技术手段本身隐含着人类对待物质世界和处理自我与世界关系的经验与态度，这种经验与态度体现出一种美学精神和美学观照。技术不是工具理性下的手段，而是物我关系的体现。工艺是技术的外延，任何器物最终得以"成器"都是在具体的工艺条件下实现的。中国传统的造物思想中，技术是被工艺所覆盖的，工艺所强调的不仅仅是技术的进步与精湛，更强调人对技术的理解与驾驭。按《考工记》的说法"斩三材必以其时，三材既具，巧者和之"[6]。"巧者"就是良工，是具有高超技巧，且深刻体会"天时、地利、材美"的制器者。技术的审美是通过人对材料、工艺的理解，对造物精神的领悟实现的。所谓的"巧"在老庄的思想体系中，则是另一重含义的表述，"大巧若拙""天地雕众形而不为巧"，也就是说巧者不为其巧，不是以精湛的技术为前提，为了创造而创造，而是一切动机和技术都能合乎事物的本性。

新的材料与技术往往给艺术表达带来新的可能性。我们看到今天的雕塑领域，新技术带来的语言革新可以说是颠覆性的。理查德·塞拉（Richard Serra）的巨型钢板，安尼什·卡普尔的超厚镜面不锈钢，奥拉维尔·埃利亚松（Olafur Eliasson）的感光材料和新媒介，给人的感知带来了极大的震撼。今天当代艺术所推崇的新媒体艺术、生物科技艺术，都是希望借用科学的技术来实现艺术语言的拓展与改变。在中国古代，技术的进步也会直接带来造型语言的变革，比如青铜铸造中，失蜡法的应用让青铜器铸造可以变得无比繁复和精巧，如曾侯乙墓出土的曾侯尊盘。唐代随着西域黄金捶揲工艺技术的传入，给整个金银器制作领域带来了新的语言表达形式。瓷器从材料到技术的发明改进都给器物注入了新的生命。技术给艺术语言表达带来了巨大可能性是毋庸置疑的，不过我们还是要回到技术的审美这个问题上。与西方在技术追求道路上的客观理性不一样，在我们的传统思想中，总保有一种对技术的警惕性。我们信赖身体的经验，将身体对技术的熟练掌握看成是更高维度的驾驭。技术过于精巧而导致器物一定程度上失去了对"精神"的观照，会被诟病为奇技淫巧，难登大雅之堂。这种技术的审美从正面角度理解，就是我们的器物制造，在技术的发明与应用过程中，总伴随着反思性的人文精神。而从负面角度来说，过于重视人的经验积累而忽视技术的改进，也会导致很多技术在传承的过程中遗失和衰落。

造物的技术是不断改变和协调人与物质材料关系的方式，在古代体现为手工的工艺。工艺技术之美带有人的感性情怀，贯穿人的精神世界，并有着自己

---

6 《考工记》，闻人军译注，上海古籍出版社，2021年，第17页。

独立的艺术审美品格。[7]技术中的美学有两个层面的含义：一是适度的理念或者说是技术的合目的性，二是技术的差异化审美。适度是指技术的发展总是围绕着事物自身所适用语境的适可原则，中国文化中很难出现超适用性的纯粹技术的变革发展，很少出现像西方的那种技术的精进只以技术发展为目的，即所谓的为技术而技术的理念。这里的适度也秉承了儒家的"中庸之道"原则，在器物的制造过程中实现技术的提升，技术的进步始终围绕器物"至善至美"的实现而展开，做到"乐而不淫、哀而不伤"的适度整合。技术包括了制造器物的技术和表现器物的技术，表现的技术其中也带有雕塑制作的技艺。古代对模仿对象非常细微逼真的技术同样也持一定的保留原则。比如我们知道的"子作弄鸟"的器物，过于精巧之物被称为"弄器"，"弄器"一词本身也含有对人"玩物丧志"的指责。因此，适度的理念是技术审美的重要内涵。意匠对技术的理解和感悟是有差异的，这种差异性也是技术审美的具体反映。制造器物作为手工艺的创物造型，在"巧而得体，精而合宜"的原则下，却也呈现出不一样的气韵与意趣。一首古曲，即便是有谱，演奏者自身理解的差异也可能将曲调演奏出截然不同的风格。一件器物即便是有型的制式参照，也会由于制器者对事物的理解差异，制造出形体意味不一样的器物来。因此在我们的文化中不太可能出现如"黄金比例"这种放之四海而皆准的标尺。按照绝对标准和原则机械地制造也被认为是缺乏人文精神的造物方式，缺乏"道"的观照和升维，也就是"不成器"。

不过古代的器物制造技术也并不是只有笼统大概的制式标准，从很多制造精密的器物来看，制器的标准可以说是严谨而周密的。以秦始皇陵出土的铜车马来看，"在制造过程中，个体'艺术家'的力量微不足道，循规蹈矩的测量演算，按部就班的制作程序，滴水不漏的管理制度，传达不出任何艺术个性。其非凡的技术和极端的形式，主要不是为了体现人的创造力，而是要展现从真

---

7 杨先艺：《中国传统造物设计思想导论》，中国文联出版社，2018年，第164页。

实车马到丧葬器物转换中蕴涵的神秘力量。"[8]可见技术本身的精进是和特定的宗教信仰目的联系在一起的。技术所体现的远不止是技术水准的问题，而是技术背后隐含着怎样的控制技术的理念。也就是造物的技术如何表达并实现了人的精神追求。

四、多元的语境

随着杜尚的小便池不断出现在前卫艺术的讨论中，人们逐渐意识到了器物在艺术领域中新的可能性。不只是像毕加索用自行车座和车把组成《牛头》的方式，将器物视为新形式的组成元素，而是自身拥有了一种逻辑自洽的阐释可能性。当代艺术也成就了器物的新语境，托尼·克拉格（Tony Cragg）《新石头，牛顿的音调》中的塑料物品、丹·弗莱文（Dan Flavin）的氖光灯灯管，卡尔·安德烈的耐火砖等，都把寻常之物纳入到了艺术的语境之中，也因为其物质实体性特征，成为雕塑不得不面对的新问题。雕塑的语言也因为这种语境的变化得以拓宽。在当代艺术中，语境成为了作品最重要的条件之一，摆在美术馆空间里的普通器物，在上下文的语境中可能就是一件具有特殊意义的艺术作品，而在商店中就是一件普通的商品，在家中就是一件日用器物。

回到我们自己的器物传统中，这种因语境的变化带来的雕塑语言的延展也很常见。前文我们已经说到中国传统器物雕塑语言的多样性源于它多元的语境。世俗的日常语境，墓葬的信仰语境，祭祀的礼仪语境，赏玩的文化语境都给器物带来了不一样的阐释空间。我们知道这种语境的差异，让器物雕塑语言有了不同的表现层次。用于墓葬的明器，其最主要的特点是"貌而不功"[9]、"备物而不可用"[10]、"大象其生以送死"[11]，显然明器是区别于实用器和礼器的，巫

---

8 郑岩：《机械之变——论秦始皇陵铜车马》，《文艺研究》2021年第3期。

9 王先谦撰，沈啸寰、王星贤点校：《荀子集解》，中华书局，1988年，第368—369页。

10 郑玄注，孔颖达疏，龚抗云整理，王文锦审定：《礼记正义》，北京大学出版社，2000年，第323页。

11 王先谦撰，沈啸寰、王星贤点校：《荀子集解》，中华书局，1988年，第366页。

鸿将这种区别总结为微型、拟古、变形、粗制、素面、仿铜、重套等几个方面的特点。[12] 在这些特点中，我们能看到明器通过一系列的手法去消除它的日用痕迹，从而更具有形式替代物的特点，缩微、模仿、变形可以说都是非常典型的雕塑表现手法。"貌""备""象"就是器物在适用明器使用语境所做改变的标准。

礼器作为中国文化非常重要且颇为特殊的组成部分，其适用的语境同样是非常广泛。器物转变为礼器是通过一系列的造型手段实现的。首先表现在对于复杂轮廓造型的追求和对容器实际功能相关的体积感的摒弃，其次就是对"贵重"材料的选择，玉是对石的一种遴选，它的色泽和质地以及为获得这样质地所付出的劳动都成为其特殊性的必要条件。再就是对于与器物使用功能相关的造型特点的抑制，比如器壁变薄使其脆弱，或者变厚使其不便提拿使用，或者改变造型使其有违一般的使用规律等。在礼器的语境中，器物的雕塑语言得到了多方面的实践与应用。

在日用和审美的语境中，我们同样看到器物雕塑语言扩展的空间。比如这件古鼎双龙镜（图 5.17），与我们熟知的铜镜背后做的浮雕设计不一样，而是巧妙利用各种形式语言，增加了器物的艺术表现力。铜镜的外形是一件青铜鼎的造型样式，且用了平面透视的方式增加了空间的错觉。三代鼎一类的青铜器在宋代受到文人们的推崇，鼎形也成为了一种图像语言，应用到了其他器物造型之中。同时用浮雕的方式装饰镜的主体部分也装饰了青铜器的器身，器物样式和造型语言都显得非常有特点。鼎从普通的食器转变成一般性礼器再到具有绝对权力象征的礼器，随着礼乐制度的崩塌，变成了庙宇前的香炉，再又成为人们生活中的观赏器物，最后成为博物馆的宝物，可以说历史语境的变化让器物超越了单一功能属性而具有了多层次的视觉表达。

器物在其生产到使用的过程中，也经历不同语境的转变，明器虽然在生产

---

12 巫鸿：《"明器"的理论和实践——战国时期礼仪美术中的观念化倾向》，《文物》2006 年第 6 期，第 72—81 页。

图 5.17 古鼎双龙镜,南宋,长 15.9cm,径 16.1cm, 厚 0.7cm,传山西太原金胜村出土,台 北故宫博物院藏

图 5.18 伯簋雕塑,2008 年,高 380cm,宽 320cm, 北京东直门立交桥西侧

时其功能语境已经决定了它的非实用特点,但同时它也是具有一般普遍性的商品,受到规格化生产的制约;在墓室之中,它可能与一系列的丧葬礼仪相关,具有一定的象征意义,而从墓中发掘再次进入到人们的现实语境中,或在博物馆成为文物展示品,或在私人藏家手中,成为他生活空间陈列的一部分。总之,器物本身没有变,但因为语境的变化,它呈现出了不一样的文化意义,造型语言也就具有了更为多元的阐释角度。

在我们今天的公共空间中,器物也有一种"借尸还魂"的文化语境,我们看到很多城市的公共广场矗立的青铜雕塑、大理石雕塑,就是模仿原本的青铜器或者玉璧造型,在现代城市文化空间中,成为一种新的符号,比如北京簋街路口所矗立的硕大青铜簋(图 5.18)。器物早已失去了它的原始功能(食用器)和引申功能(礼器),而成为了具有文化符号特征的雕塑。

第四节　器物雕塑语言体系的建构

　　器物作为中国古代最重要的物质文化传统之一，在今天得到了越来越多的重视和关注。它们作为文明与历史进程的见证者和在场者，不仅带有特殊的时代烙印，还呈现出人们思想和审美的观念更迭。将器物纳入到艺术的视野中来，尤其是将其视为雕塑的范畴，是对雕塑概念在中国的适用性上的一种矫正和补充。器物的概念和系统古已有之，中国传统雕塑的很多造型内容和经验存在于器物的制造体系中，可以说器与像就是中国传统雕塑的统称，"器像一体"也就体现出一种更为明晰的全面性和整体性。如果说器物还具有相对具体的范畴，那器像则显得更为整体也更为宽泛，但并不模糊。器像传统就是我们民族文化中利用物质材料，进行造型改造与处理，以获得文化功能与意义（实用、审美、观念）的造物传统。在这个表述中，我们无需刻意去辨析雕塑概念的适用性问题，本书所探讨的雕塑语言也可以说是器像造型语言。实际上，不管我们用什么样的概念去表述，很多造型的语言和形式都是相通的。虽然雕塑不是我们文化系统中衍生出来的艺术概念，但雕刻塑造行为则普遍存在于器与像的制造领域中。

　　器像是我们文化经验中并不陌生的对象，它可以是门类万千的手工艺匠作系统，也可以是贯穿于居室格局、园林山水的具体物像，还可以是渗透到思想文化中的观念与审美。总而言之，器像是物质层面的客体，也是精神层面的对象。它与绘画、书法、文学等艺术具有广泛和深入的交融。分门别类是人类理性认识世界，分析问题、解决问题不可或缺的经验。器像与其说是雕塑的本土化概念，不如说是一种理解和表述中国传统雕塑的角度和视域。从这样的视角看过去，不管是玉器、漆器还是瓷器、木器，也不论是石狮、石坊还是铜灯、铜镜，亦或是首饰、清玩,都能从中发掘出其具有民族独特审美品格的造型语言。

器像一体的整体性包括了具象与抽象的转换,表述与象征的融合,内容与形式的交互,物质与观念的整合等诸多方面,在前文中我们也都有所总结。要看到作为一种具有辐射性的语言体系,器与像的造型语言是围绕着器物——身体——感知的立体关系展开的,甚至可以说这是器像语言体系建构可能性的一个基本结构。另一方面,器物造型中所蕴含的人的精神性,从物质层面上升到哲学层面的表达是这一语言体系建构的核心逻辑,具有重要的意义。

一、器物与身体

在我们的认识中,器物与人的身体有一种直接的对应指称关系。比如我们会将器物的各个部分称为器口、颈部、器身、器腹、器足等,其实就是把器物看作是与人的身体一样的形体关系,这种拟人化的称谓很容易将人的情感和肢体感受融入到器物的感知之中。实际上,有一些器物也确实将人的身体与器物的身体等同起来,比如仰韶文化中就有人头形器口彩陶瓶或是人头壶等,器物因为有了人头的造型,其器身就有了人的身体隐喻性,不管是将饱满的器身作为生命孕育的模拟还是作为原始宗教或巫术的象征,器物与身体都具有原始的同质性。

我们也就不难理解,对于很多器物的形体描述总是和人的身体身材联系起来。比如形容宋代的梅瓶或者说经瓶,经常将其比喻成体态丰盈、曲线柔丽的女子形象。比起直接的形象嫁接,梅瓶的身体隐喻性显得更为抽象,是一种高级的审美理想与趣味的体现。我们的传统雕塑中,现实人物的雕像非常之少,即便是有,很多时候也都是一种概念化或神化的处理。或许可以这么理解,我们把对人物雕塑的视觉和身体的经验投射到了器物之中,所以才对器物的审美极为敏锐。身体是感知的前提,同时也是被观赏感知的对象。由于在我们的文化中对身体的关注总是显得含蓄而隐晦,导致我们将这种对身体的审美觉察与心理感知转移到了器物的造型上。在第二章里谈到的模仿乳房形体的陶鬲,充

图 5.19　香炉，明，高 9.8cm，美国纽约大都会博物馆藏

图 5.20　黄花梨三足香几，
　　　　　明，面径 43.3cm，
　　　　　高 89.3cm，王世襄藏

满了原始的欲念与生殖崇拜，可以想见制器者双手团揉泥块塑形时的身体经验一定与真实的身体触摸感受相通。与之相隔上千年的这件明代的铜香炉（图 5.19），虽然也明显带有陶鬲式乳房和身体暗示，但多少显得含蓄了些，容器的整体形态同时也让人联想到女性的臀部，加上柔顺光滑的表面，很容易激起人们的身体触摸的冲动。添加上的硬木器盖也说明其作为封闭自足的展示特性胜过了作为香炉的使用特性。[1] 还有很多家具的造型和装饰也都源于对身体的一种隐喻和模仿，最为明显的就是香炉桌几（图 5.20），其外拱内收的线条和形体暗示了一个婀娜窈窕的女子下半身。再比如我们对玉的质地最为形象的描述就是"凝脂"，"凝脂""温润"不仅仅是视觉和触觉的具体化，也隐含着肌肤与身体的指涉。对器物"小口、细颈、丰肩、鼓腹、瘦足"的描述活脱脱是

1　［美］乔讯：《魅感的表面——明清的好玩之物》，刘芝华、方慧译，中央编译出版社，2017 年，
　　第 395 页。

图 5.21 白地黑褐彩花卉纹卧妇形枕,金,长 41cm,宽 16.4cm,高 17.4cm,广州西汉南越王博物院藏

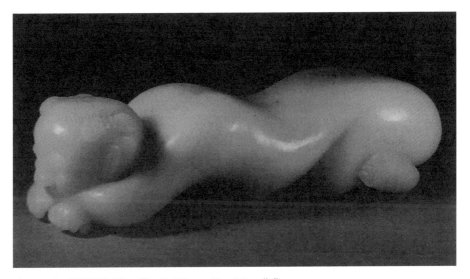

图 5.22 白玉裸体男孩手枕,清,长 11.9cm,Allen E.Feen 收藏

对人的身体描述,引发人们的想象。还有一类器物直接表现人物身体且与人真实的身体有着亲密的接触,比如妇人形枕(图 5.21)、男孩手枕(图 5.22)等,器物表现的身体与人的身体接触,形成了一种暧昧的关系。

身体既指向作为人的存在的人体,也指向作为物体存在的躯体,作为人体的身体，指向了它的肉身经验，作为物体的躯体则更多指向了客体性。器物同样也具备了人的身体与物化的躯体的双重含义。唐英所撰《龙缸记》载，童宾投火，器遂铸成，人的血肉成为了器的物质存在的一部分，人的魂灵也就融入了器物之中。当器物损毁时，寄托人灵魂的器物身体也随之毁灭，灵魂便无可寄托。器物的破损意味着器物的死亡，也等同于骨肉化身的消亡，肉身和器身也就具有了同质性的转化。戏曲《乌盆记》中，作为溺器的乌盆，是被害人的血肉和泥焚化而成，摔不破，打不碎，神魂被囚禁其中。[2] 此虽是文学的虚构，但也反映出人们思想观念中器物、身体、精神之间的关系。身体在我们的观念中也具备容器的特征，不仅是容纳五脏六腑，也容纳了人的精气神。道家的修炼内丹，正是将人的身体看作是炼丹的鼎炉，才能达到调和修炼的目的。因此器物和身体都具有作为容器的物质性特征，也才会有骨肉筋血和泥铸器的联想和描述，灵魂也才得以在器物和身体中转换。身体容纳了人的灵魂，器物也有它的灵魂，古代关于器物成精的志怪故事也不少见。在这样的思想体系中，器物和人的物质客体与精神主体间形成了一个复杂的交互关系。

　　器物和我们的身体一样是这个世界的物质存在，但又和我们的身体不一样，因为对器物的所有认识和理解都有赖于我们的身体感知，这个时候的身体成为了我们主体的一部分。一件花瓶，我们通过视觉去看它的颜色和造型，通过手的触觉去感受它的体积和重量，再失手摔碎通过从听觉到视觉到心理的变化感知它的物料性质，可以说我们对器物的所有物质经验都需要身体参与。器物的结构造型，典型样式，装饰表面，都与我们的身体密切相关。汉代的漆器耳杯是我们双手捧杯的需求，青铜觥的提鋬是方便单手持握倾倒酒液，铜鼎香炉是考虑其要时常根据风向来挪移，双手的捧握和不确定的摆放，轻便和稳定的双重经验构成了器物造型的宗旨。器物的造型和形式是在我们身体经验的调动下完成的，同时它也引导和塑造我们的身体行为。前文提到的二里头的青铜爵，夸张造型对礼仪中的身体动作幅度的暗示，以及玉组佩与金步摇等饰物对身体

2　郑岩：《龙缸与乌盆：器物中的灵与肉》，《文艺研究》2018 年第 10 期。

的规训，都说明了器物与身体处在一种相互关系中。一方面身体"包裹"器物，比如手把件和文房清玩，器物在手头上移动、翻转，视觉也随着器物的运动，捕捉其不同角度的造型，最后整合为完整的器物经验，身体的触觉联动视觉将器物"包裹"起来。另一方面，器物也构成了对身体的包裹，除了前文分析过的凭几、交椅宝座等，还有一种感知经验上的"包裹"，我们知道的新石器时代的瓮棺葬，是将人的身体置于缸或瓮等容器之内，人死亡后，灵魂出窍，身体回归物质性的躯体，用器物承装再合适不过。器物在收敛身体的同时某种程度上也收敛了人的灵魂，魂瓶的产生和流行或许与此不无关系。身体与主体之间的关系扩展到器物后，作为物质性存在的器物在收敛身体的同时也完成了自身主体的建构，器物在一定程度上具有了主体性和精神性。此外，身体被器物所包裹也可以说是人的身体处在器物建构起来的物境景观之中。器物的联动包括材质上的差异、图像上的关联、位置上的呼应、声音和气味的融合等各种方式，感官在获取器物诸多信息时，身体也获得极大的愉悦性。对器物的使用、占有、赏玩，是身体获得种种感知体验的前提，同时身体的介入也赋予了器物新的精神，对它的保养、重置、鉴赏都构成了器物的第二重情境。身体与器物的交互也达成更深层的情感共鸣。

理解器物和身体的关系，是我们建立器物雕塑语言体系的基础。器物最重要的特征之一就是其物质性，而这一物质性是以我们的身体感知与肉身经验为前提的。身体的肉身与器物共处于一个时空场域中，肉体的存在才使得器物被我们所感知和验证。而这种感知经验与面对虚拟的图像的不同之处就在于，器物会以物质性实体的方式介入到我们的身体感知中，从而与我们的身体具有"同质同构性"。在这个层面上，器物具有比雕塑更显而易见的物质性，因为身体与器物的交互比雕塑更为深入和彻底。

西方雕塑在现代转变中，很大的一个变化就是人体变成躯体，或者也可以说是身体的物化，罗丹开始将雕塑的人体去其头手，形成物体化的感知对象，到布朗库西的《年轻人的身躯》、让·阿尔普的《躯干》，再到罗伯特·戈伯的《无题》，身体一步步成为雕塑的一个客体。雕塑的躯体不再是人体的一个局部，而是拥有了独立的存在地位，这一独立地位的获得恰恰来源于身体物化的过程。这种物化与遥远的人头形陶瓶的物化，看上去有形式上的雷同，但实质却并不一样。陶瓶的造型和容器的功能不可避免的带有浪漫情绪和抒情遐想，现代雕塑家的作品则是力图呈现一种主体与客体，物质与精神的矛盾。极端的案例如博伊斯的《油脂椅》，椅子是身体的容器也是身体的外延替身，油脂则意味着对身体的保护和侵蚀，作品以一种特殊的方式唤起人们对器物中身体在场的思考与记忆。

以雕塑的角度来切入问题，雕塑的形体、空间、材料、时间语言也是器物的造型语言。对于造型语言体系的梳理或许还远不止于此，我们无法完全回到历史的原境中去思考和理解这一语言体系的内涵，但可以从身体与器物的根本性存在关系中剖析这一语言体系的特征和适用性。

二、器物与精神

器物之所以通常不被纳入纯艺术的范畴中，就是因为功能性需求导致其缺失了审美精神的纯粹性。不管这种分类是否有效，我们需要看到的是在我们的传统中，这种分类显然有不尽合理的地方。中国古代对器的理解既包括具体的器物层面的理解，也包括哲学层面的理解。器物能否上升到"道"的层面，实现"器以载道"关键要看是否"成器"。"器物当中有得道和不得道（成器不成器）的分别，成器就是寓道的形而上，不成器就是道体缺失的形而下。"[3]"道"在这里的含义极为宽广，是宇宙的运行规律。我们不得不再回到《易经·系辞上》的这段文字中："形而上者谓之道，形而下者谓之器。化而载之谓之变，推而行之谓之通。举而措之，天下之民谓之事业。是故夫象，圣人有以见天下赜，而拟诸其形容，象其物宜，是故谓之象。"[4]通常理解是

---

3 张伟：《型与器——中国传统雕塑语言体系的重构》，中央美术学院博士论文，2015 年，第 88 页。
4 《四书五经·周易·系辞上》，朱熹注，中国书店，1985 年，第 63 页。

大"道"无形，而物用之"器"则有形，同时"见乃谓之象，形乃谓之器"，"在天成象，在地成形"也表明"形"也就是"器"，"成形"也就是"成器"，与"在天成象"秉承了同样的"道"。

从器物的概念上可以理解它所包含的两重意义，器的物质意义和器的"载道"意义。这两重意义是不可能分开的，"成器"就是要通过物质层面的造型实现精神层面的"得道"。这里的"成器"也包括了两方面的内容，一是观念，二是审美，器物由此实现精神性的表达。器物在观念上的实现就是"用器"到"礼器"的升华，在审美上的实现则是从"养器"到观赏器的蜕变。如果以"成器"的标准来说，很多只具备功能性而缺乏审美考量的器物是不具备器的属性的，甚至可以排除在"器"的概念范畴内。这样一来问题又变得复杂起来，那些不具备审美特性的器物又该定义为什么呢？"道"同样也是很难用言语表述清楚的概念，将它理解为精神也并不准确，因为它不只是精神性的存在，还具有了普遍性真理的意思。如果一味的纠结于概念的辨析，那么反倒离我们要分析讨论的对象越来越远。器物作为物质性生产的一种类型，适用于生产和生活也是"道"的一种体现，但跟我们所讨论的精神性表达还是有一定差别。器物的精神性表达需要通过具体的造型语言来实现，因此，我们通过造型（雕塑）语言的分析，可以感受到它的精神性特质，从而领悟到"道"的真谛。

器物观念的转变是在其特定的历史进程中实现的，从日用器转变为具有特殊意义的礼器，要使它足够特殊化，从而脱离它原本的语境进入到新的语境中来。这个新的语境在历史上是以"礼"为核心的神权、巫权、威权的语境，在今天则是艺术的语境。"一只纯粹功能性的碗或许在我们的眼中并不难看，但由于它没有被特殊化，因此并不是艺术品。一旦这只被刻槽、彩绘或经其他非实用目的的处理，其制造者便开始展示出一种艺术行为。"[5]正是这种特殊化的表现，器物才上升到艺术的维度。礼器就是人们精神上的表达诉求在普通器物

---

5 ［美］巫鸿：《礼仪中的美术：巫鸿中国古代美术史文编》，郑岩、王睿编，郑岩等译，生活·读书·新知三联书店，2005年，第536页。

上的实现。

我们的审美思想是在"象"与"像"的维度中徘徊，尤其是以士大夫为代表的文人阶层，对于形象过于逼真的模仿总是保持一种警惕和厌弃。"形似"与"意象"是中国美学思想中的一对重要的概念，从文学到绘画无不通用。北宋欧阳修提出"得意忘形"的理论后，更是对意象之美理论的推进和深化。在器物和雕刻中，同样也秉承和践行着相同的理念与原则。我们在抽象造型上获得的审美体验丝毫不逊于在具象造型中所获的审美体验，从我们对书法艺术的推崇就可见一斑。如果说"象"是在"像"的基础上形成的具有抽象性的表现形式，那么我们对"象"的深刻体验就是对肖似之"像"审美感受的抑制。或许也正是因为文人在书法上获得的抽象艺术的审美愉悦性强于在"酷似"的对象上获得的审美感受，才发展出统合了抽象与具象的"意象"之美的理念。回到器物上，我们就可以理解为什么文人在简洁的高度抽象的器物造型中能领悟到极致的审美快感。正所谓"得意而忘形"，作为形的器在这样的审美体验中已被"忘记"。过于取悦人双眼的器物，通过栩栩如生的模仿和精美繁复的装饰，反倒是不那么容易"忘记"的形，也就难以获得更高维度的"意"的体验。因此，我们的器物传统中的审美理想与"意象"表达是具有高度精神性的。当然，我们也要看到，一般的大众对抽象的"象"的理解是有限的，大量的器物也会在"像"的层面发挥出创造性，以满足更广泛的市民需求。文人阶层和市民阶层的审美趣味在一定程度的交互，也构成了整个社会的审美文化心理。

西方的器物进入艺术的讨论中，也是因其观念的变化，不过不是器物本身观念的转变，而是基于艺术史逻辑的观念变化。所有民族的器物都具有一定的审美性和精神性，但西方的器物相比于雕塑显然更多的呈现出"形而下"的特点，或许它的精神性纯度较于雕塑要式微得多。但我们的文化传统中，并没有完全可以类比于西方雕塑的这么一种纯艺术概念的雕塑形式，尽管西方的雕塑根植于宗教但却走向了生活空间和城市世俗空间，我们也有佛教造像，却始终没有走向世俗公共空间。正是这种差异性，造成雕塑这一概念对我们的器像传统指称的偏差。我们的器物制造中，因为器与像的紧密关系以及"器"与"道"

的维度关系，观念性与审美性都成为了其强烈的精神性特质。

三、"器"与"像"（雕塑）语言体系的建构

不管是器像还是雕塑，我们所讨论的始终都是造型的问题。站在雕塑的立场，是因为雕塑在今天已经是一个被人们普遍接受并理解的概念，就比如中国画是一个已然很难拒绝的概念，同时我们也清楚现代以前的中国画家们，不会称他们的画为中国画。同理，现代以前的制器造像者们也没有人会认为自己是雕塑家。虽然器物或者器像与雕塑的概念辨析不会影响我们对器物雕塑语言的分析与理解，但要明确的是，我们无法用雕塑来指代这些器物。器物和雕塑并不是漫无边界的。如果说回到我们的文化传统中，那么器像这一概念更符合我们观察到的具有普遍性和整体性的造型界域或者说造物范畴。它让原本泾渭分明的工艺美术的器物和纯艺术的雕塑概念变得统一，同时也让普通的器物和特殊的器物（象生器）回到了原本的语境中，只是我们很难用"器像"内部的语言来表述其造型的原则和造型理念。所以我们依旧无法避免用雕塑的概念、雕塑的语言来检索中国古代的器物。

通过雕塑的语言角度切入到器物的造型，通过器物的造型回溯到器像的概念与整体语境，可以看到"器像的造型语言体系"这一表述的可能性与针对性。

器像造型语言体系的建立和明确，让我们能从各种艺术门类的固有经验中抽离出来，以一种更为整体和本质的眼光去看待各种物质载体。原始玉器中积累的造型手法在青铜器中得以延续，青铜器的造型经验又在瓷器中被沿用，漆器、瓷器、金银器之间造型上的借鉴、影响、创新，呈现的是一个整体的造型语言体系。以器像的视角去审视中国的传统雕塑，能更真切的理解造型所具有的价值，我们在陶器上觉察到的形体语言，可以在建筑构建中找到回应，同样我们在玉佩饰上体验到的线形和韵律，也能在家具中找到共鸣。这一语言体系的广泛适用性正是我们感悟造型魅力的重要因素。

器像造型语言体系，是一个整体的关系系统。这个系统既有不同类型器物

之间的相互借鉴与传习，也有不同艺术门类之间的相互联系与影响，更有制器匠人与自然物质之间的交互与碰撞。因为它不是一个独立艺术门类的造型语言体系，而是涉及到几乎所有的立体空间造物形式，所以小到手心里的把玩器，中到建筑的构件，大到凿山造像，都在这样的语言体系框架内。

每一个行业都有自己的发展和传承脉络，也都有一套自己的行业术语，但不同行业的背后似乎一直存在一种造型的理想，不只是语言上的联系，审美上的共性，更是一种精神上的同质，或许也就是"道"的最高理念。"道以器显"又意味着这一理念具有极强的渗透性。每一个手工制造行业的匠人都能在自己的领域内，通过打磨造型语言来"悟道"。对造型语言的反复锤炼和打磨就是人与物质材料的不断对话和交流，既要"伺候材料"也要"驯服材料"，在这样的磨合中，把握与领悟一种普适性、根本性的造型理想。可以说我们的"道显"绝不依赖于"器"的某一种形式，而在于一种人与物的交互关系，这种交互恰恰是建立在人为主体的基础上。大机器生产下的器物是难以"显道"的。我们重视人的经验，从某种意义上来说，是对制器造物匠人的一种肯定，尽管明朝中后期，机械的应用和较大规模的分工协作已经出现，但我们的匠作系统并没有完全拆分到机械的工序中，在很大程度上还是强调人的经验和创造。"技进乎道"的思想也给了匠人们一条通往"形而上"表达的路径。因此在器像这样的造物体系中，给人的创造性表现和精神性表达保留了一定的空间。回到匠作艺人的视角，看他们自己手中的活一定是有标准的，这个标准不仅仅是工艺上的完善，一定还有他们在具体的制作过程中体会到的型的高级，甚至是不足为外人道的"造型秘密"亦即是审美的至高境界。触摸到这一层的匠人，也就我们今天所说的"艺术家"。

社会的进步与文化的发展，文明的交流与观念的变迁，都会对传统构成影响。制器造像在我们传统文化视野中被漠视是一个历史的问题，甚至是自己文化传统很难消化的一个问题。但在现代文明的视野下，器像成为一种强有力的物质文明形态，具有跨媒介的整合性与跨时代的启发性。我们今天看到的绝大部分历史中的器物，都在博物馆中，或以统一类型的方式展示，或以朝代时间为脉络的方式陈列，他们所具有的典范性意义就在于造型语言的共通性与造型精神的同质性。甚至在更高的层面，这都可以说是不同文明的文化共性。透过器与像的视角，我们当然不能只看到历史中的器物，还有历史延续下来的器物匠作系统，玉器、漆器、竹木器等手工艺行业，这一传统虽然有巨大的断裂，但并没有完全消亡。器物在我们的生活中依然具有不可替代的作用，只不过这里所说的器物更多的是工业时代的产品，造物者是一个个设计师，制器者则可能是一台又一台的机器，在现代工业文明的语境下，匠作系统似乎成为了非物质文化传承的标本。器像造型语言体系的梳理和建立就是希望在延续的传统中，找到它具有无限发展可能性的原始动力。

小结

西方雕塑在"双希精神"的文化传统中，有着一条清晰且明确的与西方美术史发展相吻合的变化线索。雕塑在今天的泛化也正是这一文化发展逻辑的必然。我们学习西方所建立起来的美术学院，顺延了这样的文化发展逻辑。一方面雕塑在中国文化的现代建构中所发挥了巨大作用和影响力，另一方面也构成了对器像传统的割裂与破坏。然而如果没有这样的割裂，让我们反过来回望和重新检视自己的传统，我们未必能在自己的文化系统内部建立起一个新的语言表述体系。因此，器像传统不是一个前现代的制器造像领域的理论概括，而是现代文明发展逻辑下的对本民族物质文化系统的整体性认知结构梳理。

"器像"是在造型理想和造物实践中建立的整体，也是抽象思维与具象感觉相融合的表现形式。当代雕塑有别于传统雕塑概念的地方就在于重视身体知觉在审美体验中的重要性，而器物不同于雕塑的地方恰恰也在于对身体感知的调动，这种调动既包括使用时的一系列行为塑造，也包括对器物形式以及表面的一种影响。此外，当代雕塑所强调的观念性表达，与中国古代器物中"器"的哲学思想都有着深邃和宽广的"精神性"维度。从雕塑造型语言的角度切入"器像"的研究，对于中国传统雕塑语言体系的建构只是一个开始。

结　语

　　器物和雕塑的关系通常认为是工艺美术和纯艺术的关系，二者的差别和关联，是艺术史上早就讨论过的问题。就如苏珊·朗格所指出的"我们所说的自由意义上的'艺术'，与古人所说的'工艺'或'艺术'相比，在使用的技术和质料上并没有什么区别，但它们所要达到的目的却有着根本的不同……绝大部分人工制造物被制造出来是当作某种达到其它目的的手段使用的，而我们所说的艺术品，却是作为某种最终的目的而创造出来的，因为它本身就具有某种表现性效果。"[1]本书讨论器物的雕塑语言，虽然是把器物纳入到雕塑的视野中去考量，但并没有混淆二者的概念，甚至可以说，正是二者的差异，才使得这一研究具有了更广泛的讨论空间。

　　强调以人物动物为表现内容的雕塑，只是雕塑的特殊部分，但在此基础上建立的雕塑概念反而造成了我们对雕塑实体和对象的人为切割。一旦突破这样的限制，我们就会发现，雕塑是基于雕塑语言和雕塑语境建立的概念而不是基于表现内容和特殊形式。这也就能理解当代雕塑为何能从大理石和青铜人物雕塑的传统中"改弦更张"，从概念上回归到了造物的本质上。当代雕塑的发展，不断拓宽的边界一方面造成了雕塑本体的涣散，一方面也让原本僵化的雕塑概念变得松动，尽管今天的雕塑所指已变得模糊，但理解雕塑语言始终是把握雕塑这一独特艺术形式的关键所在。因此，器物是否是雕塑并不那么重要，器物具备怎样的雕塑语言才是我们要去分析与探讨的。

1　［美］苏珊·朗格：《艺术问题》，滕守尧、朱疆源译，中国社会科学出版社，1983年，第86—87页。

　　回到本书一开始就讨论过的切入角度，将雕塑纳入器物的研究或是将器物纳入雕塑的研究，都是试图在二者之间找到一种以语言为线索的艺术造型传统。将器物纳入到雕塑的研究，更多的还是强调了雕塑的自律性，不过站在我们民族传统文化的立场上看，器物的造型显然更为本质。雕塑与器物概念上的剥离，在一定程度上造成了我们对雕塑的重视，尤其是对以"人物"为主的雕塑的重视，而选择对器物的漠视。这让人联想到李格尔在《罗马晚期的工艺美术》一书中所做的努力。他将建筑、雕刻、绘画纳入到"工艺美术"的范畴，彻底消除纯美术与实用艺术之间的界限，试图在形式分析的基础上，将客观的艺术风格的自律性发展，转变为主客体相联系的知觉方式的自律性发展，并以"艺术意志"的概念统辖视觉艺术的各个门类。虽然他所主张的"艺术意志"在今天看来未必那么准确，但他将主客体相联系的知觉方式的研究以及形式分析的方法，对于我们思考器物的雕塑语言具有一定的启发意义。如果说以讨论绘画与雕塑为主的西方艺术史都认识到这种将纯艺术与实用艺术区别对待的做法不符合历史和现实，那么中国的艺术史中，雕塑和实用艺术或是工艺美术更是难分彼此，然而将这些不同类型和媒介的实物以造型艺术的名义笼统视之，又显然过于宽泛且缺乏民族文化的特殊性因素。因此"器与像"或者说"器像一体"或许才是符合我们本民族艺术雕塑与器物造型同根同脉的现实理解。

　　通过本书的研究，我们可以在各种器物中，看到雕塑语言的普遍存在与特殊应用。即便是西方，器物的造型传统也与雕塑密不可分，比如罗丹早年也制作雕刻了大量的建筑构件物；文艺复兴时期的很多雕塑家都属于金饰工匠行会，比如吉贝尔蒂（LorenzoGhiberti）就是从事金银器制造的手工匠人；更早的如古罗马时期各种雕刻装饰的银杯、石棺等，无不表明雕塑与器物的彼此交融。只是进入现代以来，人们讨论雕塑语言更偏向于艺术家个人表现的人物雕塑，从而在一定程度上忽视了器物所具有的雕塑造型传统。由此可见，器物的雕塑语言特征，并不是中国的特例，是大多数文明所具有的普遍性特征。包括受到中国文化影响和辐射的日本、朝鲜以及东南亚的一些民族文化中，器物的造型以及器物的雕塑语言都同样具有鲜明而强烈的特征。同时这些文明也都缺乏像西方那样以"人物和动物"为主题和发展线索的雕塑传统，如果以西方的"雕塑观"去审视这些民族文化中的"传统雕塑"同样显得苍白。从这个意义上说，"器像"概念的提出与建立，对于理解受中国文化影响的各民族的传统雕塑都具有一定的意义。甚至从更宏观的角度来说，造物制器是所有民族的文明传统，只是在各自文明的发展进程中，雕塑造型语言才逐渐有了不同的表征和意义，揭示和探索器物雕塑语言的特征，无疑是对本民族造型文化传统的重新建构。

参考文献

中文著作

1. 傅天仇：《移情的艺术——中国雕塑初探》，上海人民美术出版社，1986 年。

2. 许平：《造物之门》，陕西人民美术出版社，1998 年。

3. 吴中杰主编：《中国古代审美文化论》，上海古籍出版社，2000 年。

4. 张增祺：《滇国青铜器艺术》，云南人民美术出版社，2000 年。

5. 李泽厚：《华夏美学》，广西师范大学出版社，2001 年。

6. 李松、贺西林：《中国古代青铜器艺术》，陕西人民美术出版社，2002 年。

7. 陆军编：《摩尔论艺》，人民美术出版社，2002 年。

8. 李松、[美]安吉拉·法尔科·霍沃等：《中国古代雕塑——中国文化与文明》，陈云倩等译，外文出版社，2003 年。

9. 胥建国：《精神与情感：中西雕塑的文化内涵》，商务印书馆，2003 年。

10. 高丰：《艺术设计历史与理论文集》，北京工艺美术出版社，2004 年。

11. 李向伟：《道器之间——艺术与设计论扎》，安徽教育出版社，2004 年。

12. 张明川、王新村主编：《马家窑文化彩陶瑰宝新赏》，文物出版社，2004 年。

13. 李松：《土木金石：传统人文环境中的中国雕塑》，陕西人民美术出版社，2005 年。

14. 路甬祥总主编、汤兆基主编：《中国传统工艺全集·雕塑》，大象出版社，2005 年。

15. 宗白华：《美学散步》，上海人民出版社，2005 年。

16. 何政广主编、曾长生著《布朗库西》，河北教育出版社，2006 年。

17. 张岱年：《文化与哲学》，中国人民大学出版社，2006 年。

18. 谌轩业、傅善忠、梁嘉琪主编：《中华砖瓦史话》，中国建材工业出版社，2006 年。

19. 徐复观：《中国艺术精神》，广西师范大学出版社，2007 年。

20. 王世襄：《明式家具研究》，生活·读书·新知三联书店，2007年。

21. 尚刚：《天工开物——古代工艺美术》，生活·读书·新知三联书店，2007年。

22. 杨伯达主编：《中国玉文化玉学论丛四编》，紫禁城出版社，2007年。

23. 刘敦愿：《美术考古与古代文明》，人民美术出版社，2007年。

24. 李健：《魏晋南北朝的感物美学》，中国社会科学出版社，2007年。

25. 望野：《千年梦华》，文物出版社，2008年。

26. 殷双喜：《回望沧海——20世纪中国雕塑文选》，河北美术出版社，2008年。

27. 徐飚：《成器之道》，江苏美术出版社，2008年。

28. 贺西林：《寄意神功——古代雕塑》，生活·读书·新知三联书店，2008年。

29. 阮荣春、张同标、刘慧：《美术考古一万年》，上海大学出版社，2008年。

30. 杨祥民：《传统雕塑艺术——大匠之风》，西南师范大学出版社，2009年。

31. 韩生：《法门寺文物图饰》，文物出版社，2009年。

32. 张荣、赵丽红：《文房清供》，紫禁城出版社，2009年。

33. 范景中、郑岩、孔令伟：《考古与艺术史的交汇——中国美术学院国际学术研讨会论文集》，中国美术学院出版社，2009年。

34. 王琥：《中国传统器具设计研究》（卷1—4），江苏美术出版社，2010年。

35. 何力平：《为雕塑凿七个孔——雕塑语言研究》，人民出版社，2010年。

36. 王琥：《设计史鉴中国传统设计审美研究》，江苏美术出版社，2010年。

37. 丁宁：《美术心理学》，黑龙江美术出版社，2011年。

38. 张耀：《玉韵：中国古代玉石雕刻艺术研究》，中国文史出版社，2011年。

39. 孙机：《汉代物质文化资料》，上海古籍出版社，2011年。

40. 孙振华：《中国古代雕塑史》，中国青年出版社，2011年。

41. 王子云：《中国雕塑艺术史》，人民美术出版社，2012年。

42. 王朝闻：《雕塑美学》，生活·读书·新知三联书店，2012年。

43. 天津博物馆编：《天津博物馆藏砚》，文物出版社，2012年。

44. 孙机：《仰观集——古文物的欣赏与鉴别》，文物出版社，2012年。

45. 子川：《斯文在兹中国传统书房文化与器物研究》，荣宝斋出版社，2012年。

46. 刘炜、段国强主编：《国宝·工艺杂项》，山东美术出版社，2012年。

47. 白文源主编：《集玉存珍》，文物出版社，2012年。

48. 郑宁：《宋瓷的工艺精神》，黑龙江美术出版社，2012年。

49. 尚刚：《古物新知》，生活·读书·新知三联书店，2012年。

50. 故宫博物院编：《故宫经典·宜兴紫砂图典》，故宫出版社，2012 年。

51. 郭福祥：《时间的历史映像》，故宫出版社，2013 年。

52. 李学勤：《青铜器入门》，商务印书馆，2013 年。

53. 李松：《中国美术史——先秦至两汉》，中国人民大学出版社，2014 年。

54. 金维诺：《中国美术史——魏晋至隋唐》，中国人民大学出版社，2014 年。

55. 曾维华：《秦汉器物文化拾英》，上海人民出版社，2014 年。

56. 汤池：《轨迹——中国美术考古研究》，陕西美术出版社，2014 年。

57. 李溪：《内外之间——屏风意义的唐宋转型》，北京大学出版社，2014 年。

58. 孙机：《中国古代物质文化》，中华书局，2014 年。

59. 陆军：《中国梅瓶研究》，广西美术出版社，2014 年。

60. 扬之水：《中国古代金银首饰》，北京，故宫出版社，2014 年。

61. 宋兆麟：《古代器物溯源》，商务印书馆，2014 年。

62. 何力平：《形的仪式——论雕塑本体》，时代文艺出版社，2014 年。

63. 高纪洋：《形而下——中国古代器皿造型样式研究》，山东美术出版社，2014 年。

64. 陆军：《中国梅瓶研究》，广西美术出版社，2015 年。

65. 杨泓：《美术考古半世纪——中国美术考古发现史》，人民美术出版社，2015 年。

66. 许正龙：《中国美术教育大要：雕塑学》，辽宁美术出版社，2015 年。

67. 苏梅：《宋代文人意趣与工艺美术关系》，中国社会科学出版社，2015 年。

68. 徐中舒：《古器物中的古代文化制度》，商务印书馆，2015 年。

69. 麻赛萍：《汉代灯具研究》，复旦大学出版社，2016 年。

70. 马承源：《中国古代青铜器》，上海人民出版社，2016 年。

71. 张亚林、江岸飞：《中国陶瓷设计史》，江西美术出版社，2016 年。

72. 贺西林：《极简中国古代雕塑史》，人民美术出版社，2016 年。

73. 刘学堂：《彩陶与青铜的对话》，商务印书馆，2016 年。

74. 李零：《万变——李零考古艺术史文集》，生活·读书·新知三联书店，2016 年。

75. 高燕萍：《温克尔曼的希腊图景》，北京大学出版社，2016 年。

76. 高润民：《中国史前陶器》，东方出版社。

77. 丁方：《凝固的美——东西方雕塑艺术比较》，中国人民大学出版社，2017 年。

78. 吴为山：《中国古代雕塑风格论》，百花文艺出版社，2017 年。

79. 杨泓：《华烛帐前明——从文物看古人的生活与战争》，黄山书社，2017 年。

80. 郑岩：《看见美好——文物与人物》，人民美术出版社，2017 年。

81. 李泽厚：《美的历程》，生活·读书·新知三联书店，2017 年。

82. 高润民：《中国史前陶器》，东方出版社，2017 年。

83. 吕少民：《中国器物简史》，研究出版社，2017 年。

84. 王林：《雕塑艺术论——王林论雕塑》，重庆大学出版社，2018 年。

85. 隋建国、吕品昌：《雕塑之道——2017 国际雕塑研讨会精选论文集》，中国民族摄影艺术出版社，2018 年。

86. 杨先艺：《中国传统造物设计思想导论》，中国文联出版社，2018 年。

87. 杨泓：《古物的声音：古人的生活日常与文化》，商务印书馆，2018 年。

88. 杭间：《中国工艺美学史》，人民美术出版社，2018 年。

89. 沈从文：《古物之美》，江西人民出版社，2019 年。

90. 邓军海：《远古器物美学研究》，武汉大学出版社，2019 年。

91. 莫阳：《藏器——青铜器的文化与收藏》，人民美术出版社，2019 年。

92. 孔令伟：《悦古：中国艺术史的古器物及其图像表达》，上海书画出版社，2020 年。

93. 练春海：《制器尚象——中国古代器物文化研究》，广西师范大学出版社，2021 年。

中国美术分类全集

1. 《中国美术全集·工艺美术编 1—12》，《中国美术全集》编辑委员会编，上海人民美术出版社，1988 年。

2. 《中国美术全集·雕塑编 1—13》，《中国美术全集》编辑委员会编，上海人民美术出版社，1988 年。

3. 《中国玉器全集 1—6》，《中国玉器全集》编辑委员会编，河北美术出版社，1993 年。

4. 《中国美青铜器全集 1—16》，《中国青铜器全集》编辑委员会编，文物出版社，1996 年。

5. 《中国画像砖全集 1—3》，《中国画像砖全集》编辑委员会编，四川美术出版社，2006 年。

6. 《中国出土瓷器全集 1—16》，张柏编，科学出版社，2008 年。

7、《中国竹木牙角器1—5》，《中国竹木牙角器全集》编辑委员会编，文物出版社，2009年。

外文译著

1. ［日］本乡新：《本乡新》，上海人民美术出版社，1983年。

2. ［美］苏珊·朗格：《艺术问题》，李泽厚译，中国社会科学出版社，1986年。

3. ［美］苏珊·朗格：《情感与形式》，李泽厚译，中国社会科学出版社，1986年。

4. ［德］W.沃林格：《抽象与移情》，王才勇译，辽宁人民出版社，1987年。

5. ［美］雷·H.肯拜尔等：《世界雕塑史》，浙江美术学院出版社，1989年。

6. ［奥地利］A.李格尔：《罗马晚期的工艺美术》，尹定邦编、陈平译，湖南科技技术出版社，2001年。

7. ［日］杉浦康平：《造型的诞生》，李建华、杨晶译，中国青年出版社，1999年。

8. ［奥］里尔克：《罗丹论》，梁宗岱译，桂林，广西师范大学出版社，2002年。

9. 朱迪丝·克莱代尔编著：《罗丹笔记》，迟轲、胡震、陈儒斌译，四川文艺出版社，2004年。

10. ［美］鲁道夫·阿恩海姆：《艺术与视知觉》，滕守尧主编，滕守尧、朱疆源译，四川人民出版社，1998年。

11. ［美］巫鸿《礼仪中的美术——巫鸿中国古代美术史文编》，郑岩、王睿编，郑岩等译，北京，生活·读书·新知三联书店，2005年。

12. ［英］威廉·荷加斯：《美的分析》，杨成寅译，佟景韩校，广西师范大学出版社，2005年。

13. ［德］雷德侯：《万物》，张总等译，生活·读书·新知三联书店，2005年。

14. ［美］简·罗伯森、克雷格·迈克丹尼尔：《当代艺术的主题——1980年以后的视觉艺术》，匡骁译，南京，江苏美术出版社，2012年。

15. ［美］张光直：《古代中国考古学》，印群译，生活·读书·新知三联书店，2013年。

16. ［俄］薇拉·穆希娜：《穆希娜论艺术》，奚静之译，中国文联出版社，2013年。

17. ［英］E.H.贡布里希：《秩序感——装饰艺术的心理学研究》，杨思梁、徐一维、范景中译，广西美术出版社，2015年。

18. ［瑞士］海因里希·沃尔夫林：《美术史的基本概念：后期艺术风格发展的问题》，范景中、洪天富译，中国美术学院出版社，2015年。

19. ［英］赫伯特·里德：《现代雕塑简史》，曾四凯、王仙锦译，广西美术出版社，2015年。

20. ［美］迈耶·夏皮罗：《艺术的理论与哲学——风格、艺术家和社会》，沈语冰、王玉冬译，江苏凤凰美术出版社，2016年。

21. ［英］简·艾伦·哈里森：《古代艺术与仪式》，生活·读书·新知三联书店，2016年。

22. ［美］詹姆士·特里林：《装饰艺术的语言》，何曲译，张顺尧校，浙江摄影出版社，2016年。

23. ［日］林巳奈夫：《神与兽的纹样学：中国古代诸神》，王平、李环等译，生活·读书·新知三联书店，2016年。

24. ［美］巫鸿：《传统与革新》，上海人民出版社，2017年。

25. ［美］巫鸿：《全球景观中的中国古代艺术》，上海人民出版社，2017年。

26. ［美］巫鸿：《中国古代艺术与建筑中的纪念碑性》，李清泉、郑岩译，上海人民出版社，2017年。

27. ［美］威廉·塔克：《雕塑的语言》，徐升译，中国民族摄影艺术出版社，2017年。

28. ［美］罗莎琳·克劳斯：《现代雕塑的变迁》，柯乔、吴彦译，中国民族摄影艺术出版社，2017年。

29. ［美］乔讯：《魅感的表面——明清的好玩之物》，刘芝华、方慧译，中央编译出版社，2017年。

30. ［法］奥古斯特·罗丹述、葛赛尔记：《罗丹艺术论》，傅雷译，山东画报出版社，2017年。

31. ［美］张光直：《艺术、神话与祭祀》，刘静、乌鲁木加甫译，北京出版社，2017年。

32. ［美］巫鸿：《"空间"的美术史》，钱文逸译，上海人民出版社，2018年。

33. ［德］格诺特·波默：《气氛美学》，贾红雨译，中国社会科学出版社，2018年。

34. ［日］河添房江：《唐物的文化史》，［日］山口早苗译，商务印书馆，2018年。

35. ［美］罗伯特·贝格利：《罗越与中国青铜器研究：艺术史的风格与分类》，王海城译，浙江大学出版社，2019年。

36. ［英］柯律格：《长物：早期现代中国的物质文化与社会状况》，高昕丹、陈恒译，生活·读书·新知三联书店，2019 年。

37. ［德］阿道夫·希尔德勃兰特：《造型艺术中的形式问题》，商务印书馆，2019 年。

38. ［美］张光直：《商文明》，生活·读书·新知三联书店，2019 年。

39. ［美］赫伯特·乔治：《雕塑元素》，刘晓可、时昀译，辽宁科学技术出版社，2020 年。

40. ［英］彼得·登特编：《雕塑与触摸》，徐升译，广西美术出版社，2021 年。。

古籍

1. 《四书五经》，宋元人注，中国书店，1985 年。

2. ［清］李渔：《闲情偶寄》，江巨荣、卢寿荣校注，上海古籍出版社，2000 年。

3. 《老子道德经注校释》，［魏］王弼注，楼宇烈校释，中华书局，2008 年。

4. 《周礼》，吕友仁、李正辉译注，中州古籍出版社，2010 年。

5. ［明］宋应星：《天工开物》，中国社会出版社，2011 年。

6. ［明］曹昭：《格古要论》，中华书局，2012 年。

7. ［春秋］《仪礼》，彭林译注，中华书局，2012 年。

8. ［战国］《尔雅》，［晋］郭璞注，王世伟校点，上海古籍出版社，2015 年。

9. ［战国］韩非：《韩非子》，申楠译，北京联合出版社，2015 年。

10. ［西汉］《淮南子》，陈广忠译注，中华书局，2016 年。

11. ［战国］《管子》，李山译注，中华书局，2016 年。

12. ［战国］《左传》，郭丹译注，中华书局，2016 年。

13. ［战国］《庄子》，孙通海译注，中华书局，2016 年。

14. ［春秋］《春秋公羊传》，王维提、唐书文译注，2016 年。

15. ［战国］《考工记》，闻人军译注，上海古籍出版社，2021 年。

期刊

1. 滑田友：《论雕塑的组织结构》，《美术》1959 年第 8 期。

2. 钱绍武：《浅谈"气"——学习"民族形式"的笔记》

3. 章永浩：《雕塑语言的探索》，《新美术》1981 年第 4 期。

4. 陈云岗：《由什么是"雕塑的语言"所想到的》，《美术》1982 年第 6 期。

5. 杨伯达：《女真族"春水"、"秋山"玉考》，《故宫博物院院刊》1983 年第 2 期。

6. 吴少湘：《雕塑语言的隐寓与弹性》，《美术》1985 年第 10 期。

7. 高名潞：《雕塑的空间功能及类型》，《美术》1987 年第 6 期。

8. 孙锡麟：《转折——形体的本质》，《美术研究》1988 年第 4 期。

9. 苏立群：《雕塑的生命——论雕塑的空间形态》，《南京艺术学院学报》1993 年第 3 期。

10. 胡锡乾：《关于雕塑语言的探索》，《雕塑》1996 年第 11 期。

11. 唐国树：《雕塑的形体与空间》，《北方美术》1997 年第 9 期。

12. 赵萌：《"雕"与"塑"中西方史前雕塑语言的成因及比较》，《装饰》2001 年第 12 期。

13. 李砚祖：《中国古代器具的雕塑语言特征简论》，《雕塑》2002 年第 2 期。

14. 于小平：《雕塑语言的当代价值》，《雕塑》2002 年第 3 期。

15. 赵天智：《论雕塑的独立身份与语言的独立性》，《美术观察》2003 年第 12 期。

16. 张静：《海德格尔对雕塑空间的思考——论相关的雕塑空间理论及艺术实践》，《焦作工学院院报》2004 年第 3 期。

17. 王凯、刘海英：《中国古代陶瓷雕塑的美学特征》，《中国陶瓷》2005 年第 6 期。

18. 袁源：《雕塑体积语言刍议》，《雕塑》2005 年第 5 期。

19. 巫鸿：《"明器"的理论和实践——战国时期礼仪美术中的观念化倾向》，《文物》2006 年第 6 期。

20. 潘松：《论雕塑造型与民族的思维》，《装饰》2006 年第 9 期。

21. 王春辰：《雕塑语言的当代转换》，《雕塑》2008 年第 6 期。

22. 苏立群：《浅析雕塑本体语言的基本特征》，《大众文艺》2010 年第 22 期。

23. 李尔吾：《汉代的人形铜镇》，《文博》2011 年第 4 期。

24. 唐骅：《凝固的精神——论雕塑艺术的语言》，《美与时代》2011 年第 5 期。

25. 吴兴明：《论前卫艺术的哲学感——以"物"为核心》，《文艺研究》2012 年第 10 期。

26. 翁剑青：《雕塑空间的若干维度与意味》，《雕塑》2012 年第 1 期。

27. 姬静：《论材料在雕塑中的运用》，《美与时代》2013 年第 5 期。

28. 连德理：《中国古代陶瓷雕塑的美学价值》，《美术界》2013 年第 2 期。

29. 许正龙：《雕塑时间》，《雕塑》2013 年第 2 期。

30. 王政：《战国前文物纹饰与"拆半律"》，《装饰》2013 年第 7 期。

31. 宋伟光：《材料与视觉及触觉》，《雕塑》2013 年第 3 期。

32. 闫松岭：《"洞"与"孔"——东西方雕塑"虚空间"之辩》，《雕塑》2014 年第 3 期。

33. 张法：《器、物、象作为中国美学范畴的起源和特点》，《甘肃社会科学》2014 年第 2 期。

34. 苏玉峰：《中国古代陶瓷雕塑的艺术精神》，《艺术科技》2014 年第 7 期。

35. 王丹阳：《凝固的张力——浅析雕塑艺术的审美时间》，《美与时代》2015 年第 10 期。

36. 苏立群：《浅析雕塑本体语言的基本特征》，《大众文艺》2015 年第 22 期。

37. 董明利、李兴华：《观象制器——上古夏商时期器物中的造物哲学》，《广西社会科学》2016 年第 12 期。

38. 王丹：《论错金博山炉的造型及设计思想》，《美术教育研究》2016 年第 12 期。

39. 于子勇：《着配文雅座——清乾隆器物底座赏析》，《艺术市场》2017 年第 23 期。

40. 聂菲：《器物与空间——以马王堆一号墓北边厢随葬器物为例》，《文物天地》2017 年第 12 期。

41. 曾洁妤：《玉佩珠璎金步摇——步摇发展考述》，《北方文学》2017 年第 15 期。

42. 林伟正：《试论"墓室建筑空间"从视觉性到物质性的历史发展》，《古代墓葬美术研究》2017 年。

43. 刘刚：《心存雅致——明代书房陈设散论》，《美成在久》2018 年第 5 期。

44. 陈璐：《论汉代雁足灯——以方座雁足铜灯为例》，《设计》2018 年第 3 期。

45. 文韬、张伟：《儒家器物观与中国传统艺术造型》，《美术研究》2018 年第 6 期。

46. 张俊：《器与象关于"清玩"的一点思考》，《新美术》2018 年第 1 期。

47. 张卫东：《雕塑与触摸》，《美术研究》2018 年第 5 期。

48. 郑岩：《龙缸与乌盆：器物中的灵与肉》，《文艺研究》2018 年第 10 期。

49. 魏蓉：《中国古代冷兵器意匠中的传统造物美学思想》，《中国文学批评》2018 年第 1 期。

50. 刘芝华：《物质与身份——以朱守城墓出土的文房用具为例》，《美术学报》2018 年第 3 期。

51. 刘刚：《心存雅致：明代书房陈设散论》，《美成在久》2018 年第 5 期。

52. 孟继兵：《基于传统文化的雕塑造型语言探讨》，《美术教育研究》2018年第 19 期。

53. 廖卫东：《现当代雕塑的造型逻辑——雕塑本体语言的觉醒与观念发展》，《广西社会科学》2018 年第 1 期。

54. 钱亮：《器物作为雕塑——中国当代雕塑发展的一种可能性》，《美术研究》2019 年第 1 期。

55. 苏奎：《汉代卧羊铜灯考察》，《中国国家博物馆馆刊》2019 年第 5 期。

56. 王树山：《中国画的写意性与中国传统雕塑语言的互通性》，《美术教育研究》2019 年第 9 期。

57. 高砚平：《赫尔德论雕塑：触觉，可触性与身体》，《文艺理论研究》2019年第 5 期。

58. 曹雄：《谈雕塑与时间》，《美术大观》2019 年第 3 期。

59. 项一：《中国古代雕塑的场域》，《雕塑》2020 年第 2 期。

60. 胥建国：《雕塑"场域"浅说》，《雕塑》2020 年第 12 期。

61. 李伟：《应物象形——浅析传统雕塑语言的当代转换》，《艺术工作》2020年第 1 期。

62. 朱晨：《道之为物——中国传统雕塑的抽象因素》，《雕塑》2020 年第 5 期。

63. 宋瑞雪：《观物取象以柔见长——宋代陶瓷器物语法特点与意境探微》，《艺术与设计》（理论）2020 年第 7 期。

64. 刘露露：《金元磁州窑山水瓷枕的空间表现研究》，《文物天地》2021年第 5 期。

学位论文

1. 汪正虹：《可佩戴雕塑——身体、空间、器物研究》，中国美术学院博士论文，2013 年。

2. 李一夫：《新中国城市雕塑语言的嬗变研究》，中国艺术研究院论文，2013 年。

3. 任日：《语言的嬗变——从"雕塑 1994"到"雕塑 2012"看中国当代雕塑的演化》，中央美术学院博士论文，2014 年。

4. 张伟：《型与器——中国雕塑语言体系的重构》，中央美术学院博士论文，2015 年。

5. 陇艺梅：《神秘灵动——古滇国青铜雕刻艺术特征研究》，西安美术学院博士博士论文，2016 年。

6. 马颖：《汉代玉器审美形式与风格研究》，西北大学博士论文，2018 年。

7. 黄费鑫：《时间的形状——论雕塑的第四维空间》，西南大学硕士论文，2015 年。

8. 韩金峰：《论雕塑中"线"的运用与创作》，中国艺术研究院硕士论文，2019 年。

9. 屈峰：《汉代雕塑造型语言研究》，中央美术学院硕士论文，2006 年。

10. 段晓明：《制器尚象——战国两汉青铜器中的动物造型的意象表现》，中央美术学院硕士论文，2015 年。

11. 沈泳岌：《雕塑空间——中国传统雕塑、器物相关空间解读》，中央美术学院硕士论文，2017 年。

12. 周博：《浅析商周青铜器动物雕塑的造型特征及演变》，中国美术学院硕士论文，2017 年。

13. 王旻盼：《浅析南朝魂瓶堆塑特色》，中国美术学院硕士论文，2017 年。

14. 李福全：《"以形写神"在雕塑语言中的表现》，中央美术学院硕士论文，2018 年。

15. 赵金成：《论器物的当代语境》，四川美术学院硕士论文，2020 年。

后 记

回首攻读博士学位的这几年，毕业课题一直像是悬在头上的一把剑，让我的学习不敢有丝毫放松懈怠。庆幸的是虽然我在美院从本科、硕士到博士研究生的学习阶段间隔跨度有点长，但我的导师一直都在给予我滋养，让我能够在自由又严谨的学术氛围中不断地夯实自己的学术基础。

尤其是导师组的几位老师，王少军先生、陈科先生、张伟先生、段海康先生，都是中国雕塑界卓有建树的领军人物，能同时得到几位先生的指导和教诲，属实是幸运的。他们对艺术的执着追求，对中国文化的深切关怀无不潜移默化地影响着我。陈科先生是我的硕士研究生导师，是带领我步入雕塑造型殿堂的引路人，让我在面对那些古典雕塑时能倾听到来自遥远的声音，正如先生所言：造型是最朴素也是最永恒的语言。先生纵谈雕塑、音乐、艺术和文化，让我在博士学习期间有了更宽阔的视野。张伟先生是我雕塑学习道路上尤为重要的导师，他对东西方艺术的深刻理解，对中国传统雕塑造型语言的再发现，以及个人创作上的独特表达，都给了我巨大启发。可以说正是循着他的目光和足迹，我才开始将研究锁定在了传统"器像"这一具有挑战性的领域。王少军先生是一位温文尔雅的老师，同样是对中国传统文化有着深厚积淀的先生，听先生讲传统雕塑与中国哲学思想的关系有如沐春风之感。段海康先生强调雕塑基本形的概括和归纳，这对于我去理解古代器物也有着重要的帮助。

感谢我的理论指导导师贺西林先生！依稀还记得本科学习期间，贺先生激扬澎湃地讲马王堆帛画，条分缕析、精彩纷呈，让我入神。没想到博士阶段能在贺先生的门下学习，实感荣幸。贺先生不仅治学严谨，更是有着宽广和深远的视野。正是在贺先生的肯定和鼓励之下，我才有信心完成这样一篇论文。先生指出我论文中的诸多问题，甚至一些词句、标点都亲自修改。我因疏于文字和学术规范的训练，面对这样一个庞大的课题，勉强成文，难免有谬误，先生在指出文中的一些偏颇和错误的同时也给出了非常有帮助的建议，奈何自己才疏学浅，虽意识到文中的不足，但一时难以补全，只能寄希望于未来自己能勤勉精进，不断提高自己，才不致辜负先生的教诲。

感谢我的雕塑系同门，朝勇、董琳、艳娜，我们时常在一起讨论艺术、讨论雕塑，这将是我人生中最值得珍惜的一段回忆。

感谢我的家人一直以来的支持和帮助，让我心无旁骛地完成了本书，也让我在近不惑之年，更为笃定自己的选择。

图书在版编目（CIP）数据

器与像：中国古代器物的雕塑语言研究 / 王礼军著.
上海：上海书画出版社, 2024. 7. -- (中国雕塑博士
文丛). -- ISBN 978-7-5479-3418-0

Ⅰ. K875.04

中国国家版本馆CIP数据核字第20241NG863号

本丛书获中国文学艺术基金会资助

中国雕塑博士文丛

器与像：中国古代器物的雕塑语言研究

王礼军　著

统　筹	徐　可
责任编辑	夏清绮
审　读	曹瑞锋
责任校对	田程雨
装帧设计	邵玥姣
版式制作	李　挺
技术编辑	顾　杰

出版发行　　上海世纪出版集团
　　　　　　 ⑥ 上海书画出版社

地址　　　上海市闵行区号景路159弄A座4楼　　201101
网址　　　www.shshuhua.com
E-mail　　shuhua@shshuhua.com
印刷　　　上海雅昌艺术印刷有限公司
经销　　　各地新华书店
开本　　　720×1000　1/16
印张　　　23.25
版次　　　2025年1月第1版　2025年1月第1次印刷

书号　　ISBN 978-7-5479-3418-0
定价　　　98.00元

若有印刷、装订质量问题，请与承印厂联系